如何看懂一座博物馆？

陈晨 著

北京燕山出版社

HOW TO UNDERSTAND A MUSEUM?

U0431455

陈晨

博士／副教授／硕士生导师

天津师范大学历史文化学院文物与博物馆学系副教授、硕士生导师、博物馆与艺术鉴藏研究中心主任；天津博物馆书画文物研究鉴定专家、文物策展人；天津市美学学会文物与博物馆美学专委会会长；中国博物馆协会青年工作委员会常委；故宫博物院访问学者。

2003年考入南开大学文学院东方艺术系中国画专业，2007年毕业并被保送免试攻读南开大学美术学艺术史论方向硕士研究生，2009年获文学硕士学位；2014年毕业于南开大学经济学院，获经济学博士学位，研究方向为艺术品鉴定与投资。

从事博物馆与书画文物研究工作10余年，曾任职于天津博物馆书画研究部，负责馆藏书画文物鉴定研究、文物保管、展览策划、社会教育等工作，经手古代文物10余万件。主持策划文物艺术展览50余场；撰写并出版学术专著6部；发表学术论文50余篇；主持国家级与省部级科研课题3项；考察走访国内外博物馆2000余座。

曾荣获天津市"五一劳动奖章"、天津青年五四奖章、共青团中央"中国青年好网民"、天津市高校青年教师教学竞赛"特等奖"、全国首届高校教师教学创新大赛天津赛区"一等奖"等荣誉奖项。

序

党的十八大以来，我国博物馆事业长足发展。博物馆总数增至 6000 余座，展览也以内容品类更加丰富多元、表现形式更加拓展多变的面貌呈现在观众面前，各种面向不同人群、不同年龄段的教育活动也各具特色、各有趣味，引来社会大众对文化领域的关注度日益提高。越来越多的人们在闲暇时光愿意走进博物馆观展、游玩，在许多城市，"逛馆"成为深受大众特别是青年人喜爱的新型生活方式。于是，博物馆观众体验，也就是让观众在博物馆参观过程中更多拥有不同于其他文化机构、场所的"获得感"和"体验感"，就日益已经成为一项衡量博物馆发挥社会功能、实现其价值的重要指标。

如何使观众在博物馆拥有更多的获得感、更好的体验感？业内的共识是，关于博物馆的基本知识储备是非常必要的。观众若要在博物馆中能更多地看出点"门道"，而不仅仅是走马观花地"到此一游"，就需要了解博物馆，构建属于自己的博物馆观赏指南，懂得一些博物馆行业内的相关要点。

作为博物馆人，我们有责任帮助观众看懂博物馆，要说明博物馆的历史背景、组织构成、展品类型；让观众了解博物馆的特色展览如何从筹备到孵化完成，博物馆的教育活动如何从策划到形成课程面世，博物馆的文创产品又是怎么从 IP 授权到上架成为商品的，等等。今天，这些博物馆的知识点，都被陈晨以个性化非常突出的文字语言，透彻、丰满、灵动、直观地娓娓道来，深入浅出、趣味盎然。一般观众可以凭借这本犹如博物馆科普指南的指引，有效增加对当代博物馆的认知水平和欣赏能力，从而丰富、提高、完善自己的博物馆体验；专业人士也能从中学到不少看问题、"讲故事"的思路、方法和技巧，从而更加主动自觉地为观众提供更好的博物馆体验。这样雅俗共赏的著述，难得而可贵。

1

值得注意的是，在本书的开篇，作者着笔描写了观众参观博物馆所必需的文明礼仪或者行为准则方面的文字。我个人认为，观众体验的多与少、好与差，除了博物馆人的主动服务之外，其实还在很大程度上取决于在博物馆参观人群的数量，取决于观众在博物馆内的行为方式。作为博物馆人，除了精心创作、制造展览或文创产品，我们还应该要求观众与馆方一起创造出、维护好博物馆特需的安静、有序的参观环境和氛围。没有这样的环境和氛围，博物馆观众的体验，要么是好不起来，或者是好不到哪里去。从某种意义上说，优良参观秩序和文明观展行为，既是一种"博物馆文化"的创造与传播，也是博物馆作为博雅教育机构贡献于社会和大众的最佳方式之一。在强调博物馆高质量发展的今天，发出这样的呼吁，是有积极意义的。

　　是为序。

中国博物馆协会理事长

写在前面：

去博物馆参观应该注意什么？

1 周一闭馆

去博物馆参观，首先需要注意的就是博物馆的开放时间。

国内的博物馆大部分都是周一闭馆。为了迎合大部分观众周末歇班的时间，所以博物馆在周六日肯定是要正常开放的。但是博物馆也需要休息，很多设备需要检修保养，所以就选择了工作日中的周一这一天闭馆。所以如果想去博物馆参观一定要避开星期一。

但是需要注意的是，并不是所有的博物馆都是周一闭馆。有一些城市为了让大家能够每天都有博物馆可以看，特意选择了"错峰闭馆"。比如陕西西安，作为省级博物馆的陕西历史博物馆是周一闭馆，但是市级的西安博物院却是周二闭馆，周一正常开放。这就让那些碰巧周一想在西安看展的游客可以选择去西安博物院参观，不至于没有博物馆可看。

当然，如果有春节、国庆等法定节假日碰巧赶上了周一，则博物馆一般也是开放的。

2 提前预约

大部分的博物馆开放时间是从早上九点到下午五点。请注意，虽然是五点闭馆，但是到四点半的时候一般就禁止进入了，所以参观博物馆最好赶早，预估出自己的参观时间，提前安排。

博物馆的中午一般是不休息的，但是也有一些城市的博物馆例外，中午要闭馆午休，下午再开放。所以去博物馆参观一定要提前做好功课，以免白跑一趟。

"做功课"的最好办法是提前预约。因为博物馆对每天参观的观众有数量上的要求，如果馆内观众过多，则不仅无法给观众带去好的参观体验，还会造成一定的安全隐患。

3

很多博物馆都有专门预约的小程序或公众号，预约比较方便。如果你实在忘记了预约，也可以到博物馆门口去碰碰运气。如果博物馆里没有那么多人，你就可以在门口现场预约进入。但是对于很多热门的博物馆，如果不预约你就真的进不去，比如故宫博物院、苏州博物馆等等。这些博物馆在旺季，有时候提前一周都不见得预约的上。

3　穿着得体

去博物馆参观还要注意穿着得体，禁止"衣履不整"。有一些男士可能不太注意，尤其是到了夏天，经常会穿得过于"简单"，这都是对文物与博物馆的不尊重。

参观博物馆时候不要穿"拖鞋"，因为逛博物馆是一件比较费体力的事情，所以鞋子一定要穿的舒适，女士也尽量不要选择"恨天高"，不然到时候辛苦的只有自己。

当然，除了穿着得体，最重要的是精神状态。如果你喝了很多酒，醉气熏熏，也是不能进入博物馆的。

有一些年轻人喜欢穿汉服去逛博物馆，这当然是好的。但是也要注意天气和展厅的温度，不能因为过分追求美丽而使自己身体不适，舒适整洁永远是第一位的。

冬天厚重的外套和大背包都可以寄存在博物馆的存包处，只有轻装上阵，才能安心看展。

4　违禁物品

参观博物馆的时候有很多东西是不能带进去的，除了枪支、管制刀具和利器、易燃易爆物品等明令禁止的危险品之外，还有一些是我们平常可能不太注意的东西，也是不能被带进博物馆的。

比如打火机，就属于易燃易爆物品。如果不小心携带了，一定要把它放在安检处门口的专属位置，参观完之后可以取走。但是说句实话，博物馆一般不保证你参观出来之后你的打火机还在，可能会被其他观众"拿走"，所以建议大家不要带价值昂贵的打火机去博物馆。

此外，如果是单位或者团队搞活动，需要带"横幅"或"旗帜"的，也要在进博物馆前给工作人员打开检查一下，确保横幅内容不会造成恶劣影响。

去博物馆还不能带各类文物及仿制品，以防你"以假换真"。如果你不小心带了，一定要提前向工作人员说明。

5 保持安静

进入博物馆之后就要保持安静了，不要大声喧哗，手机最好能调成静音。如果需要拨打电话可以走出展厅到公共区域，这样才不会影响别人参观。

朋友一起参观的时候，正常讨论是可以的，但声音尽量小一些，不要打扰到其他观众。如果有需要请教的，可以咨询展厅内的工作人员。

在展厅内不能吃东西，要维护展厅内的卫生。如果有带孩子参观的家长，一定要看好孩子，不要让他们在展厅内奔跑、追逐、打闹、攀爬。

有一些博物馆是禁止外人在展厅内讲解或做研学活动的，这不仅是怕影响其他观众参观，也是怕讲解的内容没有经过官方审核，会误导观众。如果实在有这方面的需求，可以提前向馆方提出申请，按照规定获得准许后才可以。

6 禁用闪光

博物馆内能否拍照，是很多观众经常会问的问题。其实很多博物馆的基本陈列都是可以拍照的，但是绝对不能开闪光灯，因为闪光灯中发出的可见光会对文物造成很大程度的破坏。

如果是一些临时展览，涉及到藏品版权问题的，可能会不让观众拍照。这时博物馆会在展厅门口或展厅内设置"禁止拍摄"的提示标识，也会有工作人员进行管理。

如果媒体记者因为工作的需要想进展厅进行拍摄，也要提前联系馆方办理相关手续，不然大型的摄影摄像器材是不能带进博物馆的。

7 不摸玻璃

大家都知道，在展厅内是不能触摸文物展品的。有一些展品是"裸展"的，比如雕塑类的佛造像，有一些观众可能被景区的导游"洗脑"了，还带着"摸摸佛祖头，一辈子不用愁"的意识，于是总想摸点什么来"消灾避难"，这都是不被允许的。

博物馆展厅里有时还会有一些沙盘模型等辅助展品，虽然它们都有围栏或者隔离带包围着，但也总会有人想上手"摸一把"，然后模型里小人的"脑袋"就被摸掉了。

这些行为都是绝对禁止的。

当然，展厅里的文物展品大部分都会被放在玻璃展柜里，想摸也摸不到。但是总有一些人故意将手放在玻璃上，甚至将脸贴在玻璃上，试图"最近距离"的"接近"文物。

他们不知道的是，这样会给保洁人员增加很大的工作量，因为如果玻璃被手印、油渍覆盖，其他的观众就不能清楚欣赏到文物展品的美了，保洁人员只能一遍又一遍地擦拭玻璃。

当然，弄脏玻璃还是小事，万一要是压碎了玻璃，不仅文物会受到损坏，也会使自己受伤。所以，我们在观展的时候，应注意身体的各个部位都尽量不触碰玻璃，以保证自身和文物的安全。

Contents

目录

第一章
博物馆初印象

博物馆的职能历史

CHAPTER

First
Impressions
Of
Museum

1

1. 什么是博物馆？

想要了解一个事物，我们都习惯先给它下一个定义。这个定义就像名词解释一样，最好是准确概括它的性质、功能和目的。

博物馆也是一样。

但博物馆的定义并不是一成不变的，每过几年都会被重新修订。

负责制定和修改博物馆定义的组织叫作"国际博物馆协会"，英文缩写是"ICOM"（International Council of Museums）。它是 1946 年 11 月在法国巴黎成立的，总部就设在巴黎。国际博物馆协会在 1977 年向全世界宣告 5 月 18 日为国际博物馆日，并且每年都会为国际博物馆日确定主题。

国际博物馆协会可以说是世界上唯一一个可以代表博物馆和博物馆专业人员的国际组织，也是国际博物馆界最大且最有影响的组织。它致力于在世界范围内鼓励并支持各类博物馆的建立、发展及专业管理，组织博物馆与各领域的合作，宣传博物馆和博物馆事业，履行为国际社会服务的使命，规范博物馆道德的标准，是名副其实的国际博物馆行业的权威性代表。

我国在 1982 年 3 月成立了中国博物馆协会，起先叫中国博物馆学会。同年的 7 月份，中国博物馆协会加入了国际博协，并陆续建立了 30 多个专业委员会。协会组织各种学术活动，开展各类业务培训，编辑出版了《中国博物馆》《中国博物馆通讯》和各类博物馆学专著；主持全国博物馆质量评估定级工作，开展各种推动博物馆发展的全国性评比工作，比如全国博物馆十大精品陈列评定、全国博物馆学优秀学术成果评选等。

2010 年 11 月，国际博物馆协会第 22 届大会在我国上海召开，此次会议的举办不仅扩大了中华文化的影响力，促进了中国博物馆事业的发展，还为中国博物馆界与国际博物馆界搭建了交流平台。

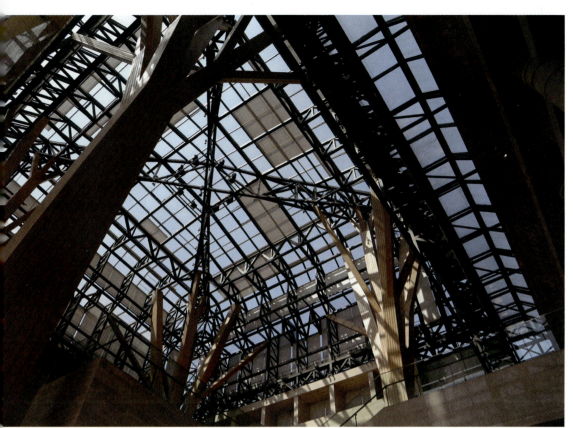

　　国际博物馆协会在 1946 年成立的时候，就在章程里对博物馆的定义进行了说明：

　　博物馆是指向公众开放的美术、工艺、科学、历史以及考古学藏品的机构，也包括动物园、植物园，但图书馆如无常设陈列室者则除外。

　　根据最初的定义来看，博物馆包含的内容其实蛮宽泛的，连动物园和植物园都算，只是小小地"排斥"了一下没有常设展览的图书馆。由此可见，博物馆一定要有常设展览。

　　到了 1951 年，国际博协对博物馆定义进行了修改："博物馆是运用各种方法保管和研究艺术、历史、科学和技术的藏品以及动物园、植物园、水族馆的具有文化价值的资料和标本，供观众欣赏、教育而公开开放为目的的，为公共利益而进行管理的一切常设机构。"

　　这版定义最大的特点就是第一次把"欣赏"和"教育"明确地列进来了。

　　此后，博物馆定义分别在 1961 年、1974 年、1989 年、1995 年、2001年、2007 年等年份里出现过多个版本，每个版本都稍有不同。

年份	博物馆的定义
1946 年	博物馆是指向公众开放的美术、工艺、科学、历史以及考古学藏品的机构，也包括动物园、植物园，但图书馆如无常设陈列室者则除外。
1951 年	博物馆是运用各种方法保管和研究艺术、历史、科学和技术的藏品以及动物园、植物园、水族馆的具有文化价值的资料和标本，供观众欣赏、教育而公开开放为目的的，为公共利益而进行管理的一切常设机构。
1961 年	以研究、教育和欣赏为目的，收藏、保管具有文化或科学价值的藏品并进行展出的一切常设机构，均应视为博物馆。
1974 年	博物馆是一个不追求营利的、为社会和社会发展服务的公开的永久性机构。它把收集、保存、研究有关人类及其环境见证物当作自己的基本职责，以便展出，公之于众，提供学习、教育、欣赏的机会。
1989 年	博物馆是为社会及其发展服务的非营利的永久性机构，并向大众开放。它为研究、教育、欣赏之目的征集、保护、研究、传播并展示人类环境的见证物。
1995 年	博物馆是为社会及其发展服务的非营利的永久性机构，并向大众开放。它为研究、教育、欣赏之目的征集、保护、研究、传播并展示人类环境的见证物。
2001 年	博物馆是一个为社会及其发展服务的、向公众开放的非营利性常设机构，为研究、教育、欣赏的目的征集、保护、研究、传播并展出人类及人类环境的物证。
2007 年	博物馆是一个为社会及其发展服务的、向公众开放的非营利性常设机构，为教育、研究、欣赏的目的征集、保护、研究、传播并展出人类及人类环境的物质及非物质遗产。
2022 年	博物馆是为社会服务的非营利性常设机构，它研究、收藏、保护、阐释和展示物质与非物质遗产。向公众开放，具有可及性和包容性，博物馆促进多样性和可持续性。博物馆以符合道德且专业的方式进行运营和交流，并在社区的参与下，为教育、欣赏、深思和知识共享提供多种体验。

不知道大家有没有看出这些定义的区别，有几个其实是可以重点关注的。

第一个是 1974 年的博物馆定义，第一次把"为社会和社会发展服务"列为博物馆的主要目标，明确了博物馆是"不追求营利的"机构性质，并且加入了"人类"和"环境"关键词，开始关注全人类及其环境问题了。

所以很多学者认为这个定义是比较合适的。

后来由它"衍生"修订的 1989 年的博物馆定义直接使用"非营利"一词，并且引入了"传播"的概念，成为国际上比较通用也比较稳定的博物馆定义。

进入 21 世纪之后，随着社会的进步和发展，博物馆的职能也在不断发生变化。2007 年修订的博物馆定义是一个转型。它将"教育"职能放在博物馆众多职能的首位，取代了长久以来"研究"的地位。它还把博物馆的藏品扩展成了"物质及非物质遗产"，明确表示"非遗"也是博物馆的研究对象，提高了"非遗"的地位。

我们把历届定义中的关键词梳理一下，总结得出了博物馆的几大特征：公共性、永久性、实物性、非营利性。

首先我们来看"公共性"。

大家都知道博物馆是收藏各种文物的地方，但实际上中国古代的很多皇帝都有私藏，但是这些收藏一般人是看不到的。别说是皇帝，就是一些官员或者文人，家中也会有很多收藏。他们会把这些宝贝藏在一个屋子里，秘不示人。这个收藏宝贝的屋子可以被叫作"藏宝阁"，但却不能被叫作"博物馆"，因为"博物馆"不仅藏有宝贝，还得能让人进来参观，这就是所谓的"公共性"。

所以我们说博物馆是为公众设立的公共服务机构，它的服务对象是社会大众，不是只服务于皇帝或者收藏家那些特殊人群。

"永久性"就是说博物馆一定是一个常设机构，要一直存在，不能干两天就倒闭，即使工作人员退休，博物馆搬迁，依旧有一代又一代的博物馆人前仆后继，将博物馆的事业传承下去。

"实物性"也好理解，就是说博物馆里一定要有"真东西"。如果博物馆里没有藏品就不能叫作博物馆了，即使是虚拟博物馆，也是要建立在实物的基础之上，只是用虚拟技术将藏品以视觉的形式呈现出来。但是请注意，在曾经几版的博物馆定义中，都把实物称为"见证物"。而在 2007 年，换了一种说法，叫作"物质及非物质遗产"，国际博协首次把"非遗"的概念也列入博物馆收藏品的范畴。所以，博物馆不仅要继续保护、管理好物质遗产，还要传承、保护"非遗"。

最后，就是"非营利性"。"非营利性"简单地说就是"不赚钱"。但并不是博物馆不能赚钱，而是不以营利为目的。国有博物馆的建设经费和

∧ 上海博物馆

日常开销基本都是由国家财政拨款以作支持，说句实话，这确实给国家造成了一定的负担。所以有的博物馆开始寻找"自给自足"之路，通过门票或者文创产品赚一点钱，补贴"家用"。但赚的这些钱不一定能担负起全馆的常年开销，所以博物馆仍然处于"非营利"状态。

2016 年，国际博协觉得博物馆的定义在过去的几十年里只是进行了一些微小的调整，已经不能充分反映博物馆在 21 世纪面对的复杂状况了，于是就想启动新一次博物馆定义的修订。经过三年时间的充分准备，国际博协从全球两百多份提议案中选择了新定义的草案，并且计划在 2019 年在日本京都举办的第 25 届全体大会上将新定义确定下来。但是没有想到，这场大会的讨论太激烈了，很多学者的意见没有达成共识，所以这项工作就被搁置了。直到 2022 年，在布拉格举行的第 26 届国际博协全体大会上，才将新定义正式确立。

博物馆是为社会服务的非营利性常设机构，它研究、收藏、保护、阐释和展示物质与非物质文化遗产。向公众开放，具有可及性和包容性，博物馆促进多样性和可持续性。博物馆以符合道德且专业的方式进行运营和交流，并在社区的参与下，为教育、欣赏、深思和知识共享提供多种体验。

其实在这个新定义形成之前，国际博协有向各咨询委员会征集关键词，这些关键词都是 21 世纪博物馆事业所具有的一些属性。所以我们在新定义中才能看到"包容性""社区""可持续性""多样性""知识共享"等新术语。这也是与前几版博物馆定义最大的不同，可见当代的博物馆已经悄然发生了变化。

2. 博物馆到底是做什么的?

虽然在很多版本的博物馆定义中都有提到博物馆的职能,但是我们可能还是没法搞清楚博物馆到底是做什么的? 于是我们需要梳理一下,方便记忆。

其实简单来说,博物馆是一个"既对内又对外""既对物又对人"的单位。"对内"就是对文物进行征集、保管、研究;"对外"就是对观众进行展览、教育、娱乐等。

(1) 征集收藏

博物馆里肯定要有文物,那么文物从哪里来呢?

文物的来源其实一共有四种渠道:考古挖掘、社会搜集、民族学调查和自然标本采集。其中最为常见的是考古挖掘和社会搜集。

我们国家有几千年的历史,在还没有研究出"穿越"技术之前,只能靠那些过去的"老东西"来"缅怀"。这些过去的"老东西"很多是从地下挖出来的,我们叫它"出土文物"。当然有的东西也不见得是从"土"里挖掘的,也有从"水"里发现的,比如沉船,属于"水下考古"范畴。

无论是从"土"里出来,还是从"水"里出来,它总要有个地方来存放吧。这个时候国家就会把这些文物就近拨交给所在地的博物馆保管。

一般来讲,能考古出东西的地方大多都不是繁华的大都市,而是偏远的小山村。出土于偏远小山村的文物如果要拨交,就会被拨到当地的县级博物馆,或者所在地的市级博物馆。如果出来的东西太精美,中小博物馆没有存放条件不敢收,那这些东西也许就会被拨到省级博物馆了。比如山西博物院的"镇馆之宝"晋侯鸟尊,出土于山西省临汾市曲沃县。由于当地保管条件有限,一出土就直接被山西省博"抱养"了。

有的时候省级博物馆也不一定是这些文物的归宿,国家级的博物馆想要也得给。于是,你会发现,有很多更好的东西都在国家级博物馆中。当

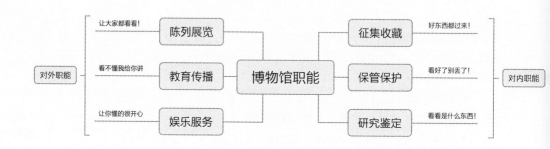

对外职能 | 让大家都看看！ 陈列展览 | 博物馆职能 | 征集收藏 好东西都过来！ | 对内职能
看不懂我给你讲 教育传播 保管保护 看好了别丢了！
让你懂的很开心 娱乐服务 研究鉴定 看看是什么东西！

1   博物馆职能

然，它们也不会全部拿走，也要给当地留一些，尽量照顾到每个"小弟"的情绪，所以我们现在去各个博物馆基本都会有好东西可看。

但是博物馆难道就干等着考古队给它们"送货"吗？

当然不能。博物馆不能只指望着考古队一家"送货商"，它们需要拓展渠道，主动进行"社会搜集"。

我们常常听周边的人说，家里有一幅祖传的画。我们先不管这个东西的真假，至少它是世代相传的，我们叫它"传世文物"。

按理来说，这种传世文物应该属于个人的私有财产。建国初期，有很多高风亮节的收藏家把他们家族传承的文物捐献给国家，他们的精神真的值得我们敬佩。但是，并不是每个收藏家都会有这样的觉悟，有的藏家选择把藏品委托给拍卖公司或者文物公司去出售，如果东西是真的，有时候也会有博物馆官方出面购买。

对于博物馆从业者来讲，他们有一种使命就是要让散落在民间的文物集中起来，因此会格外关注并用各种方法把这些散落的文物"搞到手"。

社会搜集的方法主要包括专题征集、收购、接受捐赠或捐献、调拨、交换、接收移交、借用等，这在后面的篇章中会逐一为大家介绍。

博物馆的征集职能一般都体现在建馆之初，因为要建一个博物馆需要有藏品支持，这个时候就需要主动征集。

（2）保管保护

博物馆费尽心思征集来的文物，总得有个地方存放，不能让它丢了，于是博物馆就有了一个重要职能叫作保管。

∧ 故宫博物院待修复的瓷器文物

负责文物保管的人叫作保管员，保管员的责任就是保护这些珍贵的文物别丢了，别坏了，别被偷了。其实就是我们理解的"看库房的"，只不过库房里面的东西比较高级。他们需要根据文物的属性将其放入专业的文物库房之中，使其保持恒温恒湿，还要防虫防潮，当然更重要的是防火防盗。

可以这么说，博物馆的保管工作是这个博物馆最为基础也是最为重要的工作。库房绝对不能出事，因为一旦出事，就是大事。所以别说是普通观众，就算是馆里的职工，只要不是该库房的库管员，没有得到特批都无法进库。

保管的目的就是防止文物丢失和损坏，但是文物毕竟都是上了"岁数"的，有小病小灾在所难免：有的破损，有的断裂，有的惨不忍睹。作为博物馆来讲，也不能不管它，任其自生自灭，所以需要有"医生"对它们进行治疗。

这就需要对文物进行保护修复。

前一段时间火了一个纪录片，叫《我在故宫修文物》。其实很多综合大馆也有文物修复人员，他们是真正的手艺人，具有职业精神和匠人精神，每天都在给这些"老古董"做护工。

根据每个博物馆馆藏不同，修复专家的手艺也不同。比如一个博物馆基本没有青铜器，那就没有青铜器的修复师。如果哪天征集来了一件青铜器，有些"毛病"需要修复，一般的小馆自己也不敢干，就需要去"大医院"进行救治。

所以每个博物馆的文物修复情况是不同的，有的活多，有的活少，有的甚至没有需要修复的。这些专家所在的部门一般被叫作"文物保护部"或"文保中心"。故宫博物院的"文物医院"其实就属于文物保护部门，"文物医院"只是一个好玩的外号，它真正的名字叫作"文保科技部"。

一般来讲，博物馆中的文物保护部与文物保管部不是一个部门，但是它们之间有非常密切的关系：一个负责看着文物别丢了，一个负责管着文物别坏了。

（3）研究鉴定

我们不能把博物馆里的这些好东西永远关在"小黑屋"里，总得研究这些东西是做什么的，哪个朝代的？谁曾经用过的？真的假的？有什么价值？

所以，就会出现一个"高大上"的职业，叫作研究员，俗称"专家"。他们做的工作就是在践行博物馆的"研究"职能。研究可以使我们更了解这些文物的价值，辨别真伪，为探究历史提供参考依据和实物例证。

文物价值怎么体现呢？主要有这几个方面：第一叫作历史价值，也就是看时间的长短，比如新石器时期的文物，距离今天已经有四五千年的历史了，肯定具有历史价值。

第二就是艺术价值，比如乾隆时期宫廷制作了一件非常精美的珐琅器，乾隆皇帝把玩过，那这件珐琅器就具有艺术价值。所以，不见得年代越久的东西就越好，要把历史性和艺术性相结合。

如果这件文物的制作工艺和技术水平能够给今天的社会发展提供启发或者借鉴意义，那么它就具备科学价值。

最后还有一个经济价值，这个可能是我们普通观众最关心的。但是请注意，这里说的是"价值"，并不是"价格"。"价格"属于文物艺术品市场的范畴，博物馆的研究专家并不是很在意一件文物值多少钱，因为预估价格是要有"参照物"的。

比如，有同时代同类型的文物曾经在拍卖市场中出现过，依据当时拍卖的成交价格换算成今天的货币等值将会得到一个价格区间。当然，还会有很多因素影响价格区间，所以拍卖行一般定价都是先定一个起拍价，至于最后的成交价，则要看买家的经济实力。

但是对于一些从来没有在拍卖市场中出现的罕见文物来讲，由于不存在参照物，自然也不会知道它值多少钱。所以大家在逛博物馆时尽量不要问这件多少钱？那件多少钱？哪件最值钱？这都是博物馆人非常不愿意听到的话，因为在他们心中，文物是无价的。

很多观众除了关心文物的价值之外，可能更关心文物的真伪。我经常听到一些观众问：博物馆里展出的东西是真的吗？是不是有假的？假的是不是不值钱？

其实我也不敢保证博物馆的藏品都是百分之百的真品，毕竟制作这些文物的作者都不在了，谁也无法给出一个肯定的答案。所以对一件文物的真伪问题会有很多专家有不同的意见，有人说这件是真迹无疑，有人说那件值得商榷，这都属于正常的学术讨论。

当然古字画也会有作伪的情况出现，但也有些是过去的作伪，我们叫作"老假"。比如清代人仿北宋的画，在当时来讲是作伪，但是在现在来讲，清代的东西也是文物了，虽然不是真迹，但是也具有一定的历史价值。

所以说，在博物馆里展出的基本上都是真品，只有一种情况不展真品，就是出于文物保护的角度。比如书画类的真品就不能长时间展出，需要找一个"替身"。这个"替身"叫作"复制品"，而不是"赝品"，赝品这个词太具有贬义色彩了。博物馆会在文物展牌中标明"复制品"，如果观众是内行，会理解这是出于文物保护的需要，不展出真品很正常。对于外行来讲，真的假的没有太大的区别，反正都是看个热闹。

（4）陈列展览

博物馆里的好东西当然不能一直被关在"小黑屋"，也不能只给保管员和研究员看，它们需要被广大社会群众所认知，于是要用一些手段将这些文物展示出来。

这就是博物馆的展览职能。

在很多年前，博物馆界习惯称呼"展览"为"陈列"，这两个词其实没有什么太大的区别，现在经常通用，或者连在一起叫作"展陈"。

很多人觉得陈列就是把库房里的文物摆放在展厅里，写个说明牌，做点漂亮的装饰，完全就是"美工"干的事。但实际上没有这么简单。

博物馆文物库房里面的文物成千上万，要在其中挑选出来想要的就已经很不容易了，因为你必须要懂文物，知道它是什么，跟其他文物有什么区别。文物的摆放不能像码白菜一样随意，那样不好看。我们需要一种科学的、艺术的、有逻辑的，并用讲故事的方式把它们展示出来。

这种既有思想又有创意的工作我们称之为"策展"，做"策展"工作的人叫作"策展人"。

"策展人"这个称呼确实非常"高大上"，他就像电影导演一样，展览就是他的作品，文物就是他的演员，只是这些演员自己不会诠释角色，需要策展人用各种手段让文物"说话"。

博物馆里面的展览主要包括两大类：一类叫作基本陈列，也叫常设展览，就是常年展出的。另一类叫作临时展览，也叫特展，就是展期有时间限制的，到期就会撤展。

一般来讲，基本陈列都是馆藏的文物，因为可以无期限地展出，自己家的东西可以随意用。而特展和临时展览中的部分展品是借的其他馆的，到时候得完好无损地还回去。

当代的博物馆展览，无论是常设还是临时，都不再是简单的陈列摆放了。展览主题需要经过深思熟虑才能确定，展览形式兼具规范性和艺术性，让人觉得摆在那合理、好看、舒服，便于参观。展厅中还有很多多媒体与交互手段，用以打造一种"沉浸式"的展览体验，让观众可以沉醉其中，获得更加真实的艺术感受，这样就能更加理解展览的主题内涵。

（5）教育传播

博物馆把馆藏的文物策划成展览并不是为了"炫富"，它的真正目的其实是教育。

我们从小学到大学，受过了各种教育，好不容易熬到毕业，终于不用再被教育了，没有想到来趟博物馆还得受教育，因为博物馆有种职能就是负责"终身教育"。

所谓的"终身教育"，就是无论你几岁，无论你什么身份，无论你什么学历，来到博物馆都要受教育。博物馆会让我们更加了解历史文化，培养艺术审美修养，启迪智慧，热爱祖国，增强文化自信。这才是博物馆功能的终极目标，也是这些古代的文物能够带给我们的最大价值。

所以博物馆一定会有"社会教育部"或者"宣教部"，就是对内做讲解，对外做活动的部门。

很多人看不懂展览，不知道这个展览在表达什么，不知道这些文物是干什么用的，这个时候就需要讲解员讲解，告诉你这个展览重点看什么，如何欣赏文物的美。还有很多热心的志愿者，他们和讲解员一样，甚至会比讲解员更加有耐心地给观众讲解文物背后的故事。

当然，除了这种人工讲解之外，博物馆也有很多高科技产品，比如语音导览或者微信小程序，可以让观众通过听语音了解一件文物，不影响其他人。

可能是因为博物馆的讲解工作做得太好了，志愿者太热情了，所以会让很多人片面地认为博物馆的教育就是"讲解"。

其实讲解只是博物馆众多教育形式中的一种而已。

除了讲解，博物馆还会做很多教育活动来增加博物馆与观众的黏性。这些活动有面向成人的讲座沙龙，也有面向青少年的手工体验、研学旅行等。每到逢年过节或者特殊节点，博物馆就会举办各种活动，这些活动基本上都是公益的，目的就是希望能有更多的人参与进来。

如果你还是不愿意走进博物馆，博物馆的教育专员还会想尽办法邀请你，组织各种"走出去"的活动，走进学校，走进社区，走进企业等。你不找我我找你，你不爱看我让你爱看，你看不懂我给你讲懂，总之一切都是为了让你能了解博物馆。

随着自媒体短视频的发展，博物馆的教育专员们又开始成为"网红主播"，在线讲展览、讲文物，把博物馆文化通过网络传播，让更多的人能够在潜移默化中接受博物馆的教育。

（6）娱乐服务

博物馆虽然具有重要的教育职能，但毕竟不是学校，不能硬逼着别人学不想学的东西。于是，在学习教育的过程中，需要注重娱乐性。

什么叫作娱乐性？其实就是玩得开心。

想让观众玩得开心的方法有很多种，比如在展览方面，可以运用很多数字科技的手段，能够在展厅增加观众与展品的互动，这就大大提升了博物馆的娱乐性，让观众看展览、学知识时不会那么枯燥，而是完全参与进去、沉浸进去。

除了这种互动，文创产品也是当代博物馆的一大亮点。很多博物馆开始研发文创产品，他们把传统与当代相结合，把民族艺术与现代设计相结合，把社会效益与经济效益相结合，使观众在免费的参观之后还能进行购买。观众既能留个纪念品，博物馆还能有份收入，何乐而不为？

博物馆在观众服务方面也要细心到位。观众需要吃饭的时候博物馆里面有餐厅，需要喝水的时候可以提供免费的直饮水，需要手机充电的时候可以看到插座就在座椅旁边等，所以很多博物馆会有自己的商店、餐厅、咖啡厅、茶室等。我们会发现，博物馆中休闲的属性愈加浓重，划分更多的场地可以用来办公、会友、聊天、社交等。

这就是当代博物馆面临的转型问题，要把以"物"为主体的学术研究机构转化为以"人"为主体的服务休闲场所。

3. 博物馆是怎样诞生的？

我们在了解一个事物的时候，总喜欢去扒一扒它的历史，想知道它是怎样一步步走到今天的。

博物馆现象的最初萌芽就是由于人们开始对自身周围珍稀或者具有重要意义的物品产生了收集和珍藏的愿望。其实早在远古时代，人类就存在这种收藏的行为，有的是出于虔诚的信仰，有的是出于对死去亲人的怀念或是对祖先的崇拜，有的是出于对自身创造力的自恋和炫耀，当然也有的是作为一种团体精神的象征。

早在 4000 多年以前的西方，在古埃及和美索不达米亚的统治者就已经开始有意识地寻找珍品进行收藏。在公元前 5 世纪，古希腊的特菲尔·奥林帕斯神殿就已经建立了专门保护战利品和雕塑等珍奇古物的收藏室。收藏这些的人不仅用其炫耀和展示财富，还用于商品交换，但不用于研究和教育，所以它们不能算作最初的博物馆，只能算作原始意义的博物馆现象。

世界上最早的博物馆在哪里呢？

（1）缪斯神庙

世界上第一座博物馆的创始人地位非常高，就是我们都知道的，非常伟大的统治者亚历山大大帝。

早在公元前 4 世纪的时候，马其顿的亚历山大大帝便在其建立地跨欧亚非大帝国的征战过程中，把搜集、掠夺到的许多艺术珍品和各地稀有之物都交给了他的老师进行整理和研究，这位老师就是我们都熟悉的伟大的哲学家、思想家亚里士多德。

所以在亚里士多德创办的吕克昂学园内，收藏了数以百计的手稿、地图以及各种各样的动植物标本和艺术品，为亚里士多德的教学和研究提供了丰富的参考资料。

在亚历山大大帝去世后，他的部将托勒密·索特尔建立了托勒密王朝，继续致力于发展和传播希腊文化。就在公元前290年左右，托勒密·索特尔在亚历山大里亚城创建了当时最大的学术和艺术中心，叫作亚历山大博学园。

大家可以把它想象为今天的文化中心。

博学园里有图书馆、动植物园、研究院，还有专门收藏文物珍品的一个地方，叫作缪斯神庙。

我们都知道，缪斯是古希腊神话中掌管文艺和科学的九位女神，她们的英文应该叫作"Muses"，而"博物馆"的英文"Museum"就是起源于这里。所以托勒密王朝的这个缪斯神庙后来也被叫作亚历山大博物馆，是世界上第一座博物馆。

这个博物馆设有专门的大厅、研究室，陈列有关天文学、医学和文化艺术的藏品。也有保管收藏品的专职保管员，其经费都由国库开支。当时著名的学者欧几里得、阿基米德等每天都来这里，从事研究工作。遗憾的是，这座博物馆在公元3世纪的内乱中毁于战火。

虽然古罗马征服了古希腊，但是古希腊的收藏癖好和对于缪斯的崇拜也影响了古罗马，很多征战凯旋的将军们都会向缪斯神庙献物。在罗马城，广场、廊柱、喷水池周围都布满了雕塑，还有各种珍奇的宝物。所以就有学者说，尽管罗马当时没有博物馆，但是整个罗马城就是一座博物馆。

（2）英国阿什莫尔艺术和考古博物馆

受漫长的教会统治时代和中世纪封建制度的影响，来到文艺复兴时期后，社会上掀起了复兴古希腊、古罗马文化的热潮。无论是皇室贵族还是平民，都热衷于收藏，于是出现了一大批收藏家，他们为自己的收藏品建立了一个个"奇珍室"，这也算早期现代博物馆的起源。

引发这个时期收藏热的原因之一是航海事业的发展和地理大发现，人们可以从遥远的地方搜集更多的奇珍异物。所以，在文艺复兴时期，不仅收藏品的数量在不断增长，范围不断扩大，收藏者的审美品味也在开始提升。

但是这些收藏家的珍贵藏品只能被来自固定社会圈层的一小部分人欣赏到，并没有对公众开放。所以当时还没产生现代意义上的公共博物馆。直到17世纪80年代，才出现了世界博物馆史上记载的第一座现代意义的博物馆：英国阿什莫尔艺术和考古博物馆。

在英国的收藏家之中，有一对小有名气的父子，就是特雷德斯坎特父子。因为工作的原因，老特雷德斯坎特曾经远赴非洲和美洲，他特别热衷于收集在欧洲没有见过的水果、植物，还有大型动物的遗骸和各种贝类。

在藏品数量有了一定规模之后，他们在英国伦敦南岸的南兰贝特区建立了特雷德斯坎特博物馆。这个博物馆的性质与欧洲上层阶级的"奇珍室"差不多，都是私人收藏，并不是公共博物馆，藏品也都是花草植物和鸟兽鱼虫类的自然标本。但是，与"奇珍室"稍微有点不一样的是，如果公众想要来参观博物馆，只要支付一定的费用就可以。

到了 1656 年的时候，牛津大学校友、古董商人伊莱亚斯·阿什莫尔为特雷德斯坎特博物馆编纂藏品名录，并出版了藏品图录。这是一次非常系统的整理，阿什莫尔将藏品进行了大致的分类，分为稀有动物、矿物和神奇植物。因为这次合作非常愉快，所以小特雷德斯坎特在遗嘱中将全部收藏都转移给阿什莫尔，并表示日后将收藏捐赠给牛津大学。

1677 年，在特雷德斯坎特父子相继去世后，阿什莫尔与牛津大学达成共识，将特雷德斯坎特父子及阿什莫尔的私人藏品捐赠给牛津大学。牛津大学也很给力，建造了专门的建筑来存放这些藏品，并安排专门的工作人员来管理。我们知道，欧洲私人"奇珍室"的收藏地点一般都是收藏者自己的家，像这样专门建立保存藏品的建筑还是第一次。这既界定了阿什莫尔博物馆的公共性，也能看到校方和捐赠者对藏品的重视程度。

这座阿什莫尔博物馆于 1683 年对外正式开放，它不仅是第一座现代意义的公共博物馆，也是世界上第一座大学博物馆。

（3）大英博物馆

文艺复兴之后，欧洲又掀起了声势浩大的思想启蒙运动和第一次工业革命，对博物馆事业的发展也产生了重要的推动作用。

18 世纪，欧洲先后出现了一大批重要的博物馆，比如爱尔兰国家博物馆、维也纳自然历史博物馆、伦敦不列颠博物馆、威尼斯艺术学院美术馆、哥本哈根国立美术馆、意大利乌菲齐美术馆、西班牙国立博物馆等。这其中，影响最大的是伦敦不列颠博物馆，也就是今天我们大家都知道的大英博物馆。

大英博物馆的创始人是一位叫汉斯·斯隆的爵士，他不仅是一位收藏家，还是爱尔兰著名的医生。

斯隆医生从小就喜欢收藏各种物品，还会把收集到的植物标本编制成植物名录，即使他攻读的是医学，并成为著名的医学家，也没有阻挡他对这个爱好的热情。他一生收藏的文物超过 7 万件，还有大量的植物标本和 5 万件的书籍、手稿和印刷品，总价值高达 8 万英镑。

为了使得自己的收藏能够公之于众、有利社会，斯隆医生在去世之前将自己的收藏品都出让给英国国会。英国国会通过公众募集筹款，不仅正式收购了斯隆医生的全部收藏，还购置了位于伦敦市区附近的蒙塔古大楼作为博物馆的建筑用址。

于是，不列颠博物馆终于于 1759 年 1 月 15 日正式开馆，对公众开放。到 19 世纪前期，已成为当时世界上最大的博物馆。

（4）卢浮宫

18 世纪末期，在思想启蒙运动的影响下，爆发了著名的法国资产阶级大革命。这场革命不但摧毁了法国的封建统治，而且还推动了法国甚至世界博物馆事业的发展，给我们带来了一座著名的博物馆——卢浮宫。

今天我们都知道卢浮宫在成为博物馆之前，是法国国王的宫殿。但是它本来的身份其实是塞纳河边护卫巴黎东部区域的一座防御堡垒。

1190 年，法国十字军东征异教徒，因为担心北方的英格兰国王诺曼底公爵突袭，法国国王菲利普二世下令修筑防御工事，就在美丽的塞纳河边修建了很多座城堡，卢浮宫就是其中之一。

到了 13 世纪末期，因为城市的规模扩大，在原来城墙的外面又修筑了新的城墙，卢浮宫的位置成为了市里的"别墅区"，于是查理五世就将卢浮宫进行改造，由防御工事升级为宫殿。

在之后的很多年，卢浮宫受过重视也受过冷落，起起伏伏。

直到 16 世纪，弗朗索瓦一世带着王室成员重新回到卢浮宫，发现中世纪时期的建筑装饰与文艺复兴时期的气质不符，于是让人拆了重改，卢浮宫自此彻底改头换面，变得"高大上"了，这也奠定了它作为国王宫殿的地位。

后来的几任国王不停地对卢浮宫进行装修改造，比如亨利四世就花了 13 年的工夫建造了卢浮宫最壮观的部分——大画廊。长达 300 米的华丽画廊，亨利四世在这里栽满了树，还养鸟、养狗，甚至还在走廊里骑着马追狐狸。

当然对卢浮宫装修改动最大的国王是路易十四，他 5 岁登基，在卢浮宫做了 72 年国王，是法国历史上在位时间最长的国王，也被称为"太阳王"。

路易十四把卢浮宫建成了正方形的庭院，并在庭院外面修建了富丽堂皇的画廊，还购买了欧洲各派的绘画。他的一生都迷恋着艺术和建筑，致使法国国库日渐空虚。

在路易十六在位期间，爆发了法国大革命。1793 年，卢浮宫正式对外开放，命名为中央艺术博物馆。后来因为拿破仑不断向外扩展，把掠夺来的欧洲其他国家的文物和艺术品都搬进卢浮宫，并改名为拿破仑博物馆。

虽然在拿破仑滑铁卢战败之后，很多国家都要求卢浮宫归还掠夺的艺术品，但还留下了很多。拿破仑的继任者们，比如拿破仑三世就继续扩建卢浮宫的建筑，扩充藏品收藏。

直到 1981 年，在时任法国总统密特朗的支持下，"大卢浮宫计划"实施，请了华人建筑大师贝聿铭先生设计了玻璃金字塔，作为卢浮宫的新标志，让这座博物馆重塑昔日的荣光。

如何看懂一座博物馆？

4. 博物馆在中国是何时出现的?

和西方的统治者一样，中国古代的帝王也很重视文物的搜集和保存。比如说周代的文物收藏之处叫作"天府""玉府"，有专职的官员负责管理。西汉的图书收藏之处叫作"天禄""石渠""兰台"，自西汉以后历朝历代都有正式的文物收藏处。尤其在宋代宣和年间，最具文艺气质的皇帝宋徽宗收藏的古物多达万余件，而且在官僚和士大夫中也涌现出一大批收藏家和鉴定家。

即使这样，也没有促使博物馆的出现，皇帝的这些收藏仍是为了满足自己的个人爱好，不可能公之于众。但是有一个地方却早早就做到了对外开放，这就是公元前5世纪的孔子庙堂。

孔子是我国春秋时期著名的思想家、教育家和儒学创始人，他比古希腊哲学家柏拉图和亚里士多德早出生约一个多世纪。

就在孔子去世的第二年，鲁国君主为了纪念孔子的业绩，传播他的思想，将曲阜阙里孔子故居中的三间房作为孔子的庙堂，室内陈列孔子的衣冠琴书和他所坐过的车，每年会在一定的时间举行纪念活动，让人们参观。

这个孔庙就是中国最早的纪念性博物馆，它比托勒密的缪斯神庙要早188年左右。

可见，中国古代的这种博物馆现象一直停留在"重要人物纪念"的层面上，比如李白故里、杜甫草堂、武侯祠、岳飞庙等，都是具有中国特色的古代纪念类博物馆。

（1）徐家汇博物馆和北疆博物院

中国近代博物馆的发端实际上是外国人带来的。

在1840年鸦片战争之后，很多外国人来到中国开设博物馆。他们最开始建立博物馆的目的是作为传教活动的副产品，后来慢慢变成了配合帝国主义掠夺中国资源、搜罗中国文物的文化侵略工具。

∧　北疆博物院

　　不可否认的是，这种行为在客观上确实也对中国近代博物馆的创立起到了一定的启迪作用。

　　最早在中国境内开办博物馆的是一位法国的天主教会士，中文名字叫韩伯禄。他在 1868 年的时候就在上海徐家汇创办了徐家汇博物馆，主要收藏动物和植物标本，用于开展各种科学活动，当然也是为了方便传教。

　　徐家汇博物馆后来被规划给了同属于耶稣会的震旦大学，也建了新馆，还改了名字叫作震旦博物馆。

　　虽然徐家汇是外国人创办的，但却是中国境内最早出现的近代意义上的博物馆。

　　1914 年，法国耶稣会的神父桑志华在天津也筹备了一个博物馆，叫作北疆博物院，1928 年正式向公众开放，藏品以自然标本为主。这个北疆博物院就是今天天津自然博物馆的前身，目前还有单独的馆址，也对外开放，在天津外国语大学校园内。

　　桑志华曾将在我国境内搜集的众多珍贵动植物标本运往国外，赠送给了巴黎自然历史博物馆、伦敦自然历史博物馆等很多欧美的博物馆。这种行为虽然在客观上增进了西方对中国自然状况的了解，但实际上也是对中国自然资源的一种掠夺。

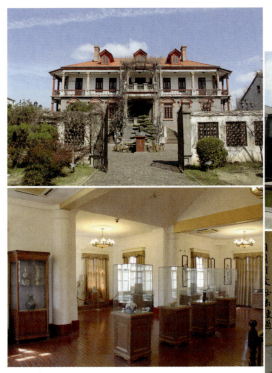

∧ 南通博物苑

（2）南通博物苑

鸦片战争后，随着中国和西方往来的日渐频繁，到欧美和日本出使、留学的人越来越多，我们才有机会参观到各国的博物馆。但是在当时它们不被称为"博物馆"，而是使用"公所""行馆""万种园""画阁""军器楼""集宝楼""积宝院""积骨楼""禽骨馆"等各种各样的名称。

这些睁眼看世界的人在他们的环球考察报告中将西方的博物馆描绘得非常详细，使得在中国的"百日维新"期间，许多维新人士都主张建立属于自己的博物馆，这一提议也得到了光绪皇帝的支持。虽然维新变法最终失败了，但是博物馆在中国产生的社会条件已经成熟了。

在 1905 年，一位叫作张謇的实业家，在他自己的家乡江苏南通创办了我国第一个公共博物馆——南通博物苑。

张謇本身是清朝末年的状元，后来成为著名的实业家和教育家。他特别看重"实业"和"教育"两件事，他在 1896 年的时候先在家乡南通创办了大生纱厂，这是我国近代纺织史上最早的也是规模较大的工厂。之后他又陆续创办了通海垦牧公司、大达轮船公司等企业，然后用这些企业的利润兴办教育和文化事业。

∧ 中国国家博物馆

1902 年的时候，他又创办了我国第一所师范学校——南通师范学校。他转年去日本考察实业和教育的时候，参观了日本的博物馆和博览会，回来后深受启发，马上就向清政府递交了在京师创办博物馆的申请，建议在京师建立国家博物馆，然后推及到每个省市。

但是当时的清政府根本就没有采纳他的意见，清王朝都快覆灭了，谁还顾得上建博物馆。张謇感到很受伤，于是干脆自己出钱，在家乡南通建立了博物馆。

他开始购置民房，迁移荒冢，兴建了一座集博物馆、植物园、动物园功能为一体的"博物苑"。所以，南通博物苑的这个"苑"字是目前国内所有博物馆中唯一使用的，仅此一家，别无分号。

博物苑里有张謇广泛搜集的中外动植物标本、文物艺术品等两万多件，分为自然、历史、美术和教育四个部分。场馆规模虽然不是很大，但是门类齐全，除了我们熟知的文物艺术品之外，整个院子就像一座传统的中国式园林，种植了各个门类的植物，当作自然标本供学生学习和实践。

可以说，南通博物苑就是张謇这位理想主义者建设的一座"理想国"。

（3）国立历史博物馆

如果你认为南通博物苑的建立算是"私人"行为的话，那么"国家"行为建立的博物馆就是国立历史博物馆了，也就是今天我们都知道的中国国家博物馆的前身之一。

1912年，在当时的教育部总长蔡元培的主持下，成立了国立历史博物馆筹备处。馆址最初设在北京国子监旧址，并聘请了京师大学堂的教授胡玉缙为筹备处主任，接收了太学礼器等文物作为最初的馆藏。

1917年，教育部又把筹备处迁往了故宫午门，用午门城楼和两翼的亭楼作为办公室。在通过社会大量捐赠和接受政府移交之后，到1926年，馆藏文物已经达到21万多件。

经过多年的筹备，于1926年10月10日，国立历史博物馆正式对外开放。

后来国立历史博物馆改名为北平历史博物馆，隶属于南京新成立的国立中央博物院筹备处，战争时期的很多重要文物也都被运往中央博物院筹备处保存。

中华人民共和国成立后，国家又成立了中央革命博物馆筹备处，刚开始是在北海团城，后来又迁入故宫西华门的武英殿。

到了1960年，"北京历史博物馆"正式改名为"中国历史博物馆"，"中央革命博物馆"改名为"中国革命博物馆"，1969年两馆合并，称为"中国革命历史博物馆"。之后又经过分分合合，在2003年终于组成今天的中国国家博物馆。

今天我们看到天安门广场东侧的中国国家博物馆的建筑是1958年修建，1959年竣工的，当时是建国十周年十大建筑之一。2007年开始改扩建，直到2011年竣工，2012年正式对外开放。

（4）古物陈列所与故宫博物院

国家历史博物馆是蔡元培1912年开始筹备的，直到1926年才正式开馆。但是有一家博物馆却是从1913年开始筹备，1914年就正式对外开放了，这就是我国博物馆史上第一座以帝王宫苑和皇室收藏为主题开设的博物馆——古物陈列所，也就是我们都知道的特别有名的故宫博物院的前身。

辛亥革命后，溥仪退位，清王室被所谓的"优待政策"关了禁闭。而

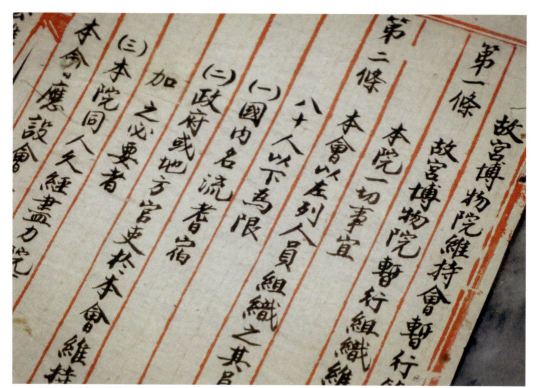

^ 故宫博物院宝蕴楼院史陈列

当时在沈阳的故宫和河北承德的行宫还有很多珍贵的宝贝,两个地方远离京师,而且盗匪猖獗。所以当时的北洋政府内务总长朱启钤接受了时任内务部佥事、众议院议员的金城建议,仿效法国卢浮宫的先例,将已经收归民国政府的紫禁城前朝部分改成博物馆,将盛京故宫和热河行宫的文物共20多万件陆续运往北京,在故宫的武英殿和文华殿成立古物陈列所,于1914年对外开放。

溥仪等清朝皇室一直生活在紫禁城的后三宫,也收藏了很多珍贵的文物。溥仪经常以"赏赐"的名义将这些宝物运出宫外,1923年建福宫花园的一场大火,使得很多文物在明偷暗窃之后,又遭受了付之一炬的厄运。

终于,民国政府忍不了了,1924年冯玉祥发动"北京政变"后上台,修改了对清室的优待条件,将溥仪等皇室赶出了紫禁城,同时成立清室善后委员会,负责办理清皇室财产及一切善后事宜。1925年,善后委员会制定并且通过了《故宫博物院临时组织大纲》,设临时董事会,对故宫每个宫殿的文物都进行了清点查收,整理出文物117万余件。

1925年10月10日,故宫博物院在乾清门广场举行了盛大的建院典礼,正式宣布成立。开放的第一天,北京市内万人空巷,交通堵塞,成为当天各大报纸争相报道的重大新闻。

1928年,故宫博物院被中央政府接管,李煜瀛任理事长,易培基任

^ 故宫博物院宝蕴楼院史陈列

院长，院以下设秘书处、总务处、古物馆、图书馆、文献馆，至此，故宫博物院格局初定。这期间的故宫博物院不仅将部分宫殿及其陈设保持原状对外开放，而且还开辟了宋元书画、明清书画、玉器、铜器等 37 个专门的陈列室，出版了 200 多种影印字画和图书、文献，还定期出版刊物，在当时受到了很多关注。

抗日战争全面爆发前夕，为了保护故宫文物安全，不被战火毁灭和日本帝国主义掠夺，当时的院长马衡决定采取文物南迁策略，选择重要的文物装箱南迁上海，后又转运到在南京新建的文物库房存放。1937 年，抗日战争全面展开，故宫文物又分为三路辗转迁徙到四川的巴县、乐山、峨眉。直到 1945 年，抗日战争胜利，北平收复，三处文物在重庆汇合，于 1947 年运回南京，中华人民共和国成立之后又陆续运回北京。令人震惊的是，这十年的迁徙之路，故宫文物竟然没有受到什么损失，创造了人类保护文化遗产的奇迹。

1948 年底至 1949 年初，南京国民政府在逃往台湾之前，在南京文物库房中挑选出 2972 箱文物分三批运往台湾，在台北近郊的外双溪建立新馆，这就是今天的"台北故宫博物院"。

虽然故宫博物院有两个，但是故宫只有一个。北京和台北的两个故宫

博物院自从 2009 年开始深度合作交流，合作办展，合作召开研讨会，工作人员互相访问，努力拓宽合作交流的内容和形式，对于弘扬传统文化、增进同胞情感有着重要的作用，在海峡两岸民众中获得了广泛的好评。

如何看懂一座博物馆？

第二章

博物馆也内卷

博物馆的类型级别

CHAPTER

Museum
Is
Also
Introverted

2

1. 全国有多少座博物馆？

全国到底有多少座博物馆？

这个问题就像问中国有多少人口一样，不太好回答，因为一直没有太准确的答案。每年都会有新的博物馆诞生，也会有博物馆改制。所以这个数字总在变动。

但是国家文物局每年都会统计，从1949年中华人民共和国成立以来的20余座，到20世纪70年代的100余座，再到90年代的1000余座，一直到今天，博物馆的数量每年都在增长。

目前我们看到的一个比较准确的统计数字是：2021年底，全国登记注册的博物馆已达到6183家（不包括港澳台地区）。请注意，这里说的是"登记注册"，实际上还有很多没有"登记注册"的"非正规"博物馆。所以，实际数字应该要比这个多。

在这6000多家博物馆中，90%的博物馆都是向公众免费开放的，这是在2008年中共中央宣传部、财政部、文化部和国家文物局颁发的《关于全国博物馆、纪念馆免费开放的通知》中提出的。

但是文物建筑及遗址类博物馆还是收费的。而且按照市场化运作举办的特展，也会根据实际情况收门票。

那么，博物馆的上级单位是哪里？它归哪个部门管？

从全世界的范围来看，博物馆的管理体制一般分为三种情况：集中管理型、非集中管理型、半集中管理型。

集中管理型也就是国家统一管理，最典型的就是法国。法国的博物馆大部分都是由文化部下设的全国博物馆总局统一管理的，他们把博物馆分为"国家级""国家保护级""国家监管级"三个等级。其中"国家级"博物馆是由博物馆总局直接管理的，其他都是由国家其他部门或者地方政府管理。而在法国所有的博物馆中，私立博物馆才占了10%。

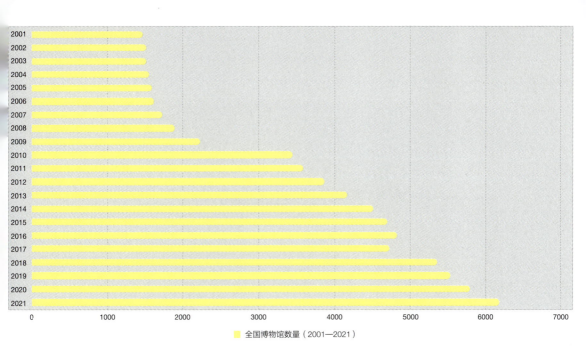

全国博物馆数量（2001—2021）

　　非集中管理型的代表国家就是美国了，他们没有统一的管理全国博物馆的行政机构，因为绝大部分的博物馆都分散在各州政府、私人财团、社会团体或者各种基金会等。在美国所有的博物馆中，由联邦政府直接控制的国立博物馆仅占6%，而私立博物馆却达到60%以上。

　　半集中管理型介于上面两者之间，代表国家是英国。国立博物馆由政府内阁的相关部委主管，而一些地区的地方公立博物馆则是由民间代表和官方代表组成的博物馆管理委员会管理。

　　我国的博物馆管理体制当然属于集中管理型，国有博物馆一般归国家管理，大部分博物馆归所在省、市、县级的文物部门管理，但是也有一些级别更高的博物馆直接归中华人民共和国文化和旅游部、国家文物局管理。

　　文化和旅游部是我国整个文化事业管理的最高责任部门，国家文物局则是专门负责管理文化事业中有关文物与博物馆事业的部分。

　　直接归文旅部管理的博物馆一般都是级别很高的馆，至少有三家我们是能猜到的：故宫博物院、中国国家博物馆、中国美术馆。但是还有两家我们可能想不到，一个是文化和旅游部恭王府博物馆，另一个是梅兰芳纪念馆。而隶属于国家文物局管理的博物馆有一家，是北京鲁迅博物馆（北京新文化运动纪念馆）。

　　很多行业类别的博物馆都是属于不同行业部门管理，比如地质、农业、航天、科技、化工、军事等行业都有专门的从属部局。而非国有博物馆就由企业自行管理，但也要在当地的文物部门备案，接受监管。

　　当然，对于非国有博物馆，我们实行的政策就是"自我管理""自我建设""自我发展"，与欧美发达国家的博物馆管理状况很像。

2. 博物馆都有哪些类型?

截至 2021 年底,全国登记注册的博物馆已经超过 6000 家,这 6000 多家博物馆可以分成不同的类型。

很多博物馆学者都会按照博物馆的内容将其进行分类,比较常见的是"五类型说",也就是历史类型、艺术类型、科学类型、综合类型、其他类型。在每种类型的下面还会再细分,比如艺术类型可以再分为美术类、文化类、雕塑类、建筑类等 8 类。这种分类方法虽然专业,但是说实话有点不好记。

在博物馆行业中,又习惯按照博物馆的性质将其分为文物系统、其他行业和非国有博物馆三类。这种分法在行业内是清楚的,但是观众不太明白,也不太直观。

于是,我根据自己这么多年的刷馆经验,从观众参观的角度,将国内常见的博物馆类型分为 12 类。分别是:历史类博物馆、艺术类博物馆、综合类博物馆、自然科学类博物馆、革命纪念类博物馆、考古遗址类博物馆、名人故居类博物馆、民族民俗类博物馆、行业专题类博物馆、生态社区类博物馆、非国有类博物馆、高校类博物馆。

(1)历史类博物馆

首先最常见的是历史类博物馆,顾名思义,就是名字里带有"历史"两个字的博物馆。

可能有一些朋友会认为,博物馆本身就是"历史"的,所以很多早期博物馆的名字都带有"历史"两个字,比如中国国家博物馆的前身之一,叫作"中国历史博物馆"。

但是随着博物馆的合并融合,名字里还保留"历史"两个字的博物馆已经不多了。有一个很重要的"历史"博物馆,就是"陕西历史博物馆",我们俗称它"陕历博"。

很多人喜欢简称为"陕博",但我觉得这个"历"字不能省略。

因为陕西历史博物馆曾经确实使用过"陕西省博物馆"这个名字,当时不只有"历史"的部分,还有很多"艺术"的部分。但是后来"历史"部分独立出来成为"新馆","艺术"部分继续留在老馆。"新馆"既然叫作"陕西历史博物馆","老馆"也不太好意思继续叫"陕西省博物馆"了。于是几经合并、改名,成为了今天我们大家都熟知的"西安碑林"。

事实上,今天的陕历博早已成为国内重要的省级博物馆,影响力非常大,但是这个名字一直没有改过来。

除了陕西历史博物馆之外,国内重要的博物馆中还保留有"历史"两个字的,就是上海市历史博物馆了。

上海市历史博物馆的馆址几经搬迁,甚至有一大段时间根本就没有馆址,只能在上海的东方明珠塔上做展览。直到 2018 年,上海历史博物馆与上海市革命博物馆合并,搬进了上海美术馆遗留下来的"二手房"。

如果说陕西历史博物馆、上海市历史博物馆都属于地方性历史博物馆的话,那么还有一种是专题性历史博物馆。

专题性历史博物馆主要为一个特定的历史时期或者历史专题建立,比较有代表性的是南京的六朝博物馆。

六朝博物馆最大的特点是展览形式设计做得非常棒。在很多年前,博物馆展览设计还是中规中矩的时代,这个馆已经具有高级的形式审美了。因为南京市有很多中小博物馆需要"抱团取暖",就形成了"南京市博物总馆联盟",六朝博物馆成为了其中之一。

其实,很多省级博物馆、市级博物馆曾经都是历史类博物馆,或者说都具有"历史"板块的内容。所以在这些博物馆的展览中都会有一个"通史陈列",只不过它们的名字中没有出现"历史"两个字而已。

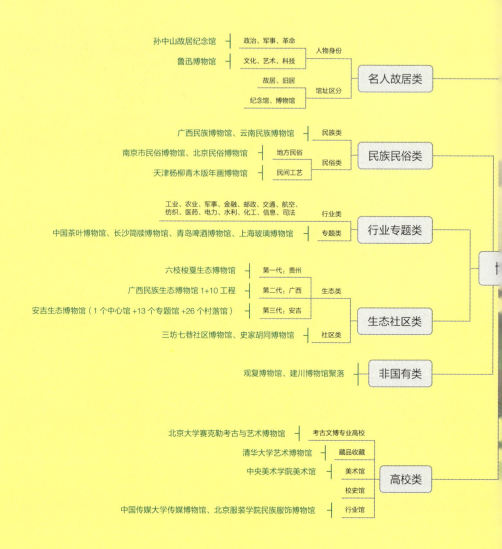

孙中山故居纪念馆 ─┤ 政治、军事、革命
鲁迅博物馆 ─┤ 文化、艺术、科技 ├─ 人物身份
故居、旧居
纪念馆、博物馆 ├─ 馆址区分 ├─ 名人故居类

广西民族博物馆、云南民族博物馆 ─┤ 民族类
南京市民俗博物馆、北京民俗博物馆 ─┤ 地方民俗 ├─ 民俗类 ├─ 民族民俗类
天津杨柳青青木版年画博物馆 ─┤ 民间工艺

工业、农业、军事、金融、邮政、交通、航空、
纺织、医药、电力、水利、化工、信息、司法 ─┤ 行业类
中国茶叶博物馆、长沙简牍博物馆、青岛啤酒博物馆、上海玻璃博物馆 ─┤ 专题类 ├─ 行业专题类

六枝梭戛生态博物馆 ─┤ 第一代：贵州
广西民族生态博物馆 1+10 工程 ─┤ 第二代：广西 ├─ 生态类
安吉生态博物馆（1 个中心馆 +13 个专题馆 +26 个村落馆）─┤ 第三代：安吉
三坊七巷社区博物馆、史家胡同博物馆 ─┤ 社区类 ├─ 生态社区类

观复博物馆、建川博物馆聚落 ─┤ 非国有类

北京大学赛克勒考古与艺术博物馆 ─┤ 考古文博专业高校
清华大学艺术博物馆 ─┤ 藏品收藏
中央美术学院美术馆 ─┤ 美术馆
校史馆 ├─ 高校类
中国传媒大学传媒博物馆、北京服装学院民族服饰博物馆 ─┤ 行业馆

2　　博物馆类型

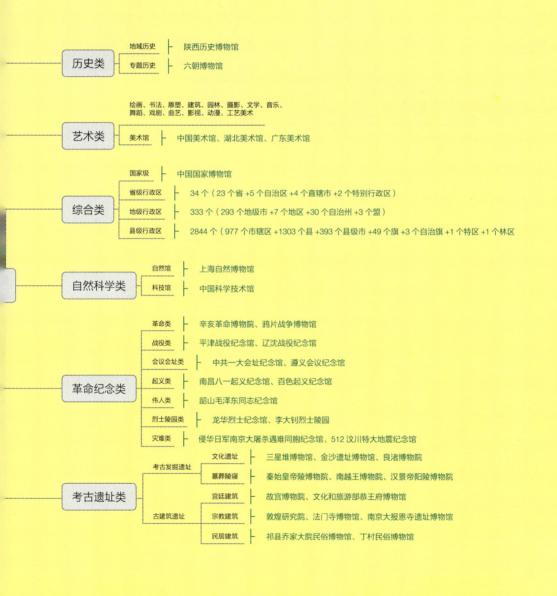

历史类
- 地域历史 —— 陕西历史博物馆
- 专题历史 —— 六朝博物馆

艺术类
- 绘画、书法、雕塑、建筑、园林、摄影、文学、音乐、舞蹈、戏剧、曲艺、影视、动漫、工艺美术
- 美术馆 —— 中国美术馆、湖北美术馆、广东美术馆

综合类
- 国家级 —— 中国国家博物馆
- 省级行政区 —— 34 个（23 个省 +5 个自治区 +4 个直辖市 +2 个特别行政区）
- 地级行政区 —— 333 个（293 个地级市 +7 个地区 +30 个自治州 +3 个盟）
- 县级行政区 —— 2844 个（977 个市辖区 +1303 个县 +393 个县级市 +49 个旗 +3 个自治旗 +1 个特区 +1 个林区

自然科学类
- 自然馆 —— 上海自然博物馆
- 科技馆 —— 中国科学技术馆

革命纪念类
- 革命类 —— 辛亥革命博物院、鸦片战争博物馆
- 战役类 —— 平津战役纪念馆、辽沈战役纪念馆
- 会议会址类 —— 中共一大会址纪念馆、遵义会议纪念馆
- 起义类 —— 南昌八一起义纪念馆、百色起义纪念馆
- 伟人类 —— 韶山毛泽东同志纪念馆
- 烈士陵园类 —— 龙华烈士纪念馆、李大钊烈士陵园
- 灾难类 —— 侵华日军南京大屠杀遇难同胞纪念馆、512 汶川特大地震纪念馆

考古遗址类
- 考古发掘遗址
  - 文化遗址 —— 三星堆博物馆、金沙遗址博物馆、良渚博物院
  - 墓葬陵寝 —— 秦始皇帝陵博物院、南越王博物院、汉景帝阳陵博物院
- 古建筑遗址
  - 宫廷建筑 —— 故宫博物院、文化和旅游部恭王府博物馆
  - 宗教建筑 —— 敦煌研究院、法门寺博物馆、南京大报恩寺遗址博物馆
  - 民居建筑 —— 祁县乔家大院民俗博物馆、丁村民俗博物馆

∧　上海电影博物馆

（2）艺术类博物馆

博物馆除了"历史"板块之外，最常见的应该是"艺术"板块。

和历史类博物馆一样，名字纯粹叫作"艺术"博物馆的也不多了。比较著名的有北京艺术博物馆、广州艺术博物院等。但是有一个非常重量级的博物馆，名字里没有"艺术"，却真的是以"艺术"内容著称的，这就是著名的上海博物馆。

上海博物馆不仅是直辖市大馆，还是"8+3"国家级博物馆，在每届"一级博物馆运营评估"中都名列前茅，影响力巨大，知名度巨高。

但当你进入上博就会发现，馆里只有青铜器、玉器、佛造像、书画、钱币等文物艺术类展览，没有通史陈列。这是因为上海还有上海市历史博物馆，两个馆分工要明确，各司其职。

其实我们大家也知道，"艺术"的概念非常广泛，它包括绘画、书法、雕塑、建筑、园林、工艺美术、摄影、文学、音乐、舞蹈、戏剧、曲艺、影视、动漫等多个门类。所以，只要是名字中含有这些关键词的博物馆，或者是主题在这些艺术门类之内的博物馆，都属于艺术类博物馆。

艺术类博物馆的范畴非常大，甚至有一些还与行业类博物馆相重叠了，比如戏曲、电影、工艺美术等类型的博物馆，它们既属于艺术类博物馆，也属于行业专题类博物馆。

另外，在艺术类博物馆中，有一类自己在慢慢地"做强做大"，开始"独当一面"，甚至很多人已经不认为它属于博物馆了，这就是艺术博物馆中最常见的一种类型："美术馆"。

美术馆这个称呼我们并不会陌生，但可能并不清楚它跟博物馆到底有什么关系。

实际上，美术馆属于博物馆的一种，具体来说就是艺术类型的美术类

艺术门类	代表博物馆
园林建筑类	中国园林博物馆（北京）、苏州园林博物馆、北京古代建筑博物馆
雕塑石刻类	中国雕塑博物馆（山西大同）、西安碑林博物馆、北京石刻艺术博物馆
工艺美术类	杭州工艺美术博物馆、北京工艺美术博物馆、上海工艺美术博物馆
文字文学类	中国文字博物馆（河南安阳）、中国现代文学馆（北京）
音乐舞蹈类	湖北音乐博物馆（湖北武汉）、中国音乐史博物馆（陕西西安）
书法类	西安中国书法艺术博物馆、绍兴市兰亭书法博物馆
摄影类	丽水摄影博物馆（浙江丽水）、湖南谢子龙摄影博物馆（湖南长沙）
戏剧类	天津戏剧博物馆、北京人民艺术剧院戏剧博物馆
戏曲类	中国昆曲博物馆（江苏苏州）、中国黄梅戏博物馆（安徽安庆）、越剧博物馆（浙江绍兴）
影视类	中国电影博物馆（北京）、上海电影博物馆、长影旧址博物馆（吉林长春）
动漫类	中国动漫博物馆（浙江杭州）、上海动漫博物馆、吉林国际动漫博物馆

博物馆。上文说过，艺术类博物馆可以细分为很多小方向，"美术"绝对是其中最大的一个方向。

美术类的艺术博物馆其实还可以再细分为两个类型：一种叫作"艺术史类博物馆"，是保存和展示历史上流传下来的各种美术作品，比如著名的美国大都会艺术博物馆、法国的卢浮宫、意大利佛罗伦萨的乌菲齐美术馆等。在我国，就是上述所说的上海博物馆、北京艺术博物馆等大众熟知的"艺术类博物馆"。

∧　中国美术馆

另一种类型是保存和展示现当代艺术家作品的"美术馆",法国巴黎的蓬皮杜艺术中心和美国纽约的古根海姆美术馆等都属于这类。

我们国家在 2011 年和 2015 年,一共选出了 13 家美术馆作为"国家重点美术馆",分别是:中国美术馆、中华艺术宫(上海美术馆)、江苏省美术馆、广东美术馆、陕西省美术博物馆、湖北美术馆、深圳关山月美术馆、北京画院美术馆、中央美术学院美术馆、浙江美术馆、广州艺术博物院(广州美术馆)、武汉美术馆、中国美术学院美术馆。

这些美术馆无论是在收藏还是展览方面,都更偏近现代艺术和当代艺术,与以古代藏品为主的博物馆有所区别。而且,美术馆一般都与当代美术界保持互动和联系,影响着流行美学的发展和社会审美趣味的更替,甚至会影响艺术品价格的走向。

但是需要指出的是,很多画廊也习惯自称为"美术馆",这就与我们博物馆概念范畴中的美术馆不同了,画廊往往是以经营为目的,而美术馆是以收藏当代艺术作品和以引导时代大众审美为目的。

(3)综合类博物馆

如果一个博物馆既有历史板块,同时还有艺术板块,甚至有的还有自然板块,三个板块满足其二,那么就叫作综合类博物馆了。

当然,根据行政区划级别的不同,综合类博物馆也有大小之分。最大

的应该就是中国国家博物馆，属于国家级别的综合类博物馆。

我国有 23 个省、5 个自治区、4 个直辖市，还有 2 个特别行政区，这些省级行政区的博物馆，也都属于"大馆"。下一级是 333 个地级行政区的博物馆，包括 293 个地级市、7 个地区、30 个自治州和 3 个盟。而再下一级的县级行政区的博物馆，比如市辖区、县、县级市、自治县、旗、自治旗、特区、林区等。当然，最后一个级别的乡级行政区如街道、镇、乡等则很少有博物馆出现。

省级行政区的综合型大馆有很多，比如"8+3"博物馆中的南京博物院、河南博物院、山西博物院、湖南博物院、湖北省博物馆等。这些大馆往往都是凭借全省之力来打造，无论是藏品还是展览，都应该是省里最好的。

相比较而言，地级、县级行政区的"中小博物馆"的力量就不如大馆强，影响力也不太够。不过，有一些地级城市的博物馆也做出了自己的品牌，有的名气甚至超过了省级大馆。

比如著名的南通博物苑，是中国第一座公共博物馆。

搞博物馆学的人一定都知道，在全国所有的博物馆中，只有南通博物苑叫作"苑"，足见它在博物馆界的地位是与众不同的。南通博物苑其实就是晚清状元张謇打造的一个"理想国"，将历史、艺术、自然、科技等融合一体，而且还能看到张謇先生的故居与南通博物苑的发展史，真的是名副其实的"综合博物馆"。

另外一个必须要提到的就是著名的苏州博物馆，它集苏派美学之大成，从建筑到展览，从活动到文创，都非常典雅精致，很符合苏州人的气质。

很多朋友喜欢苏博是因为喜欢著名建筑师贝聿铭的建筑设计，其将建筑造型与所处的环境自然融合，突出了苏州的特点。2021 年苏州博物馆建成开放的西馆，又增加了通史陈列，补充了老馆展厅因为过于精致而稍

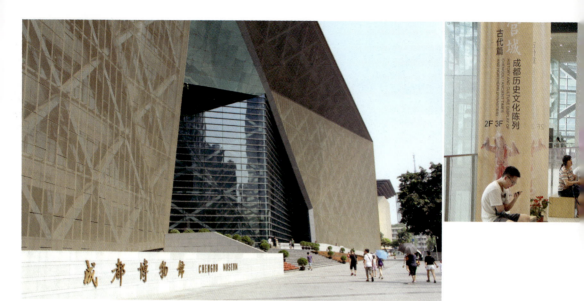

∧　成都博物馆

显局促的不足。

苏州博物馆在海外也有非常大的影响力，曾经在国家一级馆运行评估中成为唯一一家跻身"优秀"等次的地市级博物馆。

最后不得不说一个最近发展势头很猛的地市级博物馆：成都博物馆。

一般在省会城市的地市级博物馆都会比较尴尬，因为有省级大馆在，光芒会被"抢光"。但是成都是个例外。

四川博物院在全国省级博物馆中已经算是很不错的了，但是这几年成都市博的发展更好。在成都这座城市里，还有像金沙遗址、武侯祠、杜甫草堂等很多年轻人喜欢的"网红"博物馆，成都市博还能脱颖而出，自成品牌，真的非常不简单。

（4）自然科学类博物馆

自然科学类的博物馆在博物馆界一直属于比较特别的存在。因为大部分的博物馆都是文科类的，以历史、艺术内容为主。自然科学类博物馆的出现，就好像是一个文科班里突然来了一群理科生。

于是，文理就有些"不相容"了。

自然类、科技类、地质类、天文类的博物馆更像是一个团队，自己也组成了专门的"中国自然科学博物馆协会"，大部分馆归属当地的科协管理。

自然类的博物馆就是收藏、研究自然地质类藏品，展示和反映各地区的自然史，天文、地质、生物资源，以及人类的发展过程和发展规律。

需要说明的是，不是每个城市都拥有自己的自然博物馆，也不是每个自然板块都会独立成馆，有的就融合到省市级的博物馆中，成为"综合博物馆"的一部分。

044

国内比较著名的自然博物馆有上海自然博物馆、北京自然博物馆、浙

∧　浙江自然博物院

江自然博物院、天津自然博物馆等。

　　另外，像中国地质博物馆、北京天文馆等地质类、天文类的博物馆也属于这种自然类的博物馆。

　　科学类的博物馆与自然馆有点区别，往往被直接称为"科技馆"。

　　科技馆就是收藏、研究科学技术类藏品，展示和反映科学技术的发展过程和发展规律等。

　　最著名的就是北京的中国科学技术馆，还有上海科技馆，与上海自然博物馆、上海天文馆都是一个单位。

　　科技馆的展览和教育与其他博物馆不同，要更具互动性，旨在让观众充分了解各种科学与自然现象的规律。所以更多的是针对青少年的科普活动，很受小朋友的喜欢。

∧ 上海自然博物馆

（5）革命纪念类博物馆

与"美术馆"一样，很多人也分不清"纪念馆"与博物馆之间的关系。其实"纪念馆"也是博物馆的一种类型，它所纪念的是革命、起义、战役、会议、伟人、烈士，还有在灾难中失去的同胞。如果这些纪念的"人、事、物"是与我们伟大的中国共产党有关，就将其称为"红色类"纪念馆。

近几年红色类的展馆备受关注，但不是所有的纪念馆都是红色馆。在建党之前发生的一些值得纪念的事件，比如鸦片战争博物馆、辛亥革命博物院等就不应算为"红色类"，可以算是"革命类"。

标准的红色类战役主题的博物馆首先会被想到的就是北京的中国人民抗日战争纪念馆，它是全国唯一一座全面反映中国人民抗日战争历史的大型综合性专题纪念馆。此外，这种战役类的纪念馆还有九·一八纪念馆（辽宁沈阳）、平津战役纪念馆（天津）、辽沈战役纪念馆（辽宁锦州）、淮海战役纪念馆（江苏徐州）等。

会议会址类的纪念馆就是纪念一些曾经召开过重要会议的地方，比如中共一大会址纪念馆（上海）、中共二大会址纪念馆（上海）、遵义会议纪念馆（贵州遵义）、古田会议纪念馆（福建龙岩）等。

起义类的纪念馆就是纪念重要革命的公开武装行动，比如南昌八一起义纪念馆（江西南昌）、百色起义纪念馆（广西百色）、秋收起义修水纪念

∧　侵华日军南京大屠杀遇难同胞纪念馆

馆（江西九江）等。

　　伟人类的纪念馆其实也是人物故居类博物馆，但是在这里可以被单独划分出来。比如韶山毛泽东同志纪念馆、周恩来邓颖超纪念馆（天津）、彭德怀纪念馆（湖南湘潭）等。

　　烈士陵园类的纪念馆就是纪念在战争中牺牲的革命烈士，这类纪念馆有很多是以陵园的形式出现的。比如上海市龙华烈士纪念馆、浙江革命烈士纪念馆（浙江杭州）、李大钊烈士陵园（北京）等。

　　此外，还有一种纪念馆，就是灾难类的，当然这种灾难有天灾，也有人祸。

　　最震撼的灾难类纪念馆，就是侵华日军南京大屠杀遇难同胞纪念馆。"南京大屠杀"这段历史我相信每个中国人都不会忘记，所以看完这个馆

> 二里头夏都遗址博物馆
< 周王城天子驾六博物馆

之后心情是非常沉重的。

　　还有一种灾难就是地震，比如 512 汶川特大地震纪念馆、唐山地震博物馆等，也是值得我们去纪念的。

　　（6）考古遗址类博物馆

　　我们都知道目前国内的博物馆大部分都是免费开放的，但是有一类博物馆有可能是收费的，这就是考古遗址类博物馆。

　　考古遗址类博物馆实际上可以分为两种：一种是在考古发掘遗址原址上建立的博物馆，另一种是在古建筑遗址上建立的博物馆。

　　考古发掘遗址建立的博物馆是以收藏、保护、研究和展示该遗址发掘出土的文物和各种遗迹为主要内容；而古建筑遗址是以收藏、保护、研究和展示古建筑旧址及其内部原有物品为主要内容，一般是以原状复原陈列和模拟复原陈列等为主要展示手段。

　　考古发掘遗址一般还可以分为文化遗址和墓葬陵寝两类。

　　文化遗址目前都比较火爆，比如三星堆遗址博物馆、成都金沙遗址博物馆、良渚博物院、二里头夏都遗址博物馆、西安半坡遗址博物馆等。

　　这类文化遗址目前大多都以"遗址公园"的形态出现，博物馆只是其中的一个部分，而大部分的空间是室外的考古发掘遗址。观众可以在公园里进行各种互动活动，在博物馆与遗址之间自由切换，形成一种"文旅融合"的现象。

　　墓葬陵寝类博物馆中最具代表性的是秦始皇帝陵博物院，就是我们最熟悉的"兵马俑"。还有南昌汉代海昏侯国遗址博物馆，就是根据海昏侯墓建成的博物馆。此外还有南越王博物院、汉阳陵博物馆、乾陵博物馆等。

在这些墓葬陵寝类的遗址博物馆中，有一种"车马坑"类型的遗址博物馆，比如晋国博物馆、周王城天子驾六博物馆等。

古代建筑遗址类的博物馆其实也可以分为宫廷建筑遗址、宗教建筑遗址、民居建筑遗址等类型。

宫廷建筑遗址最著名的当数北京故宫博物院，还有文化和旅游部恭王府博物馆。这两个博物馆直属中国文化和旅游部管理，级别非常高。

宗教建筑遗址其实就是各种的寺庙和石窟等，比如著名的敦煌研究院以及龙门石窟、云冈石窟等，还有法门寺博物馆、石家庄毗卢寺博物院、南京大报恩寺遗址博物馆等。

民居建筑遗址一般都是做民俗类内容的博物馆，比如山西祁县乔家大院民俗博物馆、太谷曹家大院博物馆等。

（7）名人故居类博物馆

以人物为主题的博物馆大家应该都去过不少，这些博物馆基本上都是称为"故居"或"旧居"，也有称"纪念馆"或"博物馆"的。其实这就与民居遗址类博物馆和纪念馆类有些重叠了。

但不一样的是，它的主题是一个人，而这个人一定得是一位名人。

所谓的名人，就是在某个领域内有一定的影响力，让大部分人都知道他，或者应该知道他。他的一些成果、功绩和贡献要让大家了解，他们的精神值得大家去学习，值得被纪念。

所以这类名人可以包括伟大的政治家、革命家、军事家，也可以是在战争时期牺牲的烈士，或者是在科技、文化、艺术等领域家喻户晓的名人。

但前提是，这些人都已经故去了。

当代人为了纪念他们，将他们的出生地或者居住地保护起来，甚至将他们曾经工作过的地方，短住过的地方都建成博物馆。

很多名人从出生到去世，一生走过了很多地方，每个地方都留下了足迹，可以发现，很多名人故居或博物馆不只有一家。

比如我国民主革命的伟大先驱孙中山先生，除了他的老家广东中山有一座孙中山故居纪念馆之外，还有上海孙中山故居纪念馆、广州的孙中山大元帅府纪念馆、南京的孙中山纪念馆、山西太原的孙中山纪念馆等。

再比如我们都熟悉的鲁迅先生，很多人说不出鲁迅博物馆到底在哪儿，是因为在全国有好几家与"鲁迅"相关的馆，北京鲁迅博物馆、上海鲁迅

纪念馆、南京鲁迅纪念馆、广州鲁迅纪念馆、厦门大学鲁迅纪念馆，以及鲁迅先生的老家，绍兴鲁迅纪念馆，一共有六家。

当然，因为历史的原因，很多名人的故居都不存在了，而为了纪念他们，就会在原址或者附近的地方新建一个"故居"。

和其他博物馆相比，名人故居类博物馆的规模一般都偏小，展览和教育活动会受到场地的局限。但是要在有限的空间将一个人一生的传奇经历展示出来，这是一件非常有意义的事情。

（8）民族民俗类博物馆

民族民俗类博物馆虽然放在一起说，但其实"民族"和"民俗"是不同的。

民族类博物馆在少数民族地区比较多见，比如广西、云南、贵州、内蒙古等地。这些民族博物馆收藏和研究民族文物藏品，展示和反映各少数民族的历史发展过程和文化特点。

隶属于国家民委的民族文化宫博物馆是民族博物馆的代表。而各少数

∧ 南京市民俗博物馆

民族地区的民族博物馆更是各具特色，像广西民族博物馆、云南民族博物馆、黑龙江省民族博物馆甚至还是一级博物馆。

此外还有呼伦贝尔民族博物院、贵州省民族博物馆、黔东南州民族博物馆等民族类博物馆。

有意思的是，国内还有很多民族类的高校，也都有民族博物馆。比如中央民族大学民族博物馆、内蒙古大学民族博物馆、中南民族大学民族学博物馆等。这些博物馆同时可以算作高校博物馆。

民俗类博物馆相比较民族类博物馆而言会更多一些，因为它比较接地气，老百姓喜欢看，藏品容易收集。它关注的是地区性民众生活的文化特征，主要包括特有语言、生产方式、生活习惯、文化传统等民间风俗。

很多民俗类博物馆就建在文保单位中，比如南京市民俗博物馆，也叫"甘熙宅第"，就是全国重点文物保护单位，俗称"九十九间半"，与明孝陵、明城墙并称为"南京明清三大景观"。南京市民俗博物馆是南京民俗文化和非遗文化的重要展示地，游客可以在博物馆里了解南京一百多项市级以上非遗项目，并且可以观赏非遗传承人的展演。

其他民俗类博物馆还有北京民俗博物馆、天津市民俗博物馆、山西省民俗博物馆、河北民俗博物馆、福建民俗博物馆、景德镇陶瓷民俗博物馆等。

除了名字里带有"民俗"两个字的博物馆之外，还有一些民间工艺类博物馆也属于民俗博物馆。比如天津杨柳青木版年画博物馆、武强年画博物馆等。

由于民俗类博物馆过于接地气，所以一般规模不是很大，大都是在具有民俗特色的城市或乡村地区。

（9）行业专题类博物馆

我们常说"三百六十行，行行出状元"，这句话放到博物馆行业也可以："三百六十行，行行都能做博物馆。"因为每个行业发展到今天，都会有自己行业的历史沿革、行业规范、代表人物、重点产品等，这些在行业内司空见惯的东西，外行人可能完全不了解，正所谓"隔行如隔山"。

想让外行人了解自己行业的事，彰显自己的行业地位和行业文化，做一个行业博物馆是最好的。于是，我们现在能想到的行业，几乎都有了自己的博物馆，比如工业、农业、军事、金融、邮政、交通、航空、纺织、医药、电力、水利、化工、信息、司法等。

很多人可能根本不知道它们的存在，因为它们具有一定的专业性，有的甚至就把博物馆设在行业协会内部，不了解的观众可能不太会去参观。

这些行业博物馆与其他博物馆的最大区别在于，它们的上级单位有可能不是文物部门，而是所属行业的主管部门。当然有的是既受文物部门领导，又受行业主管部门领导。

行业门类	代表博物馆
工业	中国工业博物馆、柳州工业博物馆、景德镇陶瓷工业遗产博物馆
农业	中国农业博物馆、辽宁农业博物馆、安徽省农业博物馆
军事	中国人民革命军事博物馆
金融	沈阳金融博物馆、天津金融博物馆、上海市银行博物馆、中国证券博物馆
邮政	中国邮政邮票博物馆、上海邮政博物馆、黑龙江邮政博物馆
交通	中国铁道博物馆、中东铁路博物馆
航空	中国航空博物馆、北京航空航天博物馆
纺织	中国丝绸博物馆、上海纺织博物馆、苏州丝绸博物馆、宁波服装博物馆
医药	青海藏医药文化博物馆、广东中医药博物馆、北京中医药大学中医药博物馆
电力	湖北省电力博物馆、天津电力科技博物馆
水利	中国水利博物馆、陕西水利博物馆、宁夏水利博物馆
化工	中国化工博物馆、山东化工博物馆
信息	中国电信博物馆、北京通信电信博物馆、上海电信博物馆
司法	中国法院博物馆、北京警察博物馆、湖北警察博物馆

∧ 景德镇陶瓷工业遗产博物馆

跟行业类博物馆很像的一类叫作专题类博物馆，所谓的专题，它不是一个很大的行业，而是在大行业中分支出来的一个小专题，也有自己的文化独特性。

比如南京中国科举博物馆、中国茶叶博物馆、长沙简牍博物馆、青岛啤酒博物馆、上海玻璃博物馆等。

专题类博物馆因为主题明确，体量不大，所以在展览和活动方面都容易做得灵活有意思。

（10）生态社区类博物馆

生态博物馆是一个比较新的概念，最开始提出这个概念的是两位法国学者。他们在 1971 年提出，在 20 世纪 90 年代被我国博物馆界引入。

所谓的生态博物馆不是将藏品收藏在一个特定的建筑之中，而是将文化遗产、自然景观、建筑、可移动实物、居民的传统风俗的演示等原状地、自然地保护和保存在其所属社区和环境中。换句话说，就是一切自然和文化遗产都被看作是生态博物馆的组成部分。

其实我们可以简单地理解为：古村落保护。

虽然这个概念现在还存在争议，但是它的出发点是好的，强调对自然和社会环境进行整体保护，能够展示和传承这些特定族群遗存的历史文化。所以在这个理念上，广大博物馆学者非常认同。

我国的生态博物馆主要在贵州、广西、云南等地。最著名的生态博物馆是贵州六枝地区梭戛苗族生态博物馆，这是我国第一座生态博物馆，1998 年开馆。之后，贵州的镇山布依族生态博物馆、隆里汉族生态博物馆、堂安侗族生态博物馆相继建成，形成了贵州生态博物馆群。

这种生态博物馆群后来又被复制到了广西，广西民族博物馆与全区10 个民族生态博物馆结成"广西民族生态博物馆 1+10 工程"的联合体，开展了大规模的生态博物馆建设，从而又形成了广西民族生态博物馆群。

无论是贵州还是广西的博物馆，都具有民族色彩。

生态博物馆不能脱离民族特性吗？其实也可以。

浙江湖州市安吉县开始做了安吉生态博物馆，打造了"1 个中心馆，13 个专题馆和 26 个村落馆"模式，成为博物馆界所说的"中国第三代生态博物馆"。

从生态博物馆的模式可以衍生转化成社区博物馆。

中国首个社区博物馆是福州的三坊七巷社区博物馆，也是由 1 个中心馆、37 个专题馆和 24 个展示点组成的。之后又成立了安徽黄山的屯溪老街社区博物馆。这类社区博物馆虽然不再是"最炫民族风"，但是也开始走"民俗风"路线。

之后，北京的史家胡同博物馆、东四胡同博物馆、建国门社区博物馆等都相继成为社区博物馆的品牌项目，这些社区博物馆没有民族和民俗的元素，只是挖掘本地社区文化，动员社区居民的力量，从社区工作和居民需求出发，来实现博物馆与社区之间的真正融合。

（11）非国有类博物馆

非国有博物馆，顾名思义，就是私人建设的博物馆，不属于国家。以前我们将这类博物馆称为"私人博物馆""民营博物馆"等，但是现在统一叫作"非国有博物馆"。

全国目前 6000 多家博物馆中，有不到 2000 家是非国有博物馆，这个比重其实不低了。

博物馆是不以营利为目的的公益事业单位，所以大部分的国有博物馆

∧ 建川博物馆聚落

都有国家经费支持，当然也分全部支持和部分支持，即所谓的"公益一类"与"公益二类"。

维持博物馆的正常运营会给国家财政造成负担，所以国家鼓励企业或者私人创建非国有博物馆，国家虽然也会给予一定政策上的支持，但是大部分运营资金需要靠自己筹集。

这些企业和私人为什么要自己花钱开博物馆呢？

第一种情况就是自己本身就是收藏家，有很多藏品，喜欢与朋友分享，有情怀，对于文博事业有极大的热爱，希望弘扬传统文化，但最重要的是"不差钱"。

第二种情况就是企业要树立自己的企业品牌形象，让自己的企业显得更有文化，因此会建博物馆。我认为，企业建馆最好能够跟自己企业的产品结合在一起，比如南通市富美帽饰博物馆，其本身就是生产和销售帽饰的公司，将帽子的文化和历史进行深入的挖掘和梳理之后，再销售产品。

如果不能让博物馆对产品进行赋能，那就只能靠情怀来运营了。

非国有博物馆在国内不止一家，比较著名的是马未都先生的观复博物馆，纯粹的"藏家建馆"。

还有一家著名的非国有博物馆是在四川安仁的建川博物馆聚落。

之所以称之为"聚落"，是因为它不是一家博物馆，而是由大大小小30多家博物馆组成。建川博物馆的馆长叫樊建川，他说自己一直有个博物馆梦，要建立100座博物馆。

建川馆主要分为抗战、民俗、红色年代、抗震救灾等几个系列，是目前国内民间资本投入最多、建设规模和展览面积最大的非国有博物馆。

（12）高校类博物馆

国外许多大学已经拥有了自己的博物馆。比如牛津大学的阿什莫尔艺术和考古博物馆、剑桥大学的考古与人类学博物馆、哈佛大学的艺术博物

馆等。

　　我国高校类博物馆虽然不如国外著名，但也各具特色。

　　我国高校建立的博物馆大致有如下几种类型：

　　第一，很多大学都设有考古文博专业，建一个博物馆可以为学生提供实习实践的场地。比如北京大学赛克勒考古与艺术博物馆、吉林大学考古与艺术博物馆、复旦大学博物馆、浙江大学考古与艺术博物馆、山东大学博物馆、上海大学博物馆等。

　　第二，很多大学本身有很多藏品，博物馆正好可以收藏和保管这些藏品，比如清华大学艺术博物馆等。

　　第三，对于美术专业院校或者有美术专业的大学，学生每年的毕业作品需要有地方展示，于是建设了自己的美术馆，比如中央美术学院美术馆、中国美术学院美术馆等。

　　第四，很多学校都会有自己的校史馆，尤其是名校，特别重视校史馆的建立。他们将校史馆与博物馆合并，校史就相当于区域博物馆的通史陈列了。

　　第五，很多专业院校会打造自己的特色，于是他们的博物馆不只是校史、毕业展览这么简单，甚至算是一个专业的行业博物馆。比如中国传媒大学的传媒博物馆、北京中医药大学的中医药博物馆、北京服装学院的民族服饰博物馆、上海体育学院的中国武术博物馆等。

∧　清华大学艺术博物馆

如何看懂一座博物馆？

3. 博物馆怎样定级评估？

　　和其他行业一样，博物馆行业内部也会有评优工作，选出做得好的博物馆作为行业"标杆"。

　　博物馆的定级评估是依据国家文物局制定的定级评估的办法和标准，由中国博物馆协会具体负责定级评估工作，有的甚至可以委托地方省级博物馆行业组织来协助开展。

　　定级评估工作原则上是每三年开展一次，但经常会因为各种不可抗力的原因推迟。

　　经过定级评估确定博物馆相应的等级，从高到低分别为国家一级博物馆、国家二级博物馆、国家三级博物馆。

　　需要注意的是，这个等级不是一旦确定就不变了，如果你做得不好，很有可能会被降级。

　　截至目前，在 6000 多家博物馆中，经过四批定级评估，最终确定了国家一级博物馆 204 家，国家二级博物馆 455 家，国家三级博物馆 565 家，一共 1224 家。其余将近 5000 家博物馆都是没有等级的"小透明"。

　　不用说，在有等级的博物馆中，肯定是一级博物馆做得最好。

　　那么，它们究竟好在哪里？凭什么只有这 200 多家博物馆能成为"优等生"呢？

地区	批次	博物馆名称
北京 18 家	第一批	故宫博物院、中国科学技术馆、中国地质博物馆、中国人民革命军事博物馆、中国航空博物馆、北京鲁迅博物馆、首都博物馆、北京自然博物馆、中国人民抗日战争纪念馆、周口店遗址博物馆
	第二批	中国国家博物馆、中国农业博物馆

地区	批次	博物馆名称
	第三批	北京天文馆、恭王府博物馆
	第四批	中国印刷博物馆、中国电影博物馆、北京汽车博物馆、清华大学艺术博物馆
天津 4家	第一批	天津博物馆、天津自然博物馆、周恩来邓颖超纪念馆
	第四批	平津战役纪念馆
河北 3家	第一批	河北博物院、西柏坡纪念馆
	第三批	邯郸市博物馆
山西 6家	第一批	山西博物院、中国煤炭博物馆、八路军太行纪念馆
	第四批	大同市博物馆、山西地质博物馆、临汾市博物馆
内蒙古 3家	第一批	内蒙古博物院
	第三批	鄂尔多斯博物馆
	第四批	赤峰博物馆
辽宁 6家	第一批	辽宁省博物馆、九一八历史博物馆、旅顺博物馆
	第三批	沈阳故宫博物院、大连博物馆
	第四批	大连自然博物馆
吉林 3家	第一批	吉林省自然博物馆
	第二批	吉林省博物院
	第三批	伪满皇宫博物院
黑龙江 6家	第一批	东北烈士纪念馆、铁人王进喜纪念馆、黑河市瑷珲历史陈列馆
	第二批	黑龙江省博物馆
	第三批	大庆博物馆
	第四批	黑龙江省民族博物馆
上海 7家	第一批	上海博物馆、上海鲁迅纪念馆、中国共产党第一次全国代表大会会址纪念馆
	第二批	上海科技馆
	第三批	陈云纪念馆
	第四批	上海中国航海博物馆、上海市龙华烈士纪念馆
江苏 13家	第一批	南京博物院、侵华日军南京大屠杀遇难同胞纪念馆、南通博物苑、苏州博物馆、扬州博物馆
	第三批	常州博物馆、南京市博物总馆
	第四批	南京中国科举博物馆、雨花台烈士纪念馆、无锡博物院、徐州博物馆、常熟博物馆、镇江博物馆

地区	批次	博物馆名称
浙江 13家	第一批	浙江省博物馆
	第二批	浙江自然博物院、中国丝绸博物馆、宁波博物馆
	第三批	杭州博物馆、温州博物馆
	第四批	杭州西湖博物馆总馆、中国茶叶博物馆、杭州工艺美术博物馆、宁波市天一阁博物馆、宁波中国港口博物馆、南湖革命纪念馆、舟山博物馆
安徽 6家	第一批	安徽省博物馆
	第三批	安徽中国徽州文化博物馆
	第四批	安徽省地质博物馆、淮北市博物馆、宿州市博物馆、蚌埠市博物馆
福建 5家	第一批	福建博物院、古田会议纪念馆、泉州海外交通史博物馆、中国闽台缘博物馆
	第三批	中央苏区（闽西）历史博物馆
江西 11家	第一批	井冈山革命博物馆、江西省博物馆、瑞金中央革命根据地纪念馆、南昌八一起义纪念馆
	第三批	安源路矿工人运动纪念馆
	第四批	八大山人纪念馆、九江市博物馆、江西省庐山博物馆、赣州市博物馆、景德镇中国陶瓷博物馆、萍乡博物馆
山东 18家	第一批	青岛市博物馆、中国甲午战争博物馆、青州博物馆
	第二批	山东博物馆
	第三批	烟台市博物馆、潍坊市博物馆
	第四批	孔子博物馆、济南市博物馆、济南市章丘区博物馆、山东大学博物馆、青岛啤酒博物馆、青岛山炮台遗址展览馆、淄博市陶瓷博物馆、齐文化博物院、山东省滕州市博物馆、滕州市汉画像石馆、济宁市博物馆、临沂市博物馆
河南 9家	第一批	河南博物院、郑州博物馆、洛阳博物馆、南阳汉画馆
	第三批	开封市博物馆、鄂豫皖苏区首府革命博物馆
	第四批	中国文字博物馆、平顶山博物馆、安阳博物馆
湖北 9家	第一批	湖北省博物馆、荆州博物馆、武汉博物馆
	第三批	辛亥革命武昌起义纪念馆、武汉市中山舰博物馆
	第四批	武汉革命博物馆、长江文明馆、宜昌博物馆、随州市博物馆

第二章　博物馆也内卷

地区	批次	博物馆名称
湖南 6家	第一批	湖南博物院、韶山毛泽东同志纪念馆、刘少奇同志纪念馆
	第三批	长沙简牍博物馆
	第四批	长沙市博物馆、胡耀邦故居
广东 10家	第一批	广东省博物馆、西汉南越王博物馆、孙中山故居纪念馆
	第二批	深圳博物馆
	第三批	广州博物馆、广东民间工艺博物馆
	第四批	广州艺术博物院、广东中国客家博物馆、鸦片战争博物馆、广东海上丝绸之路博物馆
广西 3家	第一批	广西壮族自治区博物馆
	第三批	广西民族博物馆
	第四批	桂林博物馆
海南 2家	第二批	海南省博物馆
	第四批	中国（海南）南海博物馆
四川 12家	第一批	自贡恐龙博物馆、三星堆博物馆、成都武侯祠博物馆、邓小平故居陈列馆、成都杜甫草堂博物馆
	第二批	四川博物院、成都金沙遗址博物馆
	第三批	自贡市盐业历史博物馆
	第四批	成都博物馆、建川博物馆聚落、5·12汶川特大地震纪念馆、朱德同志故居纪念馆
重庆 5家	第一批	重庆中国三峡博物馆
	第二批	重庆红岩革命历史博物馆
	第三批	重庆自然博物馆
	第四批	重庆三峡移民纪念馆、大足石刻博物馆
西藏 1家	第一批	西藏博物馆
陕西 9家	第一批	陕西历史博物馆、秦始皇兵马俑博物馆、延安革命纪念馆、汉景帝阳陵博物院、西安碑林博物馆、西安半坡博物馆
	第二批	西安博物院
	第三批	宝鸡青铜器博物院、西安大唐西市博物馆
甘肃 4家	第二批	甘肃省博物馆
	第三批	天水市博物馆、敦煌研究院
	第四批	平凉市博物馆

如何看懂一座博物馆?

地区	批次	博物馆名称
宁夏	第一批	固原博物馆
2家	第二批	宁夏博物馆
青海	第三批	青海省博物馆
2家	第四批	青海藏医药文化博物馆
新疆	第一批	新疆维吾尔自治区博物馆
2家	第三批	吐鲁番博物馆

其实，国家对一级博物馆的运行评估是有标准的，但我们无法接触到。实际上，这个标准也经常改革，每次都会有新的变化。下文依据国家文物局 2022 年公布的《博物馆运行评估标准》，从规范管理、服务产出、社会评价三个维度展开。

（1）规范管理

规范管理就是对博物馆的管理情况进行评估，具体可以分为组织管理、藏品管理、开放管理、安全管理四个方面。这部分的权重占 25%。

①组织管理

组织管理主要指的是法人治理、制度规划、队伍建设三个方面内容。

法人治理主要指的是博物馆的领导层。国内大部分的博物馆都是馆长负责制，国外的博物馆是理事会、监事会制度。无论是何种形式，他们都要有健全的决策、执行和监督机制，方便管理博物馆与开展工作。

制度规划主要是指博物馆要建立健全组织管理制度。包括博物馆章程的制定和执行、博物馆中长期发展规划的编制和执行、博物馆内部管理制度体系的建设、完善、更新情况等。

队伍建设主要是指博物馆的人才队伍建设。包括博物馆管理人才、专业技能人才、研究人才、创新型人才的配备及培养，以及是否具备高水平创新团队及拔尖人才。博物馆要根据不同岗位要求，开展分级分类培训，提升队伍整体素质能力。

②藏品管理

藏品管理主要指的是藏品征集、藏品登录、藏品保管、藏品保护四个方面。

藏品征集主要是指博物馆依法合规充实馆藏资源。博物馆每年要制定与执行藏品征集规划和年度计划，要完善博物馆的收藏体系，重视藏品征

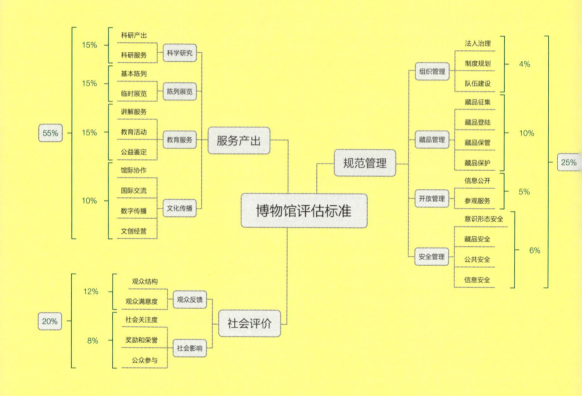

科研产出
科研服务 — 科学研究
基本陈列
临时展览 — 陈列展览   法人治理
讲解服务   制度规划 — 组织管理 — 4%
教育活动 — 教育服务 — 服务产出   队伍建设
公益鉴定
馆际协作   藏品征集
国际交流   藏品登陆
数字传播 — 文化传播   藏品保管 — 藏品管理 — 10%
文创经营   藏品保护
                    博物馆评估标准 — 规范管理 — 25%
观众结构   信息公开
观众满意度 — 观众反馈   参观服务 — 开放管理 — 5%
社会关注度   意识形态安全
奖励和荣誉 — 社会影响 — 社会评价   藏品安全
公众参与   公共安全 — 安全管理 — 6%
                                           信息安全

15%
15%
15%
10%
55%

12%
8%
20%

集的数量和质量，并且要用于陈列展览和学术研究之中。在藏品征集过程中，要重点关注征藏党史、新中国史、改革开放史、社会主义发展史、中华民族发展史、经济社会发展变迁物证以及流失海外中国文物。

藏品登录主要是指藏品档案建设及文物登录备案。博物馆新搜集的藏品要依法建立藏品账目及档案，单独设置文物档案，并区分文物等级。博物馆要建立藏品数据库或藏品信息管理系统，健全藏品登录机制，采集登录藏品信息，并且要将文物信息在主管文物部门备案。

藏品保管主要是指藏品库房及保管装具配置及提用、运输等管理活动。博物馆藏品库房要有严格的管理制度，对于温度、湿度、光照等藏品保存、展示环境指标要随时监控。藏品入库、上架、提用、运输等操作都要有详细的工作记录。

藏品保护主要是指藏品预防性保护、修复及日常养护。博物馆要对藏品开展预防性保护，针对文物常见多发病害病理开展研究和防治。针对珍贵濒危文物、材质脆弱文物、文物保护建筑等要进行保护修复工作。

③开放管理

开放管理主要指的是信息公开和参观服务两个方面内容。

信息公开主要是指博物馆年报编制、发布和日常信息的公开情况。博物馆每年要向文物主管部门报送年报信息，并且要通过博物馆网站等媒体平台，面向社会公示本馆管理、运行和公共文化服务工作。

参观服务主要是指博物馆要为到馆观众提供参观全过程服务和开放服务设施管理运行。博物馆每年的开放时间至少要在 240 天以上，如果是收费的博物馆要有定期免费开放的时间，或者向特殊职业的人免费开放或优惠开放。博物馆内要有一些必要的服务设施，比如配备观众休息设施、卫生设施、文创产品销售服务设施、餐饮服务设施以及老年人、残疾人、婴幼儿等特殊人群服务设施等。通过互联网、新媒体为公众提供各类在线服务，并且要采取有效措施解决老年人运用智能技术的困难。

④安全管理

安全管理主要指的是意识形态安全、藏品安全、公共安全、信息安全四方面。

意识形态安全指博物馆要认真贯彻落实党中央关于意识形态工作的决策部署，来开展各项相关工作。

藏品安全主要是指博物馆的藏品安全风险防控。博物馆要按照相关标准要求，在库房和展厅内，配备保障藏品安全的设备和设施。对珍贵文物和易损藏品要有特殊保管，并且对藏品安全保障设备、设施要定期检查和维护。

公共安全主要是指博物馆的公共安全保障。博物馆要按照相关标准，在开放区域内要配备保障公共安全的消防、安防设施设备。要有针对突发事件的预防措施、应急预案和善后处置措施，还要定期组织开展消防、安防演练。

信息安全是指博物馆的信息系统建设和信息安全保护能力。博物馆首先要配备专业的信息安全管理人员，建设信息系统架构与用户权限管理体系，还要制定和执行博物馆信息安全保护和数据资源管理制度。

（2）服务产出

服务产出就是对博物馆主要业务功能的效率和质量进行评估。具体可以分为科学研究、陈列展览、教育服务、文化传播四个方面内容。这部分的权重是最大的，占总体的55%。

①科学研究

科学研究主要指的是科研产出和科研服务两个方面。

科学产出主要是指博物馆在科学研究、学术研究、考古发掘等方面取得成果。因为博物馆也是研究机构，所以要有全国性学术影响的专家作为学术带头人。并且定期要举办国际或国内的学术活动，定期出版高质量的学术刊物。馆内的工作人员也要经常在核心期刊发表专业论文、出版学术专著，能够独立承担国际合作项目和国家、省部级科研课题。

科研服务主要指的是博物馆为高等学校、科研院所、社会团体和馆外研究者进行研究提供的服务。博物馆可以面向其他博物馆、高等学校、科研院所开放藏品和学术研究资料，为专业研究者提供便利。博物馆还可以发挥本馆藏品、学术资源优势，与高等学校、科研院所等单位合作开展学术研究、承担科研项目、考古发掘项目、举办学术活动。博物馆也可与高等学校、科研院所联合建立、运营实验室、研究室、科研基地、科研工作站。

②陈列展览

陈列展览主要指的是基本陈列和临时展览两个方面。

基本陈列主要是指博物馆基本陈列体系建设和现有基本陈列的数量、水平。博物馆的基本陈列要有体系化建设，主题要明确鲜明，能体现本馆的特色。策划方案要科学，内容研究要深入，展品组织要得当，文字说明要准确。在展览设计方面，要准确地表达陈列主题，艺术感染力要强。博物馆人还要根据学术研究的最新成果，以及观众反馈的意见，及时做出准确的调整。基本陈列文化品牌要有社会认知度和认可度，最好获得奖励和推介。

临时展览主要指的是博物馆临时展览体系建设和评估周期内举办临时展览的数量和水平。博物馆临时展览的主题定位要与本馆定位相契合。内容策划要具有一定的学术性和思想性，要体现最新研究成果，展品组织科学合理、层次清晰。形式设计制作要精良，还要有配套的社会教育活动，并且要通过网上虚拟展览进行宣传，展览也要输送至境内外其他博物馆展出。

③教育服务

教育服务主要指的是讲解服务、教育活动和公益鉴定三个方面。

讲解服务主要是指博物馆讲解队伍建设和面向公众开展讲解导览服务的能力。一座好的博物馆要有一支高素质并且稳定的讲解队伍，要进行日常公益性讲解导览服务。讲解的语言要至少有两种以上，针对特殊观众还要有手语等讲解方式。讲解词要根据不同的观众群体不断调整，要科学、准确、生动。此外，还要开展馆长、专家导览等特色化讲解导览服务，还应提供自动语音导览服务。

教育活动主要是指博物馆自主策划、实施各类品牌、特色教育活动的质量和水平。包括馆内教育活动、特色教育课程、研学旅行活动、流动博物馆活动等。博物馆要有完善的社会教育工作方案和针对不同观众群体的社会教育计划，要经常与教育部门以及其他单位联系或建立共建单位，开展有针对性的教育活动，积极推动博物馆进校园、进课堂、进教材，举办不同形式的讲座等活动，服务学校、工厂、社区和农村等不同观众群体。最好成为省级以上爱国主义教育基地或科普教育基地。

公益鉴定主要是指博物馆为观众开展公益鉴定服务。博物馆应发挥馆内文物鉴定专家资源，针对不同类别的文物开展公益鉴定活动，获得一定的社会认知和认可度，借此进行宣传推广。

④文化传播

文化传播主要指的是馆际协作、国际交流、数字传播、文创经营四个方面。

馆际协作指博物馆向国内其他博物馆输出展览、展品等资源，尤其是面向中小博物馆、非国有博物馆要开展对口帮扶、馆际协作，举办国内学术研讨活动等文化交流活动。实施"博物馆+"战略，与教育、科技、旅游、商业、传媒、设计等各类社会机构开展跨界合作

国际交流主要是指博物馆与国（境）外博物馆、文化机构开展文化交流，举办国际学术研讨会。组织实施国际交流展览和学术交流活动，组织开展或参与文物保护、考古、科研等领域国际合作项目。

数字传播指博物馆发挥自身文化资源优势，加强与融媒体合作，创新线上数字化体验产品和服务，发展云展览、云讲解、云教育、短视频、高清直播、虚拟展厅、沉浸式体验等，构建线上线下融合的博物馆传播体系。为便于大众利用藏品资源，博物馆可以在本馆官方网站等渠道开放查询、展示藏品数据信息和高清影像。

文创经营主要是指博物馆通过授权等手段开发文创产品，建立文创品牌，推动文化传播。文创产品的开发要注重种类和特色，并且要获得经济效益和社会效益。

（3）社会评价

社会评价是指通过观众、媒体和社会反馈的信息对博物馆的社会服务产出的效果进行评估。具体可以分为观众反馈和社会影响两个方面。这部分的权重占20%。

①观众反馈

观众反馈主要是指观众结构、观众满意度两个方面。

观众结构主要是指博物馆接待的观众数量及构成。博物馆年均接待观众数量规模与博物馆接待能力要相适应，博物馆观众构成与博物馆文化主题要相适应。

观众满意度主要是指观众对博物馆的展览、环境、服务等方面作出的总体评价。博物馆要定期开展观众调查工作，并且要及时关注观众的评价与意见反馈。

②社会影响

社会影响主要是指社会关注度、奖励和荣誉、公众参与三个方面。

社会关注度主要是指公众、媒体等对博物馆的关注程度，这方面的数据会在互联网公开数据中显示出来。

奖励与荣誉主要是指博物馆获得党委、政府或社会组织授予的表彰奖励。

公众参与主要是指博物馆要与公众建立联系、获得公众支持。博物馆要组织开展"博物馆之友"活动，组织建设并且管理博物馆志愿者服务团队。博物馆还可以接受一定的社会捐助。

由此可见，博物馆的定级标准还是很严格的，能够评上国家一级博物馆是非常不容易的。即使评上之后，每年还要再进行运行评估，看你够不够资格继续担任，如果不行马上降级。

除了博物馆定级评估之外，从 2012 年开始，国家文物局和中国博物馆协会又新出了一个评选，叫作"全国最具创新力博物馆"。

所谓的"创新力"，主要可以体现在五个方面：第一是要有原创性的研究成果，第二是经营方法上有新突破，第三是能够吸引社会力量多参与，第四是文创很突出，第五是服务社区工作做得好。

当然不是这五个方面都要面面俱到，但至少有一样要做得好。

所以从 2012 年起一直到今天，每年都会评选一次全国最具创新力博物馆，每次都会有 2—3 个博物馆被评上。

年份	全国最具创新力博物馆
2012 年	上海博物馆、孙中山故居纪念馆
2013 年	山西博物院、苏州博物馆
2014 年	故宫博物院、南京博物院、宁波博物馆
2015 年	福建博物院、建川博物馆聚落
2016 年	广东省博物馆、常州博物馆
2017 年	浙江自然博物馆、四川博物院
2018 年	重庆中国三峡博物馆、河北博物院
2019 年	北京汽车博物馆、天津博物馆、中国丝绸博物馆
2020 年	成都金沙遗址博物馆、伪满皇宫博物院、江西省博物馆
2021 年	河南博物院、侵华日军南京大屠杀遇难同胞纪念馆、首都博物馆

这些博物馆既有上海博物馆、南京博物院这样的省馆大咖，也有苏州博物馆、宁波博物馆这样的市馆新秀，甚至还有北京汽车博物馆、建川博物馆聚落这样的行业主题类博物馆和非国有博物馆。

可见，不管是什么类型的博物馆，只要用心做出自己的特色，都会受到大众的关注。

4. 什么是传说中的"8+3"?

虽然国家一级博物馆已经做得够好了，但是国家还是想"优中选优"。于是，在 2009 年的时候，又列出了一个名单，叫作中央地方共建国家级重点博物馆，也就是我们行内人经常说的"8+3"。

所谓的中央地方共建国家级重点博物馆，是由财政部和国家文物局共同认定的，中央和省级人民政府联合共建的地方所属重要博物馆。它的目的是通过调动中央和地方两个积极性，加大投入力度，使博物馆无论是在藏品管理、科学研究、陈列展览、社会教育、公众服务等方面都能做到最好，成为国际一流水准的博物馆。

当时，国家文物局组织专家研究制定了一个中央地方共建国家级重点博物馆"管理暂行办法"和"认定评估标准"。对全国 34 个省（自治区、直辖市）博物馆进行评估，根据综合得分情况，确定评估排名前 11 家博物馆。

其中前 8 强为上海博物馆、南京博物院、湖南博物院、河南博物院、陕西历史博物馆、湖北省博物馆、浙江省博物馆、辽宁省博物馆，属于首批中央地方共建博物馆。而后 3 强重庆中国三峡博物馆、首都博物馆、山西博物院为培育对象。

可以这么认为，这 11 家博物馆是一级博物馆中的"尖子生"，班主任老师要重点培养。

（1）上海博物馆

上海博物馆于 1950 年开始筹备，1952 年 12 月正式开馆，当时的馆址在南京西路，1959 年搬到了河南南路 16 号中汇大楼，一直到 1993 年开始在人民广场中轴线南侧建新馆，1996 年建成开放，这就是我们今天看到的上海博物馆。

和其他省级综合博物馆不同的是，上海博物馆是一座大型的中国古代

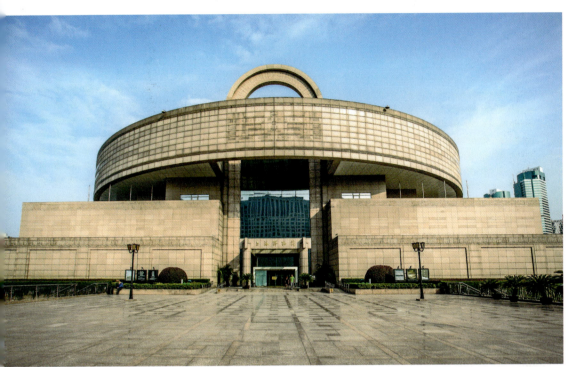

艺术类博物馆，没有历史、自然板块，但就是这个"艺术板块"足以"碾压"其他大部分博物馆。

所以我们在上海博物馆里看不到通史展，只能看到各种艺术展，比如书画、陶瓷、青铜器、佛造像等。

上海博物馆的馆藏文物近102万件，其中珍贵文物14万余件。包括青铜、陶瓷、书画、雕塑、甲骨、符印、货币、玉器、家具、织绣、漆器、竹木牙角、少数民族文物等31个门类，这里面尤其以青铜、陶瓷、书画最为突出。

上海博物馆的镇馆之宝是西周大克鼎，它的馆标LOGO都是根据这件文物设计出来的。大克鼎并不是在上海出土的，而是在陕西出土的，后被收藏家潘祖荫的后人捐赠给上海博物馆。其实上海并不是"文物大省"，能有这么多重量级的文物，真的要感谢这些无私的捐赠者们。

∧ 西周大克鼎

∧ 南京博物院

∧ 东汉错银铜牛灯

上海不愧是国际大都市，无论是策划的展览还是举办的活动都是高规格的。就拿书画展来讲，上博经常引进国外高端展览，而且还经常主办高端展览，能把流失在海外的那些文物凑在一起展出，非常难得。

（2）南京博物院

南京博物院是一个非常重要的博物馆，听这个名字就感觉与众不同。明明是江苏的省级博物馆，名字中却有"南京"二字，这就让南京市博物馆感到很"尴尬"。

其实它最开始也不叫南京博物院，而是叫中央博物院。它是1933年的时候由蔡元培先生倡议创建的，当时先建立了筹备处，经过文物征集、建筑设计等环节，1936年才动工。我们现在看到的南博的大殿，是仿辽代宫殿式的，是由著名建筑设计师徐敬直和梁思成设计的。

没过多久战争爆发，筹备处开始转移文物，工程停工，直到抗战结束后继续修建，1948年开馆展览。中华人民共和国成立之后，1950年，它的名字改为"国立南京博物院"，直接由文化部领导。1954年就改由江苏省文化局领导了，而到了1959年，江苏省博物馆和江苏省文物管理委员会一块都搬到南京博物院办公，合并成了一家单位，但名字仍然叫作"南京博物院"。

我们现在看到的南博是2009年开始扩建，2013年完工的，总建筑面积84800平方米，展厅面积26000平方米。这次改建可以说是"新旧建筑结合，地上地下结合"，保留了当年的大殿建筑作为历史馆，同时改造艺术馆，新建特展馆、民国馆、数字馆、非遗馆，形成"一院六馆"格局，非常气派。

南京博物院的文物藏品有43万余件（套），上至旧石器时代，下迄当代，既有全国性的，又有江苏地域性的；既有宫廷传世品，又有考古发掘品，还有一部来源于社会征集及捐赠，都是历朝历代的珍品佳作。青铜、玉石、陶瓷、金银器皿、竹木牙角、漆器、丝织刺绣、书画、印玺、碑刻造像等文物品类一应俱有，每一品种又自成历史系列，可以说是一座巨大的中华民族文化艺术宝库。

比如西汉"金兽"、东汉"广陵王玺""错银铜牛灯""鎏金镶嵌神兽铜砚盒"、西晋"青瓷神兽尊"、南朝"竹林七贤与荣启期"模印砖画、明代"釉里红岁寒三友纹梅瓶"等均为国宝级文物。此外，"扬州八怪""吴门画派""金陵画派"、傅抱石、陈之佛等大家的书画藏品成组成系，别具特色。

073

∧ 浙江省博物馆

∧ 新石器时代良渚文化玉琮

如何看懂一座博物馆？

（3）浙江省博物馆

浙江省博物馆的前身叫作"浙江西湖博物馆"，1929 年筹备成立，当时的馆址就在著名的文澜阁。1953 年改名为浙江博物馆，1976 年又改名叫浙江省博物馆。虽然就差一个"省"字，但是这其中的差别很大。

浙江省博本来是有自然科学板块的，但是1984 年被分离出去了，独立成了今天的浙江自然博物馆。2006 年，浙江革命历史纪念馆归省博管理了，所以现在的浙博实际上是两块牌子：浙江省博物馆和浙江革命历史纪念馆。

所以在 2009 年的时候，浙博又建立的武林馆区，主要展示革命历史板块的内容。但是老馆还是在孤山馆区，就是西湖边上，环境非常好。浙博除了孤山和武林两个馆区之外，还有沙孟海故居、黄宾虹纪念室等。

浙博的馆藏文物有 10 万多件（套），文物品类丰富，年代序列完整。其中，河姆渡文化遗物，良渚文化玉器，越文化遗存，越窑、龙泉窑青瓷，五代吴越国及宋代佛教文物，汉代会稽镜，宋代湖州镜，南宋金银货币，历代书画和金石拓本，历代漆器，革命文物等，都是极具地域特色及学术价值的珍贵历史文物。

2009 年，为庆祝建馆 80 周年，浙江省博物馆面向社会推出"十大镇馆之宝"评选活动。结合观众投票及专家的评选意见，最终选出新石器时代良渚文化玉琮、新石器时代河姆渡文化"双鸟朝阳"牙雕、战国越王者旨於赐剑、战国伎乐铜房屋模型、唐落霞式"彩凤鸣岐"七弦琴、五代十国吴越国鎏金纯银阿育王塔、北宋泥塑彩绘观音立像、元龙泉窑青瓷舟形砚滴、元黄公望富春山居图卷、清金箔贴花花轿（万工轿）10 件文物。其中，战国越王者旨於赐剑人气最高。

∧ 河南博物院

（4）河南博物院

河南是文物大省，所以河南博物院不会做不好。它也是中国历史上创建比较早的博物馆之一，在 1927 年，时任国民革命军总司令、河南省政府主席的冯玉祥就提出筹备博物馆的想法，并委派专人来筹备，名字叫河南博物馆。该馆当时并不是在郑州成立，而是在开封，馆址在开封法院西街前法政学校校址，今天的三圣庙街。

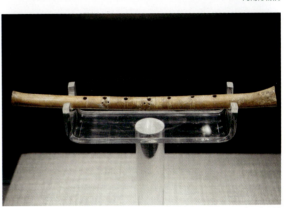
∧ 新石器时代贾湖骨笛

1928 年，河南省政府为了表现各民族的历史和现状，将河南博物馆改名为"民族博物院"。但是到了 1930 年，名字又被改回去了。1940 年，又改为"河南省立博物馆"。

1953 年，河南省博物馆从开封迁到了省会郑州。我们现在看到的馆址是在 1991 年建立的，院区占地面积 126 亩，建筑面积 5.5 万平方米，主体建筑像一个金字塔。1997 年，中原石刻艺术馆与河南省博物馆合并，改名为河南博物院。

河南博物院现有馆藏文物 17 万余件（套），尤以史前文物、商周青铜器、历代陶瓷器、玉器及石刻最具特色。最有意思的是，河南博物院明确地告诉观众，自己有 9 件镇馆之宝，分别是：贾湖骨笛、杜岭方鼎、妇好鸮尊、玉柄铁剑、莲鹤方壶、云纹铜禁、四神云气图壁画、武曌金简、汝窑天蓝釉刻花鹅颈瓶。很多观众都是冲着这 9 件镇馆之宝前去打卡。

（5）陕西历史博物馆

陕西历史博物馆是全国省级博物馆中唯一一个带"历史"两个字的，当然这其中是有原因的。

陕西历史博物馆的成立可以追溯到 1944 年，当时它的名字叫作陕西省历史博物馆，包括了今天的西安碑林、西京图书馆所藏的历史文物，西安民教馆的工艺陈列品和前考古会收藏的各种文物。后来根据主管地区的

^ 唐代鎏金舞马衔杯纹银壶

^ 陕西历史博物馆

变更，先后改名为西北历史文物陈列馆、西北历史博物馆，到了 1955 年的时候改名为陕西省博物馆，并且把西安孔庙也收入囊中。

当时的陕西省博物馆是没有自己独立的馆址的，临时在碑林办公，地方比较局促。1973 年的时候，周恩来总理陪同越南国家领导人视察参观陕西省博物馆的时候，觉得博物馆太小了，要新建一个。

于是从 1977 年开始，陕西省文化局开始筹备新馆建设工作，并给新馆取名为"陕西历史博物馆"。1986 年兴建，1991 年建成对外开放，成为我国第一座拥有现代化设施的大型国家级博物馆。

陕西历史博物馆虽然是新建的，但是老馆还在，就是在碑林的陕西省博物馆。所以当时文物系统都认为这是新老馆的一次分家。虽然新馆从老馆中分离出来，但是将西安碑林、石刻艺术品及书法相关的文物都留给了老馆，于是老馆就不能再继续叫"陕西省博物馆"了，而是改名为"西安碑林石刻艺术博物馆"。

我们今天看到的陕西历史博物馆在西安南郊大雁塔的西北侧，馆区占地 65000 平方米，建筑面积 55600 平方米，藏品库区面积 8000 平方米，展厅面积 11000 平方米。最厉害的是它的馆藏，有 170 余万件（组）藏品，数量多、种类全。商周青铜器、历代陶俑、汉唐金银器，还有最重要的唐墓壁画，都是陕历博藏品的特色。

（6）湖南博物院

湖南博物院的前身创建的比较早，1904 年在湖南巡抚赵尔巽倡导下，士绅筹款兴办了"湖南图书馆兼教育博物馆"，但是开放了只有一年就被取消了。1924 年，又开设了湖南省教育会博物馆，后来改名湖南省立博物馆，但是不幸在战争年代被毁掉了。

中华人民共和国成立之后，1951 年在长沙重新成立了湖南省博物馆筹备处，并于 1956 年在长沙西北的烈士公园建成开馆。

∧ 湖北省博物馆

∧ 战国曾侯乙编钟

其本来只是一个省级的博物馆，但是在 1927 年的时候，考古工作者在长沙东郊的马王堆发现了一座西汉墓葬，成为了重大考古发现。马王堆汉墓的藏品都被湖南省博物馆接收，一下子省博的藏品和展览档次都上去了，这也成为湖南省博最大的看点。

现在的湖南省博馆址是在 1999 年建成的，2010 年的时候改扩建，直到 2017 年新馆正式对外开放。新馆占地面积 4.9 万平方米，建筑面积9.1 万平方米，打造了"湖南人——三湘历史文化陈列""长沙马王堆汉墓陈列"两个基本陈列。馆藏文物 18 万余件，尤以马王堆汉墓出土文物、商周青铜器、楚文物、历代陶瓷、书画和近现代文物等最具特色。

值得关注的是，2022 年湖南省博物馆正式对外宣布改名为湖南博物院。

（7）湖北省博物馆

湖北省博物馆的前身是建国之初成立的湖北省人民科学馆。1953 年，在科学馆的基础上成立了湖北省博物馆筹备处，并且把湖北省文物管理委员会和湖北省文物整理保管委员会合并成立了湖北省文史研究馆，办公地点都设在武昌的水陆街。

后来湖北省文物管理委员会又恢复了独立身份，并且改名为湖北省文物管理处，办公地点也搬到武昌姚家岭的农业展览馆。而这时博物馆筹备处也搬家了，搬到了武昌东湖风景区，准备新建展览大楼。直到 1963年，湖北省博物馆筹备处与湖北省文物管理处合并，正式更名为湖北省博物馆。

1981 年，武昌辛亥革命纪念馆从省博中分离，成为独立的文博机构。后来本馆的考古部、文管部也从馆内分离成为独立的湖北省文物考古研究所。2002 年，研究所又与湖北省博物馆合并了，所以现在湖北省博也是博物馆和湖北省文物考古研究院两块牌子，2023 年分开独立运行。

^ 西汉马王堆一号汉墓T形帛画

^ 湖南博物院

湖北省博物馆现有馆藏文物 26 万余件（套），以青铜器、漆木器、简牍最有特色。其中主打四大镇馆之宝：越王勾践剑、曾侯乙编钟、郧县人头骨化石、元青花四爱图梅瓶。

这里面名气最大的应该就是曾侯乙墓出土的编钟，也是因此，湖北省博开始主打"古乐器"品牌。除此之外，湖北省博还有曾侯乙尊盘、云梦睡虎地秦简、虎座鸟架鼓、彩绘人物车马出行图、石家河玉人像、崇阳铜鼓 6 件文物瑰宝作新晋"镇馆之宝"。

2021 年，湖北省博物馆又在原址上改扩建，设置有"楚国八百年""曾侯乙""曾世家——考古揭秘的曾国""越王勾践剑特展""梁庄王珍藏""八音和鸣——音乐文物展"等 6 项常设专题展览。

湖南有马王堆，湖北有曾侯乙，这两"老头、老太太"带动了整个湘楚地区的文博事业。

（8）辽宁省博物馆

辽宁省博物馆有一个特殊的地位，它的前身是 1949 年 7 月 7 日开馆的东北博物馆，是中华人民共和国建立的第一座博物馆。

1931 年日本帝国主义侵占东北后，伪满洲国政府设立了国立博物馆奉天分馆，就在沈阳市中心和平区十纬路 26 号，原来是奉系军阀汤玉麟的官邸，后来又改名"国立中央博物馆奉天分馆"。日本投降后，改名为"国立沈阳博物馆"，后来沈阳解放，对该馆进行整修，成立了东北博物馆，1949 年对外开放，1959 年改名为今天的辽宁省博物馆。

2004 年，辽宁省博物馆搬到市府广场，成为"市府馆"。2016 年，辽博又搬到了浑南区，原来的市府馆给了沈阳市博物馆。

浑南新馆占地面积 83200 平方米，建筑面积 100013 平方米，展厅就有 22 个。通史展"古代辽宁"就有五个展厅，还有玺印、货币、佛造

∧ 辽宁省博物馆

∧ 唐代张萱《虢国夫人游春图》

像、铜镜、陶瓷、玉器、碑志、民俗等多个专题展览。

辽宁博物馆藏品总量达 11 万多件，以辽宁地区考古出土文物和传世的历史艺术类文物为主体，藏品分为考古、书画、雕刻、陶瓷、丝绣、服饰、铜器、货币、漆器、珐琅器、家具、古生物、少数民族文物、甲骨、碑志等 17 类文物，形成了规模宏大的收藏体系。其中尤以晋唐宋元书画精品、宋元明清缂丝刺绣、红山文化玉器、商周时期窖藏青铜器、辽代陶瓷、历代碑志、明清版画、古地图等最具特色和影响。

需要特别指出的是，辽宁省博的晋唐宋元书画是当年清代末代皇帝溥仪从紫禁城中带出的清宫散佚书画，包括唐张萱的《虢国夫人游春图》、唐周昉的《簪花仕女图》、北宋宋徽宗赵佶的《瑞鹤图》《草书千字文》等传世名作。

（9）首都博物馆

首都博物馆其实算是北京市的博物馆，说实话在北京确实比较吃亏，因为我们去北京，大部分人都会去故宫、国博，很少有游客会想到坐地铁 1 号线到木樨地站下车去看看首博。

首博从 1953 年开始筹备，1981 年开始正式对外开放，原来它的馆址在北京国子监街的孔庙里，直到 2001 年正式兴建新馆，2006 年正式开馆。

从 2006 年至今虽然将近 20 年，但是现在的首博无论是建筑，还是展览，一点都不过时。

首都博物馆的建筑很有特色，在一个楼内有三个独立的建筑：矩形展馆、椭圆形专题展馆，还有条形的办公科研楼。三者之间的空间则为中央大厅和室内竹林庭院。柔和的自然光、古朴的中式牌楼、下沉式的翠竹庭院、潺潺的流水，为观众营造了一个兼具人文、自然情调的环境。

∧ 首都博物馆

我认为首都博物馆的展览很不错。基本陈列"古都北京·历史文化篇"和"京城旧事——老北京民俗展"各具特色，还有瓷器、青铜器、玉器、佛造像、书画等专题展览。最有特色的还是它每年做的临时展览，展讯在首博的网站都可以查得到。

∧ 元代景德镇窑青白釉水月观音菩萨像

首博虽然在首都，享受着得天独厚的资源，但也备受来自一群国家级大馆的压力，它一直默默进取，自学成才。在国博闭馆的那几年，首博看准时机，厚积薄发，一击即中，一下子成为国家级重点博物馆的后备培养力量。

（10）重庆中国三峡博物馆

在所有的省级博物馆中，重庆的博物馆名字是最有意思的。它很长，还是"国"字头，还要加上"三峡"的特色，组合成重庆中国三峡博物馆。

其实，重庆中国三峡博物馆就是重庆博物馆，它的前身叫作西南博物院，是 1951 年成立的。后来西南大区撤销，改名为重庆市博物馆。

2000 年，为承担三峡文物保护工程的大量珍贵文物抢救、展示和研究工作，国务院批准成立重庆中国三峡博物馆，原来的重庆市博物馆可以正式并入，于是牌子上又多挂了一个名字：重庆博物馆。

2005 年，重庆中国三峡博物馆（重庆博物馆）正式对外开放，位于重庆市渝中区人民路 236 号，与相邻的重庆市人民广场、人民大礼堂共同形成"三位一体"的城市标志性建筑群。

需要注意的是，重庆馆除了主馆之外，还有重庆白鹤梁水下博物馆、重庆宋庆龄纪念馆、涂山窑遗址、重庆三峡文物科技保护基地，一共是五

∧ 重庆中国三峡博物馆

∧ 东汉乌杨石阙

个场馆。馆藏文物共计 11.5 万余件（套），珍贵古籍善本 1.8 万余册，涵盖 23 个文物门类，主要以古人类标本、三峡文物、巴渝青铜器、汉代文物、西南民族文物、大后方抗战文物、瓷器、书画、古琴等藏品为特色。

常设展览有"壮丽三峡""远古巴渝""重庆·城市之路""抗战岁月"等，加以《重庆大轰炸》半景画演示、《大三峡》环幕电影、三峡大坝数字沙盘、互动展示魔墙四大展示亮点。

（11）山西博物院

山西博物院的前身为 1919 年创建的山西教育图书博物馆，后来改名叫山西公立图书馆，博物馆成为图书馆的附属机构。随着考古发掘工作地位的上升，山西省立民众教育馆开始筹备。就在新馆准备好好搞事业的时候，抗日战争爆发了，日军接管了民众教育馆，给它改了好几个名字，文物藏品遭受惨重的损失。

中华人民共和国成立后，更名为山西省图书博物馆，下设博物部。1953 年，山西省图书博物馆与太原文物馆合并，正式更名为山西省博物馆。新馆项目 1997 年获批，2001 年奠基，2004 年竣工，2005 年开放，最终建成今天的山西博物院。

山西博物院占地 168 亩，建筑面积 5.2 万平方米，展览面积 1.3 万平方米。共有文物藏品 50 余万件，其中，珍贵文物 4 万余件（套），包括一级文物 2000 余件（套），另有图书古籍 11 万余册。藏品主要来源于 20 世纪 20 年代以来的考古出土和百年来的征集积累，尤以青铜、瓷器、石刻、佛教造像、壁画、书画等颇具特色。

山西博物院的基本陈列以"晋魂"为主题，由文明摇篮、夏商踪迹、晋国霸业、民族熔炉、佛风遗韵、戏曲故乡、明清晋商 7 个历史文化专题和土木华章、山川精英、翰墨丹青、方圆世界、瓷苑艺葩 5 个艺术专

081

^ 西周晋侯鸟尊

^ 山西博物院

题构成。

2019 年，省政府成立了山西青铜博物馆，属于山西博物院的分馆。馆址在太原市长风文化商务区文化岛上，展示面积 1.1 万平方米，展出文物 2000 多件，主要来自历年考古发掘出土和近年公安机关打击文物犯罪追缴的珍贵文物，荟萃晋系青铜文物精华。

上海博物馆、南京博物院、浙江省博物馆、河南博物院、陕西历史博物馆、湖南博物院、湖北省博物馆、辽宁省博物馆、首都博物馆、重庆中国三峡博物馆、山西博物院，说实话这 11 家博物馆在今天的一级博物馆的排名中未必是前 11 名，有很多后起之秀后来居上，甚至抢占了"全国 11 强"的位置。

所以有一些专家说，这个"8+3"的头衔可能会被取消。但无论怎样，它们都是省级大馆，"财大气粗"，即使有一天不再是"8+3"了，它们的地位依然不会被太大的动摇。

第三章
博物馆大本营

博物馆的建筑机构

CHAPTER

Museum
Construction
Agency

3

1. 博物馆的建筑都有什么特点?

博物馆是一座城市的名片,这个"名片"的位置很重要。

一般来说,博物馆的馆址大都选在交通比较便利的地方,可以让观众乘地铁或者公交直达。当然,如果是遗址类或者故居类的博物馆就不一定了,有的时候就在一个小村子里,人烟稀少,交通不便。

综合类的博物馆建设都不是自己说了算的,它们要依据城市的整个规划。

很多老馆都在市中心,有的甚至就在市政府对面。但是现在很多城市都会建"文化中心",也就是将博物馆、美术馆、图书馆、大剧院等文化场所放在一起,便于开展各种文化活动。这种文化中心的建设确实比较方便。比如天津的文化中心、沈阳的文化中心等。

我们来到博物馆门口,第一眼肯定会看它的建筑。所以对一座博物馆来说,建筑好看,就赢了一大半。

如果单从建筑设计来看,国外很多博物馆确实做得很不错,比如巴黎的蓬皮杜艺术中心、纽约的古根海姆博物馆、日本的直岛地中美术馆等。

近几年随着我们国家博物馆数量的不断增长,新建的博物馆越来越多,好看的博物馆建筑也越来越多。简单地梳理一下国内博物馆的建筑类型,大致有如下几种风格。

(1)古建改造型

所谓的"古建改造",就是说博物馆是建在古建筑里面的。

这种情况要么是这处老建筑太重要了,它本身就可以算遗址类博物馆;要么就是实在没钱建博物馆,只能跟老建筑凑在一块办公。所以有的专家称这种博物馆建筑作"非专业化博物馆建筑"。

"太重要"的老建筑最典型的案例就是故宫博物院,因为故宫的建筑有名又好看,所以很多观众不知道故宫是一座博物馆,只认为它是一个旅

游景点。大部分观众进去故宫会去看三大殿，他们关心的是皇上在哪儿上朝，在哪儿睡觉，很少有人注意在故宫里的午门城楼、武英殿、文华殿以及东西六宫等地方都有很多精彩的展览。

故宫自己对此也比较尴尬，明明可以靠"才华"吃饭，非要"靠脸"。

同样尴尬的还有沈阳故宫、恭王府、承德避暑山庄等一系列无可替代的古建类博物馆。

但是不得不说，这些博物馆虽然有着天生的"古建颜值"，却不太适合做展览。因为无论从它们的陈列空间、平面布局，还是参观流线、灯光设备等方面考虑都不太符合现代博物馆的陈列设计要求。比如高度低、进深短、门窗多、柱子多、空间不整齐、设备很简陋、安保设施差、消防等级低等，这些问题都限制了陈列设计的发挥，也增加了设计难度和制作成本。所以要把老建筑变成可以供观众参观的博物馆，确实要费很多心思。比如可以利用借景借势的方法，利用老建筑原有的空间与流线巧妙地让建筑成为陈列展示中的一部分。既能保护老建筑不被损坏，还能满足观众的参观需求。

当然，大部分观众选择进入这些老建筑，一般不怎么会去看展览。因为老建筑本身就具备了非常强大的观赏性和吸引力。

老建筑类的博物馆展厅面积局促是客观问题，没办法改变，因此有一

085

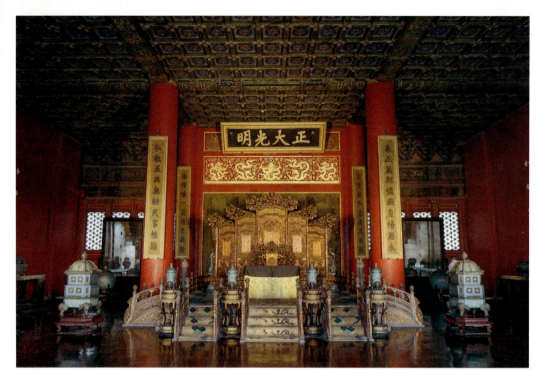

∧ 故宫博物院乾清宫

些博物馆另辟蹊径，选择"开疆拓土"的办法，即将周边的建筑一并收购单独建成博物馆，或者干脆直接在周边空地新建一座博物馆。当然这些要建立在馆方"不差钱"和"不差地"的条件上。

这样一来，观众既能看到老建筑，又能参观博物馆，新旧之间竟然达成了一种有趣的呼应，互不干扰，两全其美。

其实所谓"古建"的这个"古"也未必是"古代"的意思，很多近现代的建筑其实也属于这类。比如著名的南通博物苑，张謇先生在设计的时候就充分借鉴了西方和中国两种不同风格的建筑特色。中馆和南馆都是西洋风格，北楼和东楼具有中国特色。整体的规划则完全采用中国园林的布局方式，有亭榭、假山、池塘等，中西合璧，馆苑结合。今天的南通博物苑依然使用当年的建筑，只是在旁边又建了新的馆区。

除了这些"太重要"的古建，有一些小博物馆没有能力自己建馆，只能在当地的寺庙（如孔庙、文庙等）或者宗祠里临时办公。他们的展览内容可能跟这座老建筑没有太大的关系，只是因为一些历史问题或者因为手头不宽裕临时在此办公。等到有了经费，他们也会搬离古建，自立门户。

当然，还有一类博物馆也会使用老建筑，就是名人故居类或者纪念遗址类博物馆。

名人是真名人，但是故居未必是"真故居"。

有些名人故居可能并不是当年名人真住过的房子，也许是邻居家的房

子，但是房子的建筑年代和大致位置与名人生活经历相符，所以就被当成了这位名人的"故居"。

这类故居、遗址的场馆体量都不会很大，没有太多的展示空间，也没有太多的工作人员。观众来到这类博物馆参观，除了看名人的生平展之外，最有兴趣的就是看被复原的故居，专业名词叫"原状陈列"。

我们经常看到故居里面摆放着很多家具和生活用品，其实这些物品未必都是名人真正用过的，而是为了"原状陈列"故意摆放的，很多家具都是从民间搜集的。

（2）古典中轴型

中国的古典建筑都喜欢中轴对称，对称轴两边相似或相等。比如古代的宫殿，都是采用南北中轴对称的布局，总体上显得均衡、方正、严肃、有序。轴线上及两侧的建筑坐北朝南，彰显着皇家尊严，端庄大气。

很多博物馆建筑继承了这样的对称理念，设计出中轴对称的造型建筑，最为典型的就是中国国家博物馆。中国国家博物馆的建筑虽然是 2011 年重新修建的，但是是在老建筑的基础上修建的，基本保留了"新中国北京十大建筑"的风貌。整体建筑具有中国古典建筑的气息，比如它的须弥座台基、琉璃瓦檐口，还有高大的廊柱。

河北博物院的建筑与国博很像，也是廊柱式的建筑。它有南北两个馆区，背对背。北区是老馆，南区是新馆，两个馆内部是互通的。有意思的是，北区老馆是廊柱式的老建筑，南区也使用了这种风格，但是艺术表现更现代了。这种"背对背，老带新"的博物馆建筑，还有湖北省博物馆。

需要特别说明的是，有一种仿苏联斯大林时期的建筑也是中轴对称式

087

∧ 中国人民革命军事博物馆
∨ 北京自然博物馆

的，比如北京自然博物馆、军事博物馆、安徽博物院的老馆、甘肃省博物馆等。这类仿苏联式博物馆的建筑一般是在中华人民共和国成立之后建成的，它们的特点也是中轴对称，并且中间高两边低，像一个"山"字。看着虽然挺好看，但说实话不太实用。里面的空间比例失调，空间布局也缺乏科学性，层高过高，采光不均。

具有中国传统古典风格的博物馆还有陕西历史博物馆、南京博物院等。

陕西历史博物馆建筑外观具有盛唐时代的风采，有中国宫殿建筑"轴线对称，主从有序，中央殿堂，四隅崇楼"的特点。整座建筑主次分明、散中有聚，突出古朴凝重的格调，营造了古代帝宫与传统园林相结合的气氛，再现了传统文化与现代科技融为一体的风范，表现了中国传统宫殿建筑"太极中央，四面八方"的空间构图特色。

南京博物院的主体建筑是仿辽代宫殿式，是1935年由著名建筑师徐敬直设计的。其实徐敬直原来设计的大殿是清式的建筑，后来由梁思成修改成了仿辽建筑，但陈列室内部是西式建筑样式。南博的建筑工程持续了很多年，中间还因为战争停工了一段时间，后来又经历几次大规模的改扩建，才有了今天"一院六馆"的格局。

（3）文化象征型

设计博物馆建筑，要有足够的联想力和创造力。通过博物馆可以想到古典的中国风，联想到当地的地域文化，或者联想到博物馆里的各种文物造型。于是，很多设计师设计博物馆建筑时就会从中国传统文化、地域文化特色、文物造型入手。

古代文物的造型都非常精美，尤其是造型各异的青铜器。这为建筑师提供了设计灵感。比如著名的上海博物馆，它的建筑就像一个"圆鼎"。

上海博物馆的镇馆之宝是西周时期的"大克鼎"，是一个圆形的鼎，鼎口还有一对大立耳，这些特点完全被运用在博物馆的建筑上。在"圆

∧ 河南博物院

鼎"的下方，还有一个方形的基座，这是中国"天圆地方"寓意的体现。

这种"天圆地方"的博物馆建筑还有山东博物馆。虽然它的建筑不是来源于文物造型，但是依旧呈现出"天圆地方"的特点。建筑下部是一个稳健的灰色四角内切立方体，用雕塑的手法将一个立方体四个角进行了模数化切削。上部是一个银白色的半圆形穹顶，有人说这象征旭日东升，也有人说像泉水喷涌，体现出济南"泉城"的特色。

河南博物院的主体建筑是一个大三角形，像一个金字塔，而且是"戴冠的金字塔"。其实这是以元代的古观星台为原型设计的，这个观星台就在河南郑州的登封市，是由天文学家郭守敬主持建造的，见证了元代高度发达的天文学。

有一些博物馆不是根据"鼎"的文物造型设计，而是根据"鼎"这个字进行设计。比如湖南博物院的建筑设计，就以"鼎盛洞庭"为创作源泉，从鼎的意象、气势和文化精神内涵入手。还有湖北省博物馆的新馆，它的设计理念是"鼎盛江城，楚韵基石"，在建筑样式上取形于"鼎"字，凸显楚文化。

除了根据文物的造型和意象设计外，很多博物馆建筑还会选择所在地域的建筑特色和民俗文化来设计。最典型的案例就是苏州博物馆，这是建筑大师贝聿铭先生的作品。

苏州是座园林城市，所以贝聿铭先生在设计时把苏州传统建筑和精美的园林结合在一起，粉墙黛瓦，以灰白色调为主，呈现出简洁干净的气

∧　云南省博物馆

质。和苏州传统的民居布局一样，苏博的展厅也是由多个室外庭园相连接，精致小巧，像极了有调性的苏州人。唯一美中不足的就是展厅都太小巧了，面积不够，没有办法做一些大型展览，很多文物无法展出。于是苏博在 2021 年又建成了西馆，增加了展厅面积，有了通史展和儿童馆等。西馆的建筑也非常有特色，像是苏州传统民居和充满烟火气息的街巷。

福建博物院的建筑具有福建文化特色元素，主建筑的屋顶是"几"字形，是福建民居的特色。它的自然馆是一个圆形的建筑，完全模拟福建土楼的风格。

云南省博物馆的主体建筑取意于云南"一颗印"式传统民居建筑，它的外观颜色为红铜色，意在体现云南"有色金属王国"的美称；贯穿多层的狭长缝造型，喻意"石林"，蕴含石林风化体态，散发自然风采。

（4）现代简约型

随着时代审美的不断发展，人们越来越喜欢现代简约的造型，所以很多博物馆直接做成一个"方盒子"，让建筑看起来具有现代感。比如江西省博物馆的"宝盒"、天津博物馆的"世纪之窗"等。

广东省博物馆的造型也是一个"方盒"，但它是"镂空"的，设计师

∧　宁波博物馆

把广东特有的文物"象牙球"的概念植入建筑。"象牙球"也叫"鬼工球"，就是用象牙雕出的套球，这在广东省博的内部建筑空间中都有体现。

宁波博物馆的建筑设计也非常与众不同，它的设计师是著名的建筑大师王澍。王澍凭借宁波博物馆这个设计，获得了普利兹克建筑奖，成为获得该奖项的第一位中国人。

宁波博物馆从远处看也是一个方盒子，不同的是建筑融入了"新乡土主义"理念。设计师一直呼吁保护乡村，不要在大拆大建中破坏中国乡村的本来面貌。所以王澍在设计宁波博物馆时利用了旧的建筑材料，比如屋瓦。博物馆外墙的直壁采用的是浙东地区常见的"瓦爿墙"，呈古旧的青灰色，仔细看还能在砖瓦上发现当年烧制时留下的符号，仿佛让人回到了明清时期的江南古镇。

博物馆的外部材料是用具有江南特色的毛竹制成的特殊模板混凝土墙，毛竹开裂后墙面上形成的肌理纹路逐渐显现，别具一番风味。

宁波博物馆将地域文化特征、传统建筑元素与现代的建筑形式融合为一体，所以很多人说，宁波博物馆的建筑本身就是一件"展品"。

王澍设计的博物馆还有杭州的富阳博物馆、临安博物馆、杭州中国国家版本馆等，都是非常漂亮的博物馆建筑，成为很多年轻人喜欢去的"网红打卡地"。

除了这种"方盒子"，还有像"圆蛋"的博物馆建筑。比如内蒙古的鄂尔多斯博物馆，它的主体建筑像一块巨大的棕红色的磐石，象征着鄂尔多斯地区特有的红色砒砂岩和鄂尔多斯人坚毅的精神。这个建筑获得了中

∧ 临安博物馆
　 富阳博物馆
∨ 杭州中国国家版本馆

国建筑界最高奖——鲁班奖。

　　当然，漂亮的博物馆建筑绝不可能只有这些。目前我们国家还有很多新的博物馆正在建设中，很多效果图已经设计出来了，都是可以与世界级博物馆建筑相媲美的。

2. 博物馆里都有哪些空间?

　　博物馆的内部有具备各种功能的空间，有的空间我们是可以进去的，比如展厅、休息区、文创商店等；有的空间是我们去不了的，比如文物库房、工作人员的办公室等。

　　博物馆建筑里的空间到底有哪些呢?

　　总的来讲，博物馆建筑空间可以分为三大区域：公众区域、业务区域、行政区域，每个区域还可以再细分。

　　（1）公众区域

　　公众区域也就是观众可以进入的区域，大致可以分为陈列展览区、教育活动区、公共服务区三个部分。

　　①陈列展览区

　　陈列展览区也就是博物馆里的展厅，只要是开放的，观众都可以进去参观。展厅也可以分为基本陈列展厅、临时展览展厅等。基本陈列展厅是固定不动的，所以很多博物馆习惯把这种展厅放在楼层高的位置。而临时展览因为会经常变动，应该独立开放，会与基本陈列展厅位置离得远一些，有的博物馆干脆把临时展厅放在一楼靠近门口的位置，这样既方便随时布展和撤展，不影响观众参观基本陈列，又能让观众一进馆就能知道最近有什么新展。

　　当然这样排布只是针对很多综合大型的博物馆，中小型博物馆在展馆面积上不具备这种条件，所以只能尽量协调了。

　　有的大型博物馆甚至还专门开设儿童展厅和特殊人群展厅，满足青少年和特殊人群的需求。国内博物馆的儿童展厅更多的是青少年教育活动空间，一般只是在搞活动的时候开放。比如辽宁省博物馆、首都博物馆等。

　　特殊人群一般来讲就是指视觉障碍、听觉障碍和行走障碍等群体。因为他们的特殊性，普通展厅无法满足他们的需求。于是有一些博物馆专门

开设了特殊人群展厅，比如南京博物院的"博爱馆"，就是国内首个"融合性"无障碍展馆。它通过视觉、听觉、嗅觉、触觉四个方面的感官调动，将视障、听障、行走障碍和普通观众的需求相融合，从而让所有类型的观众能够同时同地融合参观。

无论是什么类型的展厅，它的分布一般都要符合观众参观的流线，避免重复、交叉、缺漏，最好是按照顺时针方向，不要让观众在馆里迷路。

除了展厅之外，其实博物馆的综合大厅也属于陈列展览区。同样属于陈列展览区的还有展具储藏室、讲解员办公室、管理员办公室等，只是这些地方观众进不去。

②教育活动区

博物馆必须要有教育活动区，只是设置什么类型的空间没有统一的要求，是根据各个馆的不同情况而定的，但无论馆大馆小，一定都会配备。

一般博物馆教育活动区包括报告厅、影视厅、剧场、实验室、阅览室、青少年教育活动空间、志愿者、博物馆之友活动空间等。这其中使用最多的就是报告厅和青少年活动室。

报告厅不只是为公众开办讲座使用，馆方进行各种大型活动、培训学习的时候也会使用，这是大部分博物馆都会有的空间。

如果博物馆为了展示地域文化特色，可以专门设置影视厅或剧场，固

095

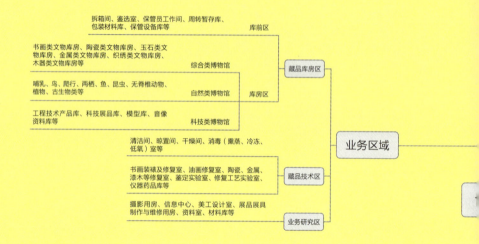

拆箱间、鉴选室、保管员工作间、周转暂存库、
包装材料库、保管设备库等　　　　　库前区

书画类文物库房、陶瓷类文物库房、玉石类文
物库房、金属类文物库房、织绣类文物库房、
木器类文物库房等　　　　　综合类博物馆

哺乳、鸟、爬行、两栖、鱼、昆虫、无脊椎动物、
植物、古生物类等　　　　　自然类博物馆　　库房区

工程技术产品库、科技展品库、模型库、音像
资料库等　　　　　科技类博物馆

清洁间、晾置间、干燥间、消毒（熏蒸、冷冻、
低氧）室等

书画装裱及修复室、油画修复室、陶瓷、金属、
漆木等修复室、鉴定实验室、修复工艺实验室、
仪器药品库等　　　　　藏品技术区

摄影用房、信息中心、美工设计室、展品展具
制作与维修用房、资料室、材料库等　　　　业务研究区

藏品库房区

业务区域

行政办公室、会议室、接待室、物业管理用房、
安全保卫用房、消防控制室、建筑设备监控室等　　行政管理区

职工餐厅、行政库房、设备机房、车库等　　　　附属用房区

行政区域

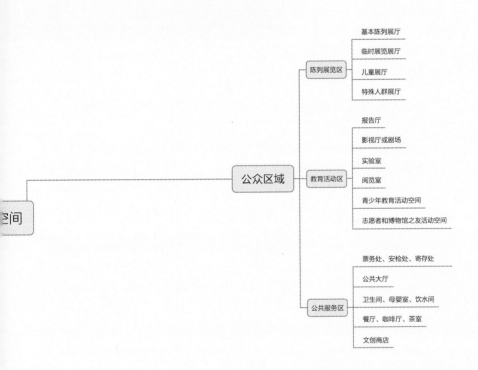

空间

公众区域

陈列展览区
- 基本陈列展厅
- 临时展览展厅
- 儿童展厅
- 特殊人群展厅

教育活动区
- 报告厅
- 影视厅或剧场
- 实验室
- 阅览室
- 青少年教育活动空间
- 志愿者和博物馆之友活动空间

公共服务区
- 票务处、安检处、寄存处
- 公共大厅
- 卫生间、母婴室、饮水间
- 餐厅、咖啡厅、茶室
- 文创商店

∧ 南汉二陵博物馆教育活动空间

定时间播放相关的文化影片或进行演出。比如湖北省博物馆的"编钟厅"，就有固定的时间进行编钟演奏，观众可以买票欣赏。

自然博物馆或科技馆一般会有实验室，会配备专业的实验设备，但需要在工作人员的指导下使用。

博物馆还可以有专门的阅览室或阅读空间，为观众提供书籍借阅服务。虽然博物馆的阅览室规模不能和图书馆相比，但是这里会有很多考古文博方向的专业书籍。

青少年教育活动空间在上文也提到了，这是博物馆不可缺少的一部分。

另外就是志愿者和博物馆之友的活动空间，其实这两个概念还是不一样的。"志愿者"是为博物馆服务的，他们来馆服务的工作间隙需要一间可以休息的办公室，这方面很多博物馆都可以做到。而"博物馆之友"是要博物馆为他们服务的，他们需要的是一个显示其身份特殊性的空间。但是由于国内的博物馆在"博物馆之友"工作上发展的不够成熟，所以很少有博物馆专门设置这类空间。

③公共服务区

公共服务区是每个博物馆都必不可少的。公共服务区可以包括票务处、安检处、寄存处、公共大厅、卫生间、母婴室、饮水间等必要的服务空间，用于满足观众的正常需求。还可以包括餐厅、咖啡厅、茶室、文创商店等。

票务处、安检处和寄存处不用多说，每个博物馆都会有。但是根据馆舍面积不同，每个空间的体量也不一样。票务处一般都会在博物馆入口之外，甚至院门之外。安检处一般都会在入口的位置。但寄存处不一定会在哪儿，有的大馆在博物馆建筑之外会设置单独一个小房间，有的则在馆内设自动寄存柜，甚至直接寄存在服务台。

公共大厅是进馆后最先到达的区域，在这个空间内需要设置服务台，

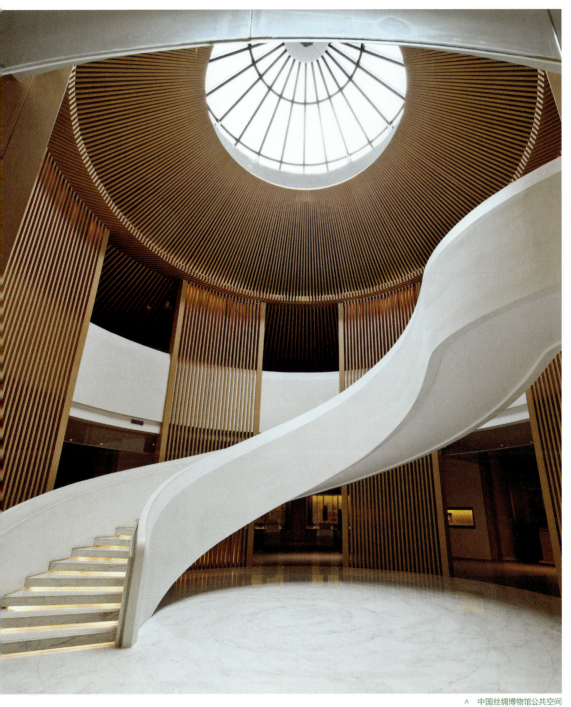

∧ 中国丝绸博物馆公共空间

∧ 江西省博物馆公共空间

有专门的服务人员为观众进行咨询服务、讲解预约、语音导览及资料索取、轮椅及儿童车租用等服务。公共大厅还需要有博物馆的展厅导览，让观众对馆内展厅的空间分布一目了然，好合理安排时间参观。

卫生间（包括残疾人卫生间）、母婴室和饮水间都是博物馆要服务观众必需的生理需求。即使没有专门的直饮水，服务台也要为观众提供饮水服务。

随着博物馆社交功能的加深，很多博物馆还会配备餐厅、咖啡厅或茶室。因为很多观众在博物馆一待就是一天，中午吃饭是个很大的问题，所以干净实惠的餐厅必不可少。咖啡厅或茶室更是为了满足观众的社交需求而设置，也很必要。很多博物馆不具备自己经营餐厅或咖啡厅的能力，可以考虑合作模式或者直接引进餐饮品牌，这样管理便捷，服务和品质也更加专业。

文创商店是很多观众最喜欢逛的地方，把它当成博物馆的"最后一个展厅"。一般博物馆都会把文创商店放在博物馆一楼的出口处，方便观众在出馆的时候购买。还有很多比较大型的博物馆，不仅在一楼有专门的文创商店，在每层还都有单独的文创摊位，真的是把经营做到了每个角落。

（2）业务区域

博物馆的业务区域一般是观众进不去的，主要分为藏品库房区、藏品技术区、业务研究区等。

①藏品库房区

很多人认为藏品库房区是博物馆中最神秘的地方，因为它藏着很多宝贝，像是一个藏宝室，肯定有很多"机关陷阱"。其实博物馆的文物库房并没有我们想象的那样神秘，它就是一个普通的房间，只不过存放的东西比较重要而已。

博物馆的藏品库房区可以分为库前区和库房区两个部分。

库前区是进库工作之前做一些准备工作的房间，不是正式的文物库房。包括拆箱间、鉴选室、保管员工作间、周转暂存库、包装材料库、保管设备库等。

当然这些空间是根据每个博物馆的情况而设置的，比较常用的是鉴选室和周转暂存库。

因为一些专家或者领导会经常来博物馆观摩，如果把文物提出库房，手续会比较烦琐，不太方便，如果直接让观摩者进库也不符合库房管理规章制度。所以在库房区内设置一个鉴选室是再方便不过的。保管员把文物提到鉴选室，文物不算出库。观摩者只在鉴选室看文物，也不算进库。

周转暂存库是为了方便存放一些临时到来的文物，比如刚从展览撤下的文物，还没正式归还进库之前，总要有个地方先暂时存放。

库房区才是博物馆中最重要的地方。

很多新建的博物馆库房都是在地下，门口会有门卫层层把守，只有工作人员在工作的时间内可以进入，普通观众连入口在哪儿都不会知道。

每个博物馆库房的数量也是不一样的，会根据该馆的性质和馆藏特色被分成若干个库房。

比如综合类博物馆按照藏品材质可以分成书画类文物库房、陶瓷类文物库房、玉石类文物库房、金属类文物库房、织绣类文物库房、木器类文物库房等。因为每种文物的质地和形态不同，所要求的展柜规格和温湿度都是不同的，放在一起，方便管理。

当然有一些小馆不具备这样的库房条件，只能把相近质地的文物放在一个库房中，依靠不同的展柜加以区分。

如果是自然类博物馆，就会按照学科将其分为哺乳、鸟、爬行、两栖、鱼、昆虫、无脊椎动物、植物、古生物类等。或者按照标本制作方法分浸制标本库和干制标本库。

^ 博物馆文物修复室

如果是科技馆，则可以分为工程技术产品库、科技展品库、模型库、音像资料库等。

总之，每个博物馆的库房分配没有统一的设置规定，完全根据自己的藏品特性而定；但是对于库房的管理和安全保障的要求却是一致的。

②藏品技术区

博物馆的藏品技术区就是对藏品进行一些处理的工作室，包括清洁间、晾置间、干燥间、消毒（熏蒸、冷冻、低氧）室等。还有各种文物的修复室和实验室，比如书画装裱及修复室、油画修复室、陶瓷、金属、漆木等修复室、鉴定实验室、修复工艺实验室、仪器药品库等。

这些工作室的面积、层高、平面布置、水池、工作台、排气柜、空调参数、水质、电源、防腐蚀、防辐射等都有严格的规范要求，建设的时候要根据要求进行设计。

③业务研究区

博物馆还会有很多业务研究用房，包括摄影用房、信息中心、美工设计室、展品展具制作与维修用房、资料室、材料库等。

博物馆的摄影用房一般都不会离文物库房太远，因为方便提取文物来拍照。有工艺要求的大型博物馆还会在库前区设置专用的摄影室。还有一些博物馆将摄影用房分得更细，分为摄影室、编辑室、冲放室、配药室、器材库等。

信息中心可以由服务器机房、计算机房、电子信息接收室、电子文件采集室、数字化用房等组成。其中服务器机房和计算机房的设计应该符合现行国家标准《电子信息系统机房设计规范》的规定，并不能挨着藏品库及易燃易爆物存放场所。

∧ 博物馆行政区域

（3）行政区域

行政区域是博物馆工作人员的办公区域，具体也可以分为行政管理区和附属用房区。

①行政管理区

行政管理区就是博物馆领导和工作人员的办公室。

博物馆领导一般都有单独的办公室，但是面积要符合规定，不能超标。

其他就是各个部门的办公室，一般来说，博物馆有多少个部门就会有多少个办公室，甚至一些大部门还会拆分出好几个办公室。至于博物馆中都有什么部门，会在下节着重介绍。

此外，还会设有会议室、接待室、物业管理用房、安全保卫用房、消防控制室、建筑设备监控室等。其中安全保卫用房是要根据博物馆的防护级别的要求设置的，可以有安防监控中心或报警值班室、保卫人员办公室、宿舍等。大型的博物馆还有的在重要部位设立分区报警值班室。

②附属用房区

博物馆的行政区域还包括一些附属用房，比如职工餐厅、行政库房、设备机房、车库等。总之，是为博物馆的工作人员提供更好的办公条件，让他们能够安心工作。

3. 博物馆里都有哪些工作部门？

在博物馆工作没有我们想象的那么神秘，更不会像电影里演的那样，出现"博物馆奇妙夜"。博物馆的工作人员也是正常上班下班，为人民服务，为社会主义做贡献。只是因为工作内容与其他单位不同，在机构设置上有一些特殊性。

博物馆职能部门主要被分成四大体系：行政管理、业务研究、观众服务、专业技术。

（1）行政管理部门

每个单位都会设置行政管理类的部门，对于博物馆来说，常见的行政管理部门主要有五个：办公室、人事部、财务部、后勤部、保卫部。当然这些名称只是普遍叫法，每个馆会根据其具体的情况改成各种名称，或再细分成不同部门，或直接有下属科室，但基本职能差不多。

①办公室

办公室是每个单位的行政枢纽，负责上传下达。但实际上，办公室职能很广泛，虽然感觉权力很大，但是干的也很杂。他们既像大内总管，又像高级秘书。

每个馆根据规模情况，办公室的职能划分也有所不同，一般大型博物馆会根据办公室工作职能划分出不同的部门，大致可以分为党委办公室、行政办公室、业务办公室等。

党委办公室，顾名思义，就是负责一切党务方面的相关工作。其实这方面的工作每个单位都要有，只不过有的没有单独成立一个部门，只有像故宫、首博、上博这样的大馆才单独设立，比如首博的叫作"党建部"。很多馆都是由办公室或人事部中的某一位职工专门负责。

博物馆的党务工作实际上还有纪检监察职能，不同的馆有不同的做法，大致有三种：第一种是单独成立一个部门，比如故宫博物院就有专门的

"纪检监察办公室"；第二种是与党办合并，比如湖南博物院"党务和监察办公室"；第三是与审计合并，比如重庆馆"纪检审计处"、陕历博的"纪检审计室"等。

办公室最常见的是行政办公室，有的也叫馆办，或是院办。他们负责协助馆领导处理全院的日常工作，协调全馆、上级或者相关单位的业务往来，算是馆里的大管家。这是每个馆必不可少的部门，不过，很多馆会将行政和党委合并在一个部门。

随着馆际交流和业务往来的深入，很多博物馆开始设置"业务办公室"，目的是与"行政办公室"区分开，业务办公室主要负责核心业务的馆际交流工作。辽宁省博物馆曾经设有专门的"业务办公室"，后来随着部门整合，这项工作被赋予不同的名字，比如故宫博物院的"外事处"，山西博物院的"对外交流部"，上海博物馆的"文化交流办公室"等。实际上，这个部门非常重要，很多博物馆的展览交流工作搞不好，就是因为这类工作没有专人负责。

在办公室工作中，有一项工作比较特殊，它叫作"总账"。

"总账"像是学校的"总务"部门，不是管钱，而是管物。

博物馆最核心的"物"当然是馆藏文物。实物由保管部保管，但是必须要有一个总的账目，不然"监守自盗"怎么办？所以"账"和"物"一定要分开。

博物馆的文物总账要有专人负责，甚至会设立单独的部门管理，比如故宫，这么庞大的馆藏体量，不是一个人能搞清楚的，所以设立了"文物管理部"。任何馆藏文物入馆前先要登账，也就是进行注册。之后这些文物可能会"出差"，也就是借出去赴外展览；也有可能"调离"，就是拨给别的博物馆收藏；当然还有可能"死亡"，也就是文物被毁坏了，当然发生这种情况的概率很低。因为即使破损也可以修复，不至于"死亡"。

不管怎样，只要这个登记在册的文物出现任何问题，总账都要记录。而且为了避免出现"账"和"物"数量不符的情况，每隔一段时间还要对文物进行核对工作。也就是对照着总账，看看文物们还在不在，好不好。如果发现不在了，或者不是以前那件东西了，事情就大了。

所以，总账工作非常重要，负责总账的人不仅要管理那些不会说话的"学生"，还要监督那些管理"学生"的"老师"。

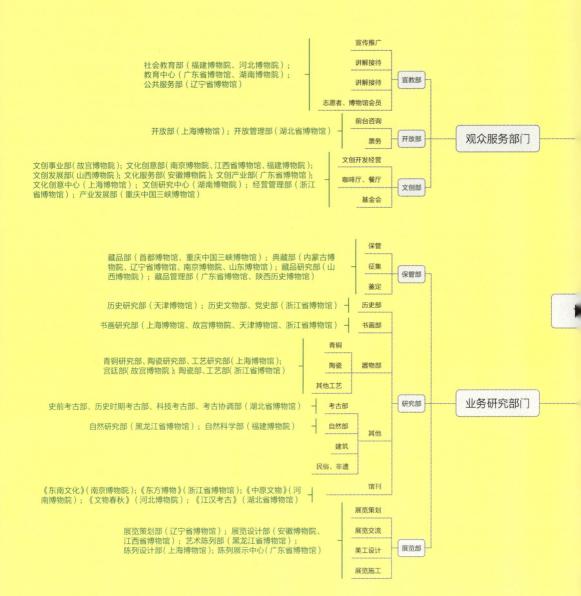

5   博物馆部门设置

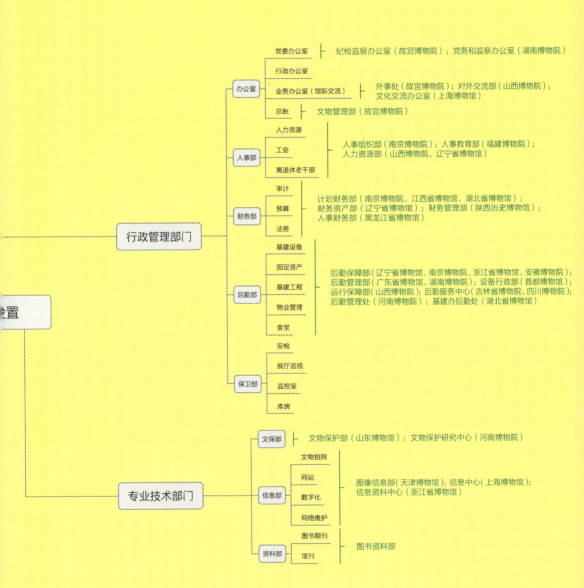

党委办公室 ┤ 纪检监察办公室（故宫博物院）；党务和监察办公室（湖南博物院）

行政办公室

业务办公室（馆际交流） ┤ 外事处（故宫博物院）；对外交流部（山西博物院）；
文化交流办公室（上海博物馆）

总账 ┤ 文物管理部（故宫博物院）

办公室

人力资源

工会 ┤ 人事组织部（南京博物院）；人事教育部（福建博物院）；
人力资源部（山西博物院、辽宁省博物馆）

离退休老干部

人事部

审计

预算 ┤ 计划财务部（南京博物院、江西省博物馆、湖北省博物馆）；
财务资产部（辽宁省博物馆）；财务管理部（陕西历史博物馆）；
人事财务部（黑龙江省博物馆）

法务

财务部

基建设备

固定资产 ┤ 后勤保障部（辽宁省博物馆、南京博物院、浙江省博物馆、安徽博物院）；
后勤管理部（广东省博物馆、湖南博物院）；设备行政部（首都博物馆）；
运行保障部（山西博物院）；后勤服务中心（吉林省博物院、四川博物院）；
后勤管理处（河南博物院）；基建办后勤处（湖北省博物馆）

基建工程

物业管理

食堂

后勤部

安检

展厅巡视

监控室

库房

保卫部

行政管理部门

文保部 ┤ 文物保护部（山东博物馆）；文物保护研究中心（河南博物院）

文物拍照

网站 ┤ 图像信息部（天津博物馆）；信息中心（上海博物馆）；
信息资料中心（浙江省博物馆）

数字化

网络维护

信息部

图书期刊 ┤ 图书资料部

馆刊

资料部

专业技术部门

置

②人事部

博物馆的人事部门跟一般的单位差不多，主要负责馆内职工的管理工作，包括招聘、录用、调配、任免、考察、培训、奖惩、个人档案管理等工作。

人事部除了有人事处、人事科等别称，还有很多馆学企业的叫法，如"人力资源部""人事组织部""组织人事部""人事教育部"等，但基本职能是一样的。

博物馆的招聘工作一般都是按照每个地区的事业单位招聘考试进行，人事部门具体执行操作。录取名额一般都是上级单位安排，博物馆只是执行者。但是具体是哪个部门的岗位需要人由博物馆来安排，一般在招考的时候都会写明岗位要求，所以考上的人会被直接分配到那个部门工作，基本不会有大的调动。

当然，在正式分配之前要先在人事部培训一段时间，请馆领导和各个部门主任来介绍一下馆里的基本情况，让新员工对馆里的部门、人员、藏品、展览等有基本的认识，这就是人事部门要做的事情。新员工在人事部门培训一段时间之后，会被各个部门主任"认领"走。

当然，由于很多地方的人事政策，很多博物馆的岗位并非是正式的"事业编"，因此会有很多"合同工"。这些"合同工"的岗位基本都属于服务型，比如保卫、安检、咨询，还有讲解员。说句实话，他们做的工作一点也不轻松，但是享受的工资待遇却没有"正式员工"高。

人事部门还要负责职工的工资、社保、医保等工作，很多人认为工资的事应该由财务部门负责，但实际上，人事部门是负责算工资的，财务部门是负责发工资的。

另外，人事部还有一个很重要的职能就是职称的评定，这可是关系到大部分员工的切身利益问题。晋升职称不仅意味着能涨工资，更重要的是能得到行业人士的认可。

有的馆把"工会"并入人事部，也有的大馆单独设置。

工会实际是一个自发的组织，他们负责组织各种活动促进员工之间的感情。如果在缺少文娱活动的工厂里，工会可能会起到一定作用。但是博物馆本身就是文化单位，工会在很多时候只存在辅助功能，比如举办一年一度的联欢会等。

人事部还有一个职能就是管理离退休老干部工作。

有一些大馆甚至单独设立部门管理离退休老干部，比如故宫就有"离退休人员服务处"，安徽博物院也有"离退休工作部"。对于那些在馆里奋斗一辈子的老同志们，他们退休之后的生活，馆里也要关心。有很多退休的老同志是某方面的专家，馆里有很多时候还要请他们"出山"。所以老干部工作不容忽视。

③财务部

财务部是任何一个单位都不可或缺的。

财务部的名称一般变化也不大，除了"财务处""财务科"之外，还有"计划财务部"（南京博物院、江西省博物馆、湖北省博物馆）、"财务资产部"（辽宁省博物馆）、"财务管理部"（陕西历史博物馆）等。还有一些馆，将财务与人事或者办公室合并，如"人事财务部"（黑龙江省博物馆），或者将财务部门并在"综合办公室"中。

但是像故宫这样的大馆，财务类的部门除了财务部，还有审计室、预算处，甚至还有专门的法律处。

财务部要承担全馆的财务管理工作，对于馆里的一切财务活动都要进行核算和监督，比如职工的工资、报销等，要保障全馆各项工作的正常运转。还要负责全馆年度经费的预算，要协助领导做好全馆资金统筹工作。财务还要承担税务及财政票据管理，协调好财政、审计、税务等部门的关系，还要办理政府采购及招标工作，总之都是非常专业的工作。

不过，博物馆的财务工作相对企业来讲不是很复杂，因为大部分博物馆是非营利单位。

"公益一类"的博物馆属于国家拨款，财务要负责这部分资金的管理，每笔钱必须要专款专用，马虎不得。

博物馆的经济收入有以下几个方面，第一是门票。

虽然目前国家大部分的博物馆都是免费开放的，但是有一些博物馆还会收取门票，比如像故宫这种遗址类博物馆。但是故宫的门票收益并不算馆内收入，而要直接上缴国家，跟馆里没有关系。很多这样的大馆都是"收支两条线"，即收入归国家所有，国家再拨款给博物馆。

有的馆会通过举办一些临时展览来收取门票，这部分收入可以算是自己的。但是借展也是要花钱的，能不能收支平衡很难说，实际上大部分展览都是公益性质的。

可能有人认为博物馆最赚钱的是文创，我觉得这个问题也要"因馆而议"。像故宫客流量这么大的馆，每年参观观众几千万，加上他们新奇的营销手段，盈利不在话下，只是没有网民猜测得那么离谱。但是很多二三线城市的博物馆，每年接待的观众量本身就不多，开发的文创产品创意不足，指望文创赚钱是不太可能了。

博物馆创收还有一个途径是借展。可以将策划好的展览拿去做巡展，赚借展费。但实际上，展览也要你来我往，我借你，你借我，到最后就变成了"等价交换"，使两个馆成为了"友好馆"。

④后勤部

每个博物馆都会有后勤部门，但是名称五花八门。

大部分馆叫"后勤保障部"（辽宁省博物馆、南京博物院、浙江省博物馆、安徽博物院、江西省博物馆、陕西历史博物馆）；还有叫"后勤管理部"（广东省博物馆、湖南博物院）；还有很多其他称呼，比如"设备行政部"（首都博物馆）、"运行保障部"（山西博物院）、"后勤服务中心"（吉林省博物馆、四川博物院）、"后勤管理处"（河南博物院）、"基建办后勤处"（湖北省博物院）等等。

通过这么复杂多样的名字，就可以看出来后勤部门管的事是有多杂了。

首先，后勤部要负责馆里所有的基建设备，例如水、电、暖、空调、电梯等硬件设施的管理与维护，这是一项非常专业的工作。

还要负责固定资产的发放和管理，比如工作人员的桌子、柜子、椅子等。

有的博物馆馆里有封闭的院子，那么院子里的绿化、停车场的管理维护都归这个部门负责。当然，维护博物馆的主体建筑更是由这个部门负责。

也就是说，大到博物馆的建筑大楼，小到办公室的桌椅板凳，都归这类部门负责。

当然，根据每个馆的不同规模，也可以将这类部门拆分成两个部门。

比如故宫博物院设有"工程管理处"和"行政处"。其实就是一个管大的东西，一个管小的东西。因为故宫是个大院子，所以这个部门必须很强大。

还有一些博物馆有很多基建工程，比如新馆建设，就会成立一个专门的"建设工程部"，比如浙江省博物馆的"之江馆区建设工程部"。

后勤部还有一个重要的职能是管理物业。

无论是办公写字楼，还是住宅小区，都有物业管理。博物馆其实也不例外。博物馆的物业工作一般分为三个部分：设备维修、展厅巡视、卫生保洁。设备维修和卫生保洁都很好理解，另外的展厅巡视似乎与保卫部的工作重复了。

如果要细分的话，只能说物业的巡视员更加辛苦。我们在很多博物馆看到那些在展厅里面"站岗"的工作人员，一般都是物业公司的员工，而非馆里的"正式职工"。长期的耳濡目染使这些巡视员对于文物也有了很大的兴趣，他们有的时候会代替讲解员为观众答疑解惑。

物业的对接与管理一般属于后勤部的工作，但有的博物馆也会单独成立一个部门，叫作"物业管理部"，比如上海博物馆。

此外，很多大馆还设有员工食堂，这部分工作也由后勤部负责。

⑤保卫部

任何单位都离不开保卫部门，尤其对于博物馆来讲，保卫部更为重要。因为不仅要保护观众的安全，还要保护文物的安全。

保卫部的名称各馆都差不多，有的直接就叫"保卫部"，有的叫作"安全保卫部"，职能上没有区别。

保卫部保卫的首先是馆里的文物安全，包括展厅文物和库房文物。

有人说博物馆的文物不是都由保管部保管吗？

博物馆的文物确实由保管部保管，但是保管部并不是二十四小时都会在文物库房值班。只有需要文物的时候他们才会进库，他们可以直接接触到文物。

保卫部的工作人员要二十四小时守护文物。即使保管部要进库房门，也一定要经过保卫部这关，如果没有保卫部开门，他们进不到库房里面。

保卫部还要负责文物外展时候的安全押运工作。馆藏文物有可能会"外出公干"，除了保管部的工作人员要陪同外，保卫部的"保镖"也很重要。

对于博物馆场馆来讲，更需要被保卫。

从观众进门的安检，到展厅的巡视，还有消防等，都由保卫部负责。监控系统二十四小时都有人值班负责，保证文物安全和观众安全。

所以，办公室、人事部、财务部、后勤部、保卫部这五个部门是博物馆不可或缺的行政管理部门，虽然名称可能不同，但是职能都是一样的，并且都为博物馆的业务研究提供了保障。

（2）业务研究部门

博物馆里收藏着很多文物藏品，所以围绕着文物衍生出了很多专业的业务部门，即保管部、研究部、展览部。当然每个博物馆的叫法可能不太一样，但职能相似。

①保管部

保管部是一个博物馆的基础部门，国内的博物馆对于保管部的设置基本有两种情况：一种是保留独立的保管部，另一种就是将保管职能融入到各类文物研究部门之中。

独立的保管部有的叫作"藏品部"（首都博物馆、重庆中国三峡博物馆），有的叫作"典藏部"（内蒙古博物院、辽宁省博物馆、南京博物院、山东博物馆、四川博物院），有的叫"藏品研究部"（山西博物院）、"藏品管理部"（广东省博物馆、陕西历史博物馆）等。

一直以来，保管部都是博物馆的"第一部门"，他们有与生俱来的优越感。这种优越感来源于它保管着博物馆的宝贝——文物。

文物是一个博物馆最核心的竞争力，而哪个部门掌握了核心竞争力就掌握了话语权。

实际上，保管部的工作就是看着文物别丢了，可能有人会说，文物又不是小孩，怎么会丢呢？所以在很多人看来，保管部是既清闲地位又高的工作。但是，保管部的工作没有想象的那么轻松，他们的责任很重。

每隔一段时间的文物核对工作和文物普查工作，都会让保管部工作人员把家底翻一遍。很多文物由于出镜率高，所以经常会被派外"执行任务"。保管部要第一时间提取文物，不能出现文物"找不着"的情况，更不能"拿错了"。

文物出差，保管员也要陪同，完全起到"保姆"的职责。还有很多国内外的学者、专家、领导来看文物，保管员就要负责提取文物、保护文物、收还文物。这个频率实际上要比我们想象的频繁许多。

我们知道，文物每展出一次都会面临一次风险，而承担这些风险的人就是保管部主任。

由于保管部长期以来都与文物打交道，所以近水楼台先得月，能看到很多别人看不到的东西。这对于许多文物爱好者来说有巨大的吸引力。只要保管员肯努力，多看东西、多积累，肯定能成为某一类型文物的专家，这是保管部工作人员被很多人羡慕的原因之一。

在保管部工作要遵守非常严格的规定，最基本的就是库管制度。每个文物库房必须由两名以上库管员同时进入，不允许一个人单独进入。而库

房的钥匙一般由保管部和保卫部双方共同持有，少一把都开不了门。

当然，按照文物的类型，保管部可以分解成为若干个组，比如书画组、陶瓷组、玉器组、青铜组、工艺组等。需要说明的是，这些组都不是固定的，一般根据各个馆的馆藏情况而定。

因为工作比较烦琐，有一些博物馆取消了保管部，而是按照文物的类别成立了不同的专业部门，比如故宫博物院和天津博物馆设有书画部、器物部，而没有保管部。各个专业部门分别承担各类文物的保管工作，比如书画部不仅要负责书画文物的保管，还要负责书画文物的研究、展览的策划等工作。

这样设置管理的优势在于部门内的工作人员既是研究员，又是保管员，还是策展人，省去了"进库难"的问题，让业务人员更容易进库房，管理更加垂直，方便培养专业型人才。

上海博物馆也设有书画研究部、陶瓷研究部、青铜研究部、工艺研究部，但是同时也设立保管部。浙江省博也是这样，既有书画部、陶瓷部、工艺部，也有保管部。有了保管部，这些专业部门的工作重点就是研究了，而不是保管文物。

这种研究部门的设置在目前国内博物馆中其实是比较少的，一般会在

113

馆藏比较丰富的大馆中出现，像故宫、上博、辽博、天博之类。因为只有这些大馆才有丰富的藏品，博物馆才会设立部门进行研究。

"征集"职能与"保管"职能很相近。

实际上"征集"也是博物馆的基本职能，只是很多藏品丰富的博物馆已经用不着去"征"了，所以这个职能现在在慢慢退化。

"征集"之后就是"鉴定"，征集和鉴定应该捆绑在一起，目前国内博物馆还保留征集和鉴定职能的，大部分都是与国家文物鉴定站合在一起的。比如南京博物院，他们是因为有国家文物出境鉴定站——江苏站，所以单独设立了"文物征集部"；河北省博和山东省博也是如此，所以也叫"文物鉴定征集部"和"文物鉴定办公室"。

所以，征集、鉴定、保管这三件事其实是连在一起的。至于每个博物馆的部门怎么划分，完全是根据自己的实际情况来安排。

②研究部

过去的博物馆对于"研究"没有太重视，总觉得"研究"是属于高校和科研单位的事情。但是这样长此下去绝对不利于博物馆事业的发展。于是当代很多博物馆为了提高自己的研究能力，设立了若干个研究类部门。

很多综合性博物馆都兼具历史和艺术两大门类，所以很多馆的研究部门设置都是根据这些专业门类设置的。拥有历史门类的博物馆，就会设立单独的历史研究部门，比如天津博物馆的历史研究部以及浙江省博物馆的历史文物部、党史部等。他们负责历史方面的研究，当然还有展览大纲的编写。

艺术类研究部门一般是按照类别来划分，最全的是上海博物馆，分为青铜研究部、陶瓷研究部、书画研究部、工艺研究部。故宫博物院也根据自己的特点，设立书画部、器物部、宫廷部；天津博物馆为书画部、器物部；浙江省博物馆设有书画部、陶瓷部、工艺部等。

这些部门前文有提到，有些馆设立了单独的专项研究部，也有些是与保管部合在一起。

每个博物馆都会根据地域文化与馆藏特点来安排自己的研究类部门定向部门专门针对某类文物进行研究，这其实是一种非常良好的定向培养模式。

博物馆并不只有历史和艺术的内容需要研究，有的还包含自然部分、考古部分、民俗以及建筑部分。

^ 文物鉴定

　　自然部分实际上一直是与历史、艺术并称的第三大板块。但是，近年来博物馆的发展趋势以及自然专业的特殊性使得很多城市都会单独设有"自然博物馆"，比如著名的上海自然博物馆、北京自然博物馆等。还有少部分博物馆会把"自然"内容合并在综合博物馆中，所以这就需要设置专门的"自然部"，比如黑龙江省博物馆的"自然研究部"、福建博物院的"自然科学部"以及山东博物馆、广东省博物馆、甘肃省博物馆的"自然部"等。

　　考古实际上与博物馆的关系应该是密切的，很多省市的考古队、考古所就在博物馆中，所以就会有不同的考古类部门出现。此外，还有一些博物馆也设有考古部门，比如故宫博物院、上海博物馆、南京博物院、福建省博物馆、海南省博物馆等。其中，海南省博物馆因为地域的特殊性，所以除了自身的"文物考古研究部"，还设有专门的"水下考古研究中心"。

　　关于民俗部分，其实大部分的博物馆都会把它合并到历史部，或是直接在当地设立"民俗博物馆"，然后在一个"老宅子""故居"之类的文保单位建馆。因为民俗内容和非遗有一定联系，所以像南京博物院这样的大馆会单独设置一个"民族民俗部"。

　　南京博物院的研究部门设置确实比较全面，除了考古、艺术、民俗外，

115

还设有"古建筑部"，这类部门只有在故宫，或者其他专题博物馆中才会出现。

当然，上述列举的博物馆大都是省级综合大馆，很多专题博物馆也都根据自己的馆藏特色来设置不同的研究部门。一般越小的博物馆，在部门设置上就越简单，因为一共也没有几个工作人员。

当然也会有一些博物馆并不划分具体内容，直接统称"学术研究部"，比如辽宁省博物馆、安徽博物院、福建博物院、江西省博物馆等。有的博物馆称其为"科研部"，比如故宫博物院、湖南博物院、广东省博物馆等。

这类部门除了要搞自己专业的研究之外，还有一个职能就是负责科研管理，比如报课题，申请项目，组织学术会议活动，甚至还有的博物馆有博士后工作站。相当于大学里的"社科处"和"科技处"，这样一来，有利于激发博物馆的研究职能，使其学术研究更加规范。

随着博物馆的学术研究更加规范，很多博物馆已经有了自己的馆刊，甚至有些馆刊已经达到了"南核""北核"的级别，比如故宫博物院的《故宫博物院院刊》、南京博物院的《东南文化》、浙江省博的《东方博物》、河南省博的《中原文物》、河北省博的《文物春秋》、湖北省博的《江汉考古》等。

很多博物馆在研究部职能中加入了馆刊的编辑出版工作，甚至还有一些博物馆专门设立了"期刊编辑部"，比如广东省博物馆的"编辑出版部"、河北博物院的"《文物春秋》编辑部"、浙江省博物馆的"《东方博物》编辑部"等。当然这里面影响力最大的当属故宫博物院的"出版部"，他们不仅出版自己的院刊，还会出版很多专业的出版物。

③展览部

博物馆的展览职能实际上是观众最关注的问题。

所以博物馆的展览部门尤其重要。

在过去博物馆部门的设置中，展览部被叫作"陈列部"，一直到现在还有很多馆使用这个名字。其实展览部和陈列部是一回事，没有什么区别。如果非要从字面意思理解的话，陈列是单向的，是指工作人员摆放文物的行为，而展览却是双向的，"展"是馆方的事，而"览"是观众的事，是一种双向的互动。

于是有的博物馆干脆就叫"陈列展览部"。随着新时代博物馆展览工作的发展，也出现了一些新的名字，比如展览策划部（辽宁省博物馆）、

116

展览设计部（安徽博物院、江西省博物馆）、艺术陈列部（黑龙江省博物馆）、陈列设计部（上海博物馆）、陈列展示中心（广东省博物馆）等。

展览部门的主要工作是策划和设计展览，但是"策划"和"设计"其实是两码事。

"设计"一般指的是美术设计，它需要一定的美术功底。比如在过去的博物馆中，陈列部的人一定要会画画，写字也要好看，因为在那个印刷、打印都不普及的年代，展览的前言和文物说明牌都是手写的，背景图片也都是手绘的。所以，那个年代的博物馆陈列部出了不少艺术家。

现在博物馆虽然不再需要使用这种传统的手工方法，但是至少需要工作人员会使用设计软件，要有基本的设计能力和美学常识，要会做图、会配色。所以很多博物馆展览部门的工作人员基本都是"美工"出身。

美工设计完展览之后，就要进行制作施工，这项工作也很专业。很多展览部的工作人员要亲自盯着现场施工，虽然现在的博物馆展览都是委派第三方展览公司来施工制作，但是博物馆展览部人员也要懂工程，起到监管和验收的作用。

如果说设计和施工都是技术层面的工作，博物馆展览部最复杂的工作实际上是"策划"，这就是现在最流行的一个词：策展。

"策展"最重要的是"策"，即策展人要对展览有想法，有"顶层设计"。博物馆的展览除了要"好看"之外，最重要的是要有内容，这要求策展人对文物有深入的研究，还要深入浅出地变成"展览语言"。

但是目前国内很多博物馆展览部都是具有专业技能的"美工"，他们未必懂文物，没法提出策展理念，所以"策展"工作大都不是由展览部负责，而是由懂文物的研究部负责，展览部的工作大多只停留在执行层面。

博物馆的"策展"流程一般都是先由研究部门牵头撰写大纲，展览部再设计制作。但是随着博物馆引进的展览越来越多，馆际之间有很多频繁的交流工作，所以有一些博物馆专门设立了"交流部"，这在前文讲"业务办公室"的时候已经提到，他们负责馆际间的业务交流，尤其是展览交流。比如山西博物院、福建博物院的"对外交流部"，上海博物馆的"文化交流办公室"，江西省博物馆的"策划交流部"，重庆中国三峡博物馆的"策划发展部"等。

有的博物馆把展览部的职能拆分的比较细化，比如河北省博，就有两个部门，一个叫陈列研究部，一个叫展览中心。陈列和展览本来就是一

∧ 文物布展

意思，但是在职权划分上，陈列负责内展，展览负责外展；一个管内展的外推，一个管外展的引进。最有意思的是，这两个部门都没有设计人员。馆方的美工设计是公用的，归到了另一个神奇的部门，叫作"艺术设计文创经营部"。

随着博物馆展览事业的不断发展，博物馆的展览工作已经不局限于仅由业务部门和展览部门完成。很多博物馆开始实行"策展人制度"，例如广东省博物馆就曾经做过这种尝试，馆里的每一位职工，无论是什么部门，只要有好的策展方案都可以申报展览。只要专家评审和观众投票通过，就可以办展。

这种制度不仅丰富了博物馆的展览内容，最主要的是大大激励了馆里职工的工作热情，每个人都有可能成为"策展人"。

（3）观众服务部门

博物馆一方面要研究和保护文物，一方面又要大门朝外开，将观众请进来，让他们看文物、了解文物。一内一外，一冷一热，一静一动，简直快要"分裂"了。

所以博物馆到底是科研型单位，还是服务型单位？这已经成为越来越多人讨论的话题，但是从目前的发展趋势来看，博物馆已经更趋于服务型，甚至娱乐型。

在过去的博物馆机构中，有三个最核心的部门，也就是传说中的"三大部"，分别是保管部、陈列部、群工部。保管部和陈列部到今天依然存在，但是群工部发生了很大变化。

"群工部"的全称是"群众工作部"，也就是服务观众的。曾经的博物馆更注重对文物的研究和保护，而今天的博物馆则是越来越注重观众的体验感。所以，曾经的"群工部"变成了今天的宣教部、开放部、文创部等。

①宣教部

宣教部这个名称可能只是在博物馆中出现。老博物馆的群工部不仅要负责展厅的讲解工作，还要负责展厅的卫生工作。相当于今天的"讲解员＋保洁人员"。

博物馆以教育为目的，因此教育功能与保管功能同样重要。实际上，这些历史文物存在的最大价值就是让当代的人看懂它们，了解历史，接受教育。在这点上，国外很多博物馆觉醒的比国内早得多。

有很多固有思想认为群工部只需要做好讲解工作就好，事实上群众工作很复杂。

当今的博物馆把"群工部"改为了"宣教部"。

宣教部这个名字其实也是简称，它的全名是"宣传教育部"。目前全国大部分博物馆在使用"宣教部"这个名字，不过也有一些博物馆将其改成了"社教部"，就是"社会教育部"，比如福建博物院、河北博物院等，实际上职能差不多。还有些博物馆叫"教育中心"，比如广东省博物馆、湖南博物院等。

宣教部负责什么工作？可以说非常多，也非常杂。

第一是宣传。

在网络不发达的时代，需要靠传统媒体来传播博物馆的消息。宣教部要联系媒体的记者，对博物馆的新闻进行报道。而在当今人人都可以做自媒体的时代，宣教部的宣传职能需要与信息部合作，利用网站、公众号和微博宣传报道。由于是官方发声，所以很多宣传措辞必须严谨，不能有损馆方形象。所以有一些博物馆干脆把这个"新闻发言人"的身份掌握在办公室，甚至由一位馆领导直接负责。

随着新媒体的不断发展，很多博物馆把宣传、推广工作独立出来，把"宣传"与"教育"分离开来，形成专门的媒体宣传部门，如江西省博物馆的"宣传推广部"、广东省博物馆的"融媒体中心"等，这些部门专门负责博物馆公众号以及各种传统媒体与新媒体平台的宣传推广工作，不负责社会教育部分。

∧ 文物讲解

如何看懂一座博物馆？

第二是讲解。

这是大家都特别熟悉的一个工作。

博物馆的讲解员队伍存在了很多年。在外人眼里，讲解工作很轻松，实际上，讲解员们一直面临着巨大的压力。

现在的信息技术越来越普及，很多馆运用自助语音导览技术，让观众自主扫码听讲解，这样既能保持展厅安静的氛围，又可以使观众反复收听。

如果观众需要人工讲解，展厅里还有很多志愿者提供服务，甚至会有业内专业人士到博物馆授课。

目前，讲解员内部在逐渐提出"专家型讲解员"的概念。但是还没有形成规模。

第三是教育活动。

宣教部需要举办各种类型的活动，有的是日常活动，有的是配合展览的特别活动。很多时候，讲解和活动是被捆绑在一起的，讲解员要一专多能，既能讲解，还能策划活动。

实际上，宣教部真正的职能就是开展各种教育活动，发挥博物馆教育职能是其存在的重要意义。

但是博物馆教育不同于学校教育，它依靠馆藏来做活动，以"物"为核心。所以目前很多博物馆都与学校合作共建，来研发一些博物馆专项课程。

当然，博物馆不只是关注学生群体的教育，它更侧重于终身教育。也就是说，我们每个人无论什么年龄阶段，都可以继续受教育。

所以博物馆的教育属于"社会教育"体系，这也是为什么很多馆把"宣教部"更名为"社教部"的原因。

社教部会开展各种类型的教育活动，也会研发各种教育产品。

博物馆的教育活动形式可以多种多样，比如讲座、沙龙、手工体验、研学旅行等。像故宫博物院、首都博物馆这类宣教工作做得很强的博物馆，会策划专门的"教育展览"，会出版针对于青少年的教育图书，丰富了博物馆的教育活动。

第四是"志愿者"与"博物馆之友"工作。

我们去逛博物馆的时候总能在展厅里看到很多"志愿者"。可以说，志愿者是博物馆工作的一大亮点。

在博物馆，志愿者是一种特殊的存在，他们不同于宣教部，但是又归宣教部管理；他们不同于普通观众，因为他们更具有主人翁意识。

其实志愿者做的工作就是宣教部的工作，从展厅讲解，到观众服务；从策划活动，到具体执行。一点都不比宣教部工作人员做得少，很多志愿者已经把博物馆当成自己家了。

实际上，志愿者之所以被称为志愿者，是因为他们不计报酬。

他们之所以会花费时间和精力来博物馆为观众服务，是因为有一腔热情。他们对博物馆充满浓厚的兴趣。

想要成为一名博物馆的志愿者，也要经过层层筛选和考核。博物馆每年都会定期招募志愿者，经过面试、培训、考核之后才能筛选出优秀的人为观众服务。

很多志愿者对于文物的研究程度已经超过了博物馆研究部的工作人员，他们的讲解水平和讲解热情甚至也超过了馆里的讲解员。

所以，如果你进到博物馆之后，想深入了解文物和展览，可以咨询志愿者的讲解服务时间。有的博物馆展厅门前也会写明服务时间，如果赶上合适的时间就可以免费听一场讲解。

博物馆不仅有志愿者，还有博物馆会员。

中国的博物馆会员叫"博物馆之友"，但是这个概念在中国做得却不是特别好。很多会员体系存在于商业领域，对于博物馆这种公立机构可能还不是特别习惯。

博物馆会员与博物馆志愿者最大的区别就是，志愿者是服务的，会员是享受服务的。

但是会员需要交纳会费。

当然会费的金额也不会太高，以年为单位计算，每个人每年几百元，有点像充值视频会员，价格差不多。高级的 VIP 会员每年大概几千元，相当于健身房的年卡。

普通会员的权益一般包括免预约，优先参加博物馆举办的各种教育活动，或是文创商店的商品可以打折、赠送馆刊等。VIP 会员的权益在普通会员的基础上增加了一些项目，如观摩库房文物。当然这是有次数限制的，一年之内不能超过几次，而且每次还有人数限制。

所以很多博物馆爱好者们会选择加入博物馆会员，但很可惜的是，我国目前的博物馆会员体系建立都不够完善，做得并不是很好。目前真正建立博物馆会员制度的博物馆不是很多，只有像湖南博物院、苏州博物馆这些运营不错的博物馆才有。希望这种博物馆会员制度可以普及到全国，让那些"博物馆迷"们能够与博物馆走得更近。

②开放部

观众进入博物馆之后，会有各种问题，例如展厅位置、厕所位置、餐厅位置，或是哪里打水等。这就离不开一个重要的岗位：前台。

当然，作为前台，还会提供各种的服务，比如租借轮椅、雨伞，散发宣传册等。所以前台的工作比较琐碎，工作人员需要有耐心，要有服务意识。

当代的博物馆越来越注重"以人为本"，都在努力做好服务工作，所以很多博物馆开始思考，在宣教部的基础上再分出来一个"公共服务部"，前台就是由公共服务部负责，很多博物馆称其为"开放部"，比如上海博物馆。

公共服务部实际上在很长一段时间里和宣教部是一个部门，只不过公共服务部偏重"服务"功能。

宣教部的职能非常广泛，他们既开展社会教育，也提供咨询服务。

公共服务部的成立就是为了使宣教部能够专心提高博物馆教育水平。所以公共服务部承担了宣教部很多琐碎的工作。比如前台咨询、票务、存包、展厅开关等，甚至有的博物馆把讲解也纳入公共服务部门。当然，关于这个部门的名称一直没有统一的规范，比如上海博物馆叫"开放部"，山西博物院叫"公共服务部"，安徽博物院叫"开放管理部"，湖南博物院叫"开放接待部"等。

重新规划部门职责才真正地把"教育"与"服务"分离开来，当然，国内目前能够分离二者的博物馆还是少数，大部分还是"宣教服务一体化"的概念。

公共服务部里有个比较特殊的职责，就是票务。

博物馆基本上是免费的，但实际上是"免费不免票"。

但是请注意，并不是所有博物馆都是免费的，有一些博物馆是收费的。这就需要有专人来负责，并且要与财务部门相配合。所以有的博物馆会单独成立一个部门叫"票务部"。

总之，博物馆的宣教部和开放部包含了宣传、讲解、教育和服务四大业务板块，可以说是博物馆中最辛苦的部门。新时代设置博物馆机构开始对职能重新划分，这是为了让观众能够更好地接受博物馆教育而努力。

③文创部

文创部是博物馆里最时髦的一个部门，最受观众欢迎，因为可以"买买买"。它从之前的"小卖部"，变成今天高大上的文创产业，可见博物馆事业确实是在发展的。

关于文创部的名称，每个馆的叫法很不一致。故宫叫"文创事业部"，南京博物院、江西省博物馆、福建博物院叫"文化创意部"，山西博物院叫"文创发展部"，安徽博物院叫"文化服务部"，广东省博物馆叫"文创产业部"，上海博物馆叫"文化创意中心"，湖南博物院叫"文创研究中心"，浙江省博物馆叫"经营管理部"，山东博物馆叫"产业发展部"，广东省博物馆叫"开发经营部"，重庆中国三峡博物馆叫"产业发展部"，陕西历史博物馆叫"文化产业部"等。

虽然部门名字都不一样，但实质都相同，就是卖东西的。

目前国内的博物馆都在大力发展文创，但是文创部的工作人员却不会设计和生产，他们做的一般是协调和联系的工作。真正承担设计和制作文创产品的是第三方公司，文创部就是一个甲方的管理者。他们不生产文创，只是文创产品的"搬运工"。

第三方公司根据博物馆的特点和藏品设计、生产出文创产品，在馆方场地进行销售。他们的合作模式都不一样，有的是分润，有的是代销，有的是 IP 授权。

文创事业的发展，让很多观众认为博物馆不仅是一个能看展览、学习的地方，还是消费、休闲的场所。所以有的博物馆还会经营餐厅、咖啡厅、茶吧等。

这些经营项目有的是直接引进第三方公司，馆方赚取场租费；有的是博物馆自己来经营。这些工作有的时候还属于文创部，要不有的馆叫其"经营部"呢。

但是很大的可能是直接交给物业或者第三方公司来执行，或者在博物馆内部自己成立一个公司。

（4）专业技术部门

任何行业的发展其实都需要一定的专业技术支持，如果你认为保管文物就只是看着东西别丢了，不能算技术的话，那么保护文物让文物别坏了，即使坏了也能修复好，这绝对是技术了。

不仅如此，把文物拍摄成高清的照片，甚至用 3D 扫描，让它成为数字化藏品从而应用到展览和教育服务之中，这绝对算得上是高科技技术了。

博物馆的专业技术部门，主要指文物保护修复、信息技术、图书资料三大部门。

①文保部

相信很多人都看过《我在故宫修文物》，这个纪录片讲述的就是文保部的工作状态。每个博物馆对于文保部的名称也不一致，故宫叫"文保科技部"，俗称"文物医院"；山西博物院叫"文物保护中心"；上海博物馆叫"文物修复研究室"等。

文保部的职能简单来说就是预防性保护和文物修复。

预防性保护的概念是当文物还没坏的时候，通过干预别让它坏了。比如文物在展厅中展览的时候，要注意展柜的恒温恒湿，需要用专业的仪器测量。还有的文物在放置和搬运过程中会遇到磕碰的危险，比如瓷器和工艺品，所以需要制作专门放置此件文物的囊匣，用以保护这些文物的安全。

许多著名的古画需要进行临摹复制工作。比如故宫就有专门的古画临摹工作室，也是怕古画这类有机质文物若干年后会毁坏，提前做好备份。

对于有些小毛病的文物，文保部要担负起"医生"的责任，要为它修复。

比如陶瓷破碎了需要拼接、书画破损了需要装裱、青铜器断裂了需要焊接等。这都是非常需要耐心的工作，很多修复师一辈子也修复不了几件文物。

所以，文物修复师要耐得住寂寞，还要具有"匠人精神"。

文物修复一般都是师傅带徒弟的形式，因为这真的是个技术活，一般人是做不了的。即使做得了，不在博物馆也没有这么多文物让你修，所以新人需要跟着老人学习。

②信息部

当今的时代是信息的时代，博物馆也在向信息化转变。信息部的名称也不统一，山西博物院叫"文物信息中心"，吉林省博物院叫"信息技术中心"。

信息部给人的感觉是一群"理工 IT 男"聚集的部门，实际上也大致如此。他们主要负责博物馆的一切信息科技技术，比如网站和新媒体。

博物馆对外发声的渠道：网站，肯定是最重要的。目前国内博物馆主页页面基本都流行块面似的分割设计方法，简洁大气。博物馆网站一般都有几方面内容，本馆概述、馆藏、展览、教育活动、文创产品、服务信息

125

等，使观众一目了然。

现在人们更习惯看公众号和微博，所以这也是信息部的重要工作。

此外，全馆的网络系统、计算机等问题也都是由信息部解决。

信息部还有一项重要工作就是文物摄影与数字采集。信息部需要将馆藏文物进行拍照，有的文物甚至需要数字扫描，然后按照不同的存储格式存放，再用数字化技术管理应用。当然，这部分工作需要文物保管部门的配合。

当代博物馆流行一种"数字博物馆"概念，就是将所有的文物信息、资料等编成数字化。"数字化概念"提出没有多久，又提出了"智慧博物馆"概念，将博物馆工作变得更加科技智能。对这方面的研究和思考，信息部当然也是主力军。

③图书资料部

我国高校都拥有属于自己的图书馆，博物馆里也有一个内部的"图书馆"。

当然，根据馆的规模不同，图书馆的名称也不同。像故宫这样的大馆，直接就叫"图书馆"；而其他地方的馆大多叫"图书资料中心"之类。

图书资料其实也是一种"信息"，只不过它是纸质版的"信息"，不是数字化的。所以有的博物馆为了减少部门，就将图书资料与信息技术合并成一个部门，统称"资料中心"。

图书资料部，顾名思义，就是管理图书资料的部门。博物馆每年都会购置行业相关的图书资料，并且会订阅相关的学术期刊、报纸，以供馆内职工学习和研究。

听上去这类工作似乎没有什么太大的技术含量，怎么也能成为专业技术部门呢？

我们要知道图书分类管理实际也是一个比较烦琐的工作，大学里专门有研究图书分类的学科。毕竟，古今中外的图书资料非常浩杂，需要研究和整理各种版本，其中古籍更是一个难啃的"硬项"。

目前古籍修复是比较流行的行业，很多博物馆的这项工作不是放在文物修复部门，而是划给了图书资料部门。古代的很多古籍善本保存得不是特别良好，这也需要修复师花很多的时间来修复，所以这确实是门重要的技术。

　　博物馆的常见部门就是这些，但有一些博物馆会根据自己馆的特殊情况，开设一些特殊的部门。比如陕西历史博物馆的唐墓壁画非常著名，它就单独成立了一个"壁画保护基地办公室"；广东省博物馆、四川博物院都有"流动博物馆"项目，所以也根据该项目成立了单独的部门。

　　还有一种情况，就是当一个大型的博物馆下属一些小的分馆的时候，也会把这些小馆的管理单独列成一个部门。比如吉林省博的"东北抗日联军纪念馆管理处"，实际上东北抗日联军纪念馆是个单独的馆。浙江省博物馆也是两个馆，老馆在西湖边，叫作孤山馆区；新馆在武林广场，叫作武林馆区。所以它就设有"武林馆区综合管理部"。

　　但是，不论在博物馆的哪个部门工作，都要遵守博物馆的职业道德，这在博物馆的新定义中，叫作"伦理及专业规范"。比如要将公众的利益放在首位，拒绝接受来源不明的藏品，不能收回扣，不能造假，不能私自为私人藏家鉴定文物，不能将馆藏品带回家，甚至不能有私人收藏等。

　　总之，博物馆和其他的文化事业单位还是有很大区别的，这些部门机构设置虽然看似大同小异，但实际上各不一致。每个馆都有自己的实际问题，不论怎样，最大效率地开展工作才是王道。

第三章　博物馆大本营

127

如何看懂一座博物馆？

第四章

博物馆藏宝记

博物馆的文物藏品

CHAPTER

Museum
Treasure
Collection

4

1. 什么是博物馆的文物藏品?

我们都知道，博物馆与其他单位最大的区别，就是它收藏了很多的藏品。

那么什么是藏品呢?

顾名思义，藏品就是收藏的物品。但是请注意，不是博物馆收藏的所有物品都是藏品，只有那些能够反映人类和人类环境的具有历史、艺术、科学价值的实物才被叫作博物馆的藏品。

很多人会简单地认为，博物馆里收藏的藏品都是文物。

这样的想法是片面的。

其实文物是博物馆藏品中最常见的一项，除了文物之外，还有自然标本、实物资料、非实物记录和非物质文化遗产等。这些可不能算"文物"了。

自然标本可能我们看的比较多，就是自然类博物馆中收藏的那些动物、植物标本。

严格意义来说，自然标本包括两种：一种是动物、植物的实物样本，它们是经过整理而保持原形的，比如东北虎标本、长颈鹿标本等，这类也属于有机成分的自然标本。另一种是古生物学范畴中的古生物遗体和化石，比如恐龙化石等，属于无机成分的自然标本。

那实物资料是什么呢? 就是不属于文物的实物。

因为我们国家的博物馆中有很多行业专题博物馆，比如中国煤炭博物馆、中国茶叶博物馆等，他们的收藏品不一定是文物，而是属于现代的产品或者作品。这些藏品在未来可能能成为"文物"，但现在不是。

所以我们只能把这些藏品称之为"实物资料"或者是"科技成果"。

有实物，就会有非实物。这些非实物是以记录的方式保存的，所以叫作非实物记录。比如反映和记录客观真实存在和发生的现象与过程的文字、图像、音响、数码记录等资料，记录这些资料的媒介不是文物，但是记录

∧ 自然标本

的内容是有文物价值的。

而根据最新的博物馆定义来看，博物馆的藏品还应包括非物质文化遗产，就是所谓的"非遗"。

"非遗"这个词我们并不陌生，但是"非遗"究竟都包括什么呢？

首先是口头传统，包括作为文化载体的语言；还有传统的表演艺术、民俗活动、礼仪、节庆；传统的手工艺技能；还有有关自然界和宇宙的民间传统知识和实践；最后是与上述表现形式相关的文化空间，也就是定期举行传统文化活动或集中展现传统文化表现形式的场所。

自然标本、实物资料、非实物记录和非物质文化遗产这些虽然都属于博物馆的藏品，但是对于观众来讲，还是更熟悉"文物"藏品，大部分观众进博物馆就是去看文物的。

那么，到底什么是"文物"？

其实我们现在所说的"文物"这个词，早在古代就出现了，只是和今天的所指"文物"含义不一样。

在《左传》中就有"文物"一词的出现，但是那里的"文"是指礼仪制度规定的各种纹饰图案，而"物"指的是礼仪活动中使用的器具。后来

131

∧ 民族民俗文物

两个字合成了一个词，指礼乐典章制度，或者是与典章制度相关的礼器和乐器。和我们今天所指的"文物"完全不是一个意思。

我们今天说的文物，是指人类在社会活动中遗留下的具有历史、艺术、科学价值的遗迹和遗物，是不可再生的文化资源，所以我们要保护文物。

有很多朋友经常把"文物"和"古物""古董"等词放在一起说，感觉意思差不多。

"古物"和"古董"是专指有价值的古代遗物，所以年代一定要久远。在英语中叫"antique"，在英国要五十年以上的东西才能叫"antique"，在美国要一百年以上。

而"文物"除了指年代久远的历史文物之外，还包括很多近现代的东西，比如革命文物、民族民俗文物。

革命文物是指 1840 年以来，中华民族为争取民族独立、实现伟大复兴而奋斗的过程中，特别是在中国共产党领导下的新民主主义革命和社会主义革命与建设这一光辉历程的重要实物见证。可以包括各类与革命运动、重大历史事件或者英烈人物有关的，具有重要纪念意义、教育意义或者史料价值的近代现代重要史迹、实物、代表性建筑等。

而民族民俗文物是指有关我们各民族，特别是少数民族的民间生产、生活、娱乐、风俗、习惯和信仰等方面的实物资料。

在《中华人民共和国文物保护法》中，对于文物的范畴有明确的规定：

　　具有历史、艺术、科学价值的古文化遗址、古墓葬、古建筑、石窟寺和石刻、壁画；与重大历史事件、革命运动或者著名人物有关的以及具有重要纪念意义、教育意义或者史料价值的近代现代重要史迹、实物、代表性建筑；历史上各时代珍贵的艺术品、工艺美术品；历史上各时代重要的文献资料以及具有历史、艺术、科学价值的手稿和图书资料等；反映历史上各时代、各民族社会制度、社会生产、社会生活的代表性实物。具有科学价值的古脊椎动物化石和古人类化石同文物一样受国家保护。

　　大家请注意上述的文物范畴，有一些是可以移动的，比如艺术品、手稿图书；有一些是不能移动的，比如古墓葬、古建筑等。所以这就是"可移动文物"与"不可移动文物"的区别。

　　不可移动文物也就是古代文化遗迹，包括古建筑、古遗址、古墓葬、石窟寺和石刻、壁画等。

　　关于古建筑，我们其实并不陌生，基本上在每个地区都有遗留下来的。但是由于城市的建设，目前遗留下来的古建筑更多的是一些宗教场所，比如寺庙、教堂等。当然，最著名的古建筑就是故宫，是全国最大的宫廷古建筑群。此外，像一些保存较为完整的古城、古镇、古村落等也不少，只是这些地方一般都在交通不是很发达的地区，比如山西的一些古建，非常有特色，只是不是很容易到达。

　　我们国家的古遗址基本上都被科学保护了，并且在此基础上建立了博

∧ 北京五塔寺

物馆，成为"遗址类博物馆"，比如著名的三星堆遗址、金沙遗址、二里头遗址、良渚遗址等。

　　而古墓葬听起来就更加神秘，让大家一下子就想到了《盗墓笔记》《鬼吹灯》等剧中的场景。实际上真实的墓葬没有电视里演的那么有料，虽然有很多精美的壁画和珍贵的陪葬品，但是一般都不大，而且真正开发出来的并不是很多。因为现在的考古发掘技术和科技保护手段还不能保证对古墓葬做到完全保护，一旦开始挖掘，墓里的东西也许就不能保存了。所以目前我们国家很多古墓还都是一个土包，不能进到地宫挖掘。

　　石窟寺实际上很有意思，虽然建造它起因是宗教信仰，但是其具备的艺术价值和文物价值也非常重要。比如著名的敦煌莫高窟，还有龙门石窟、云冈石窟、麦积山石窟等，都具有高度的艺术审美力。

　　石刻指的是刻着文字、图画的，具有历史、艺术和科学价值的碑碣等石制品或石壁，主要包括石碑、画像石、摩崖石刻、岩画、石雕等。虽然这类文物被叫作"不可移动文物"，但是有的时候也会被"移动"。比如一些石碑、石雕也会放入博物馆展出，像西安碑林、南阳市汉画像石博物馆等，展出的都是这类文物。

∧ 河南洛阳龙门石窟

壁画就是画在墙壁上的画，一般主要分为殿堂壁画、墓室壁画、寺观壁画、石窟壁画等。比如著名的敦煌莫高窟壁画、山西芮县永乐宫壁画、唐代章怀太子墓壁画、懿德太子墓壁画等。这些壁画有的还保存在原始的石窟寺之中，比如敦煌莫高窟的壁画。有的则用科学的手段将它们"揭取"下来，保存在博物馆中，比如陕西历史博物馆做的"唐墓壁画展览"。

但是，大部分放到博物馆里的文物展品都属于"可移动"的文物，也就是我们在展厅里看到的那些展品。

如果按照文物学来分类的话，这些可移动文物可以分为古器物、古书画和古文献三大类。这三大类其实还可以继续细分。

比如古器物可以包括青铜器、陶瓷器、玉石器，还有工艺杂项。铜、瓷、玉都是文物圈里的"大项"，其他的一些比如漆器、金银器、珐琅器、竹木牙角匏器等都算是"小项"，被统称为"工艺杂项"。当然，关于"工艺杂项"到底都包括什么，实际上一直也没有一个明确的说法，每个馆或研究学者都有不同的分类习惯。

古书画应该算是文物里的"大项"，也是最为重要的一项。很多文博专家都习惯叫它"硬项"，因为它最难"啃"。古书画的研究确实要比器物类难很多，要了解的知识面也很广。严格来说，古书画里的"书"和"画"也可以分开，就是古绘画和古法书。这两类还算好理解，但是书画

135

^ 陕西历史博物馆唐代墓葬壁画

里面还应该包含一项，就是被称为"黑老虎"的碑帖拓片。对这类文物感兴趣的人似乎并不多，在博物馆里也很少展出，虽然观赏性不强，但是很重要。

提起古文献很多朋友都会想到古籍。古籍善本其实只是其中之一，甲骨和简帛实际上也要包含其中。因为关于文献的记载，是同样重要的。只是这类收藏并不是大部分博物馆都会有的，所以展出不多，我们很少能看到关于古文献类的展览。

无论是什么文物，总得有一个时间界限吧，在什么时间之内的东西算是文物，也就是文物的时间"上限"和"下限"。

文物的时间"上限"很好界定，人类出现的时间就是文物的时间"上限"。

但是时间"下限"的标准就不统一了。20世纪60年代在征集文物的时候，只征集1795年之前的，也就是乾隆六十年之前。换句话说，乾隆六十年之后的东西都没有什么文物价值了，这就是为什么现在很多鉴定界的老先生们会看不上晚清民国东西的原因。后来这个时间线往下调了一些，

又制定了两条标准线，一个是 1911 年辛亥革命，另一个是 1949 年中华人民共和国成立。

所以，现在我们所说的文物的概念，是指 1949 年以前（含 1949 年）生产和制作的具有一定历史、艺术、科学价值的文物，这些文物原则上都是不可以出境的。尤其是在 1911 年以前（含 1911 年）生产和制作的文物，一律禁止出境。少数民族文物是以 1966 年为标准的，在 1966 年以前（含 1966 年）生产、制作的有代表性的少数民族文物是禁止出境的。

当然，根据文物的具体分类来说，每一类文物的出境标准还都不太一样。比如书画类文物，在 1911 年之前的一律禁止出境，1911 年之后的作品，专家列出了一个画家名单，名单上画家的作品禁止出境。

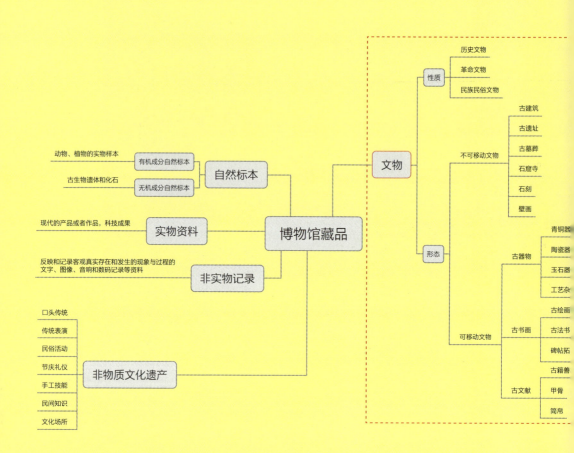

動物、植物的实物样本 — 有机成分自然标本 — 自然标本

古生物遗体和化石 — 无机成分自然标本

现代的产品或者作品，科技成果 — 实物资料 — 博物馆藏品

反映和记录客观真实存在和发生的现象与过程的文字、图像、音响和数码记录等资料 — 非实物记录

口头传统
传统表演
民俗活动
节庆礼仪 — 非物质文化遗产
手工技能
民间知识
文化场所

文物
性质
历史文物
革命文物
民族民俗文物

形态
不可移动文物
古建筑
古遗址
古墓葬
石窟寺
石刻
壁画

可移动文物
古器物
青铜器
陶瓷器
玉石器
工艺杂

古书画
古绘画
古法书
碑帖拓

古文献
古籍善
甲骨
简帛

6   博物馆藏品

2. 博物馆里的文物藏品是怎么来的?

博物馆有那么多文物藏品，那这些藏品到底是怎么进入博物馆的呢?

博物馆有四种渠道搜集藏品，分别是社会搜集、考古发掘、自然标本采集、民族学调查。

这其中最主要的是社会搜集，就是把散落在社会上的文物都搜集到博物馆。这其实并不是一件简单的事。

博物馆经常使用的方法有下面几种。

第一，最常用的一种方式就是征集。如果博物馆确实需要某类文物藏品，就可以面向社会发出公告进行征集。一般来说，这种征集都是有主题的，要选定征集对象，并且制订征集计划和方案。目标明确，集中火力，在一段时间内就干这一件事。

第二，就是收购，也就是花钱买。实际上，即使是公开征集，也需要用金钱购买。但是这种买卖是公平的，不能强买强卖，也不能恶意杀价。博物馆的领导者更不能利用职务之便，假公济私，购买亲朋好友的"文物"。对于一些重要藏品，博物馆可以到拍卖会上竞拍，并且对于收购的流程要做好详细的记录。

第三，博物馆可以接受藏家的捐赠或捐献。很多藏家特别伟大，会将自己收藏的文物捐赠给国家。这种高尚的行为，应该受到社会的尊敬。但是博物馆在接受捐赠的时候，也要认真地鉴定，对于不符合自己馆收藏标准的捐赠品，也要婉言谢绝。如果是符合标准的捐赠品，博物馆应该将捐赠的来源、流传的经过等做好详细的记录，并给予捐赠者适当的奖励。

第四，调拨和交换。调拨是上级主管部门按照各馆的性质和需要，有意识、有计划地将文物分配。或者是馆际之间，一方选择无条件地去支援另一方。在新博物馆成立的时候，馆内的藏品来源主要就是靠调拨。馆际之间还有一种方式叫作藏品交换，比如一个馆重复的藏品比较多，或者众

第四章　博物馆藏宝记

139

∧ 考古挖掘工作

多藏品与本馆的性质和任务不符合，而别的馆需要，那就互相交换一下，双方都不吃亏。调拨是单向的，交换是双向的，都是博物馆馆际之间的行为。

最后，就是接收移交，也被叫作拨交。有一些不是博物馆的单位会收缴一些文物，比如海关验扣查抄了一批东西，经专家鉴定是文物；废旧物资回收公司、冶炼厂、造纸厂突然发现了一批文物；文物商店因为改制，有一批不能售卖的文物等，这些单位不具备保管文物的职能和条件，于是需要把这些文物按照相关的手续，移交给博物馆。

考古挖掘是博物馆搜集藏品的重要途径之一。考古工作人员在地下或者水下发掘出文物，再拨交博物馆进行保管，也有在发掘原址直接建个博物馆以保存文物的情况。

考古挖掘可以分为两种情况：一种就是考古队主动地、有计划地进行挖掘，叫作主动性考古挖掘。另一种就是在一些建设工程或者农业生产中，发现了古代遗址或者古墓葬急需进行抢救清理，这叫作抢救性考古挖掘。

考古挖掘是一项科学性很强的工作，考古人员必须经过田野考古的专业训练，具有考古知识，并且要熟练地掌握科学的发掘方法和发掘的程序。

除了社会搜集和考古挖掘之外，还有自然标本采集和民族学调查。

自然标本采集主要是针对自然科技类博物馆或者一些综合博物馆。因为它们主要的藏品就是岩石、土壤、矿物、动物、植物等自然标本。采集人员在采集标本的时候要力求完整，不要损坏，并且要及时进行保护或者加工处理，以免让标本腐烂、变质、变形或者受到其他损坏。

民族学调查主要是为了搜集民族文物，尤其是除了汉族之外的各个少数民族文物。这种文物包括与各个民族有关的实物、遗址及文献资料。在调查工作中，要讲究工作方法，因为每一个民族都有自己的风俗习惯，要尊重不同民族的风俗习惯，并且要对民族文物进行真伪鉴别，详细收集文物的相关信息。

3. 博物馆里都有什么文物藏品?

博物馆里收藏着各种各样的文物，琳琅满目，想要把它们全部都搞懂真的是非常不容易。实际上，目前博物馆行业内也没有一个统一的标准能将这些文物分类。因为我国博物馆的种类实在是太多了，性质和特点也都不一样，导致收藏的藏品也不尽相同，很难用一个统一标准去界定。

很多人说看不懂博物馆，实际上是看不懂博物馆里面的文物，不知道该怎样去欣赏它们的美。其实想要了解文物也不难，只需要知道文物都有什么，是用什么材质做的，干什么用的，就可以了。

我选择了一些博物馆中经常展出的文物类型为大家介绍。请注意，这里我只介绍可移动的传世文物，即我们可以在展厅内欣赏的。对于不可移动文物、革命文物、考古发掘文物、少数民族和外国文物，以及自然标本等暂不论述。

我将博物馆中常见的文物类别归纳为：书画、玉器、石器、陶器、瓷器、青铜器、漆器、金银器、珐琅器、玻璃器、竹木牙角匏器、文房、玺印、钱币、家具、织绣、雕塑造像、石刻砖瓦、碑帖拓本、甲骨简牍、古籍善本共 21 类。

（1）书画

书画是法书和绘画两个文物专项的合称，是文物中的一个重要大项。因为中国自古有"书画同源"的说法，书和画是分不开的。

法书和书法是两个概念，书法实际上是指用毛笔书写的作品，而法书是指有一定书法艺术成就的作品，是对古代名家墨迹的尊称，与名画是对应的。

中国的书法艺术开始于汉字的产生阶段，从甲骨文、金文演变为大篆、小篆、隶书，至东汉、魏、晋的楷书、行书、草书诸体，书法一直散发着独特的艺术魅力。

141

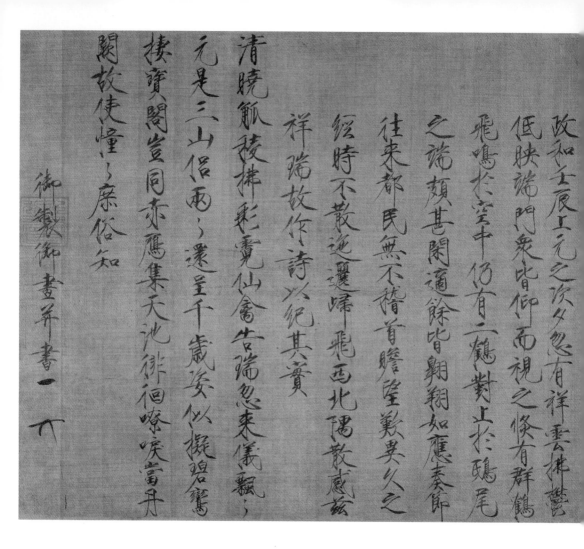

中国的绘画在古代称为"丹青"，在世界美术领域中自成体系，既有悠久的历史，还有优良的传统。它是用毛笔蘸水、墨、矿物质颜料作画于绢或纸上。根据绘画题材可以分为人物画、花鸟画、山水画；根据绘画技法可以分为工笔画、写意画、没骨画；根据画家身份可以分为宫廷画、文人画、民间画等。

法书和绘画都是以手卷、立轴、册页等形式装裱，在形制上与其他类型文物都不同。而且因为它们的质地都是纸绢类，对保存环境有更高的要求。

书画类文物按时代可以分为魏晋、隋唐、五代、两宋、元代、明代、清代、近代等几个重要时期，每个时期的艺术风格都不同，都出现了很多重要的书画家和书画作品。想要了解书画类文物需要先记住这些书画家和书画作品的名字，了解时代风格与个人风格。

从博物馆文物藏品的角度，历代的法书文物不仅包括书法，还有尺牍、写经、历史文献等。绘画也不只是中国绘画，还包括油画、版画、舆图、年画、连环画、漫画、民间美术、平面作品等。

（2）玉器

玉器在中国拥有崇高的地位，自古便有"君子比德为玉"的文化传统。早在旧石器时代，原始先民就已经发现并开始使用玉石，历朝历代的能工巧匠将玉料制成精美绝伦的玉器之后，玉器便承载着深厚的历史文化与艺术内涵，有"黄金有价玉无价"的赞誉，极具观赏和收藏价值。

古代的玉器一般有玉礼器、玉兵器、丧葬玉、玉佩饰、玉摆件、玉器皿等多种类型。

根据玉的硬度、成分、结构等，可以将其分为硬玉和软玉两大类。硬玉专指翡翠，软玉一般指新疆的和田玉。根据和田玉的不同颜色，还可以

中国画基本画科			
人物画	道释画		以道教、佛教为内容的绘画，比如佛祖、菩萨、罗汉、力士等
	仕女画		也称"美女画"，一般以描绘贵族上层女性生活为题材
	高士画		博学多才、品德高尚、超脱世俗的文人高士，多指隐居山野田园者
	肖像画		也称"写真、写照"，描绘人物形象，可分为头像、半身像、全身像、群像等
	风俗画		一定地区、民族或社会阶层人们的日常生活，细分为市井、舟车、耕织、货郎、牧童、婴戏等
	历史故事画		以历史事件为主要题材的绘画，以故事情节的形式描绘
花鸟画	花卉画		描绘各类花卉植物，包括"四君子画""折枝"等类型
	翎毛画		描绘各种禽鸟，与花卉画经常合作出现，包括"捉勒"等类型
	走兽画		描绘除了禽鸟之外的走兽动物，比如马、牛、羊、骆驼等
	蔬果画		描绘瓜果梨桃等各种蔬菜、水果
	水族画		描绘水中各类鱼虾、螃蟹、青蛙等
	草虫画		描绘蝴蝶、蜻蜓、螳螂、蛐蛐儿等各类昆虫
	竹石画		文人喜爱的绘画题材，主要描绘竹子、石头这类植物和静物
	杂画		包括描绘古代器物的"博古画"等其他物品绘画
山水画	技法	青绿山水	以中国传统矿物质颜料石青、石绿作为主色描绘的山水画。有大青绿、小青绿之分
		金碧山水	在青绿山水的基础上加上一层"泥金"，用于勾染山廓、石纹、坡脚、沙嘴、彩霞，以及宫室、楼阁等
		浅绛山水	在水墨勾勒皴染的基础上，敷设以赭石为主色的淡彩山水画，素雅清淡、透澈明快
		墨笔山水	用水墨来绘制的山水画，没有其他色彩，可以分为"泼墨"和"破墨"
	内容	实景山水	以写实手法描绘真实景致的山水，其具体内容可以归纳为名山大川、名胜古迹、名人园林等
		仿古山水	临仿古人的山水图式
		抒情山水	画家取诗词以表达诗情或借山川以抒写情怀
		理想山水	营造道释神仙的仙境或虚构向往的理想境界
	界画		以宫室、楼台、屋宇等建筑物为题材，创作时使用界笔直尺画线，也称"宫室画""台阁画"或"屋木画"

144

将其分为羊脂玉、白玉、青玉、黄玉、墨玉、碧玉、糖玉等。除了新疆和田玉比较出名之外，还有河南南阳的独山玉、辽宁的岫岩玉以及陕西的蓝田玉，并称"中国四大名玉"。

玉本身就是一种石头，古人称"石之美者为玉"，所以很多宝石也可以被归到这一大项之中。所以博物馆中馆藏的玉石器不仅包括历代的玉和翡翠，还应包括一些宝石，比如钻石、红宝石、蓝宝石、祖母绿、金绿猫眼、玛瑙、水晶、碧玺、青金石、石榴石、橄榄石、松石、琥珀、蜜蜡、珊瑚、珍珠等制品及原材。

类型	具体器物
玉礼器	玉琮、玉璜、玉圭、玉璋、玉璧、玉琥
玉兵器	玉刀、玉斧、玉戚、玉戈、玉剑饰
丧葬玉	玉衣、玉塞、玉握、玉枕
玉佩饰	玉环、玉冲牙、玉玦、玉鱼、玉刚卯、玉带钩、玉带板、玉牌饰、玉发具、玉韘（shè）
玉摆件	玉雕动物、玉人、玉山子、玉屏风、玉如意
玉器皿	玉容器（玉杯、玉瓶、玉壶、玉炉）、玉文具（玉笔筒、玉镇纸、玉笔架、玉砚、玉笔洗）

∧ 新石器时代红山文化玉猪龙

（3）石器

石器是指以岩石为原料制作的工具，它是人类最初的生产工具，盛行于人类历史的初期阶段。原始人类最初采用打制的方法制作石器，称为旧石器；后来改为磨制的方法制作工具，称为新石器，这也是区分旧石器时代和新石器时代的标准之一。

打制石器就是采用敲、砸、锤等方法，将石块打击加工成一定形状的石器；磨制石器则是先将石材打成或琢成适当形状，然后在砺石上研磨加工而成。

打制石器的类型包括刮削器、尖状器、石锥、雕刻器、石镞、砍砸器、石球等；磨制石器则有很多类型，包括石磨盘和石磨棒、石镰、石犁、石杵和石臼、石铲、石刀、石斧、石锛、石镞、石矛、石凿、石锚、石钺、石圭、石网坠、石纺轮、环砥石等。

（4）陶器

陶器就是用黏土或陶土经过捏制成型后烧制而成的器具。它的历史非常悠久，在新石器时代就已经初见简单粗糙的陶器，后来慢慢发展成瓷器，所以很多时候会将它们连起来称为"陶瓷"。

∧ 陶器类文物

∧　北宋汝窑天蓝釉刻花鹅颈瓶

陶器有细陶和粗陶的区分，也有无色与有色、无釉与有釉之分。按品种可分为红陶、彩陶、黑陶、灰陶、白陶、印纹硬陶、釉陶等，各类陶器都有着浓厚的生活气息和独特的艺术风格。

博物馆馆藏的陶器文物不仅包括历代的陶制器和泥制器，还包括三彩器、紫砂器、珐花器，以及生坯、泥金饼、泥丸、陶范等生产工具、生活用具及其他制品。

（5）瓷器

瓷器是中华民族对世界文明的伟大贡献，在英文中瓷器（china）与中国（China）为一个词。中国瓷器是从陶器演变而成的，在3000多年前就出现了"原始瓷"。

瓷器是由瓷石、高岭土、石英石为坯，在高温中烧制而成，然后在外表上施一层玻璃质的釉，与胎结合紧密，不吸水，污物难以渗透，便于清洗。附釉使得瓷器表面光滑，晶莹剔透，还可以进行刻、划、剔、贴、镂、雕、颜色釉、彩绘等多种技法的美化。

想了解瓷器，就从窑址、釉彩、器型三个角度入手。

窑址是指烧制地点，比如有越窑、瓯窑、婺州窑、德清窑、岳州窑、寿州窑、长沙窑、洪州窑、哥窑、官窑、建窑、龙泉窑、吉州窑、德化窑、景德镇窑等南方名窑，还有邢窑、曲阳窑、定窑、汝窑、钧窑、耀州窑、磁州窑等北方名窑。

釉彩指瓷器上的颜色和纹饰，依此可分为颜色釉和彩绘瓷。颜色釉主要有青釉、黑釉、白釉、红釉、蓝釉、黄釉、绿釉、窑变釉等；彩绘瓷主要有青花、釉里红、青花釉里红、素三彩、五彩、粉彩、斗彩等。

工艺			釉彩	技法特色
颜色釉	在釉料中加入不同的金属氧化物，在不同的烧成温度和火焰气氛中呈现出不同的色泽。可分为高温釉、中温釉、低温釉。		青釉	豆青、东青、粉青、梅子青、秘色瓷、汝釉、仿汝釉、官釉、仿官釉、哥釉、仿哥釉等
			黑釉	兔毫纹、油滴釉、玳瑁釉等
			白釉	卵白、象牙白、甜白、定白釉、仿定釉等
			红釉	胭脂红、珊瑚红、霁红、郎窑红、豇豆红等
			蓝釉	霁蓝、洒蓝、天蓝等
			黄釉	娇黄、淡黄等
			绿釉	孔雀绿、瓜皮绿、松石绿等
			窑变釉	钧釉、仿钧釉、钧红等
彩绘瓷	釉下彩	在成型的胎体上用色料绘画，上釉后入窑高温烧成的瓷器品种。特点是彩在釉下，永不褪脱。用手扪之，光滑平整。	青花	又名"白釉蓝花"，以含氧化钴的青料在坯胎上绘画，罩以透明釉，经1300℃高温烧成
			釉里红	在瓷胎上用铜红料绘彩，施釉后在高温还原气氛下一次烧成
			青花釉里红	又名"青花加紫"，在一件瓷器上同时用青花和釉里红两种釉下彩在生坯上绘制纹样，罩透明釉后入窑，在高温中一次烧成
	釉上彩	在已烧成瓷器的釉面上用彩料绘画进行装饰的画种，因彩在釉上，用手扪之，有凹凸感。釉上彩品种需要二次烧成。先在窑内烧成瓷器，再经彩绘后入彩炉烧烤，温度在750~900℃左右。	五彩	以红、黄、绿、蓝、紫等各种带玻璃质的彩料，按图案纹饰需要施于釉上，再在彩炉中二次焙烧而成
			素三彩	在高温烧成的素瓷胎上，用黄、绿、紫三色填绘在刻划的线纹上，入彩炉烧制而成。彩中没有红彩，庄重典雅
			珐琅彩	是一种极名贵的宫廷御用瓷。一般先在景德镇用高温烧成白瓷，然后送至北京清宫内务府造办处以珐琅料施彩，在彩炉中以低温烧成
			粉彩	也称"软彩"，在施彩之前先用"玻璃白"打底，施彩后用笔将颜色洗开，使之呈现浓淡明暗之感，经低温烧成
			黑彩	用五彩中的黑色彩料单独彩绘纹样，康熙黑彩，彩料厚重，漆黑光亮
			墨彩	在康熙黑彩基础上，所画图案有浓淡和阴阳层次，像水墨画
			广彩	全称"广州织金彩"，由五彩和粉彩发展而来的广州地方传统手工艺品。在瓷胎上彩绘，入炉烘烧后，重金描画一道，再入炉二次烧成。仿照织锦图案，以金色作锦地，称"织金"
	斗彩			也称"逗彩"，是釉下青花与釉上彩相结合的彩绘瓷工艺。先用青花在白色瓷胎上勾勒所绘图案的轮廓线，罩釉高温烧制后，再在青花轮廓内填充各种彩色，再入彩炉低温烧成

器型就是瓷器的造型样式，主要分为罐、碗、瓶、壶、杯、盘、洗、盒等几大类，每大类还可以分为若干小类。

器型	具体器物
罐	将军罐、蟋蟀罐、鼓形罐、壮罐、天字罐、日月罐、盖罐、鸟食罐、塔式罐、镂空罐、轴头罐、冬瓜罐、出戟盖罐、莲子罐、粥罐
碗	花口碗、注碗、墩式碗、折腰碗、鸡心碗、斗笠碗、盖碗、高足碗、诸葛碗、卧足碗
瓶	葫芦瓶、蒜头瓶、玉壶春瓶、双联瓶、琮式瓶、梅瓶、壁瓶、天球瓶、弦纹瓶、四方倭角瓶、宝月瓶、胆式瓶、橄榄瓶、象腿瓶、凤尾瓶、棒槌瓶、萝卜瓶、灯笼瓶、转心瓶、赏瓶、藏草瓶
壶	鸡首壶、鸡冠壶、多穆壶、盘口壶、僧帽壶、提梁壶、盉壶、扁壶、梨壶、执壶、贲巴壶、葫芦形壶、穿带壶、花浇
杯	斗笠杯、鸡心杯、闻香杯、马蹄杯、铃铛杯、鸡缸杯、葵口杯、压手杯、撇口杯、直筒杯、高足杯、缸杯、普洱杯、炉式杯、墩式杯、六方杯、冰桶杯、方斗杯
盘	敞口盘、撇口盘、敛口盘、洗口盘、卷沿盘、折沿盘
洗	折沿洗、莲瓣洗、葵瓣洗、鼓钉洗、镗锣洗、双鱼洗、叶式洗、桃形洗
盒	食品盒、香盒、粉盒、药盒、镜盒、油盒、黛盒、文具盒、棋盒

（6）青铜器

铜是人类用于生产的第一种金属，最初人们使用的只是存在于自然界中的天然单质铜，孔雀石是其中比较常见的一种，从中提炼出来的纯铜为红色，故名红铜。红铜虽然有很好的延展性，但是硬度不高，容易弯曲，不适于制造生产工具和兵器。后来人们发现红铜中加入少量的锡、铅后制成的合金，抗腐蚀性能好，有金属光泽，适于烧铸器具，因为这类合金的颜色是青灰色的，所以叫青铜。

铸造青铜器的方法一般有陶范法和失蜡法，如果在青铜器上镶嵌金银，就是"错金银"。

∧　青铜器类文物

根据青铜器的用途，一般可以分为食器、酒器、水器、乐器、兵器、工具、车马器、杂器等几大类。

用途		代表器物
食器	炊具	鼎、鬲（lì）、甗（yǎn）
	盛具	簋（guǐ）、簠（fǔ）、盨（xǔ）、敦（duì）、豆、铺、盂、盆、俎（zǔ）
酒器	盛酒具	尊、彝（yí）、壶、卣（yǒu）、罍（léi）、瓿（bù）、觥（gōng）、盉（hé）、尊缶、禁
	饮酒具	爵、角、觚（gū）、觯（zhì）、斝（jiǎ）、杯
水器		鉴、匜（yí）、盘、瓶、盂、汲壶、浴缶
乐器		钟、钲、铙、鼓、镈、铃、铎、錞于、钩鑃（diào）
兵器	长兵器	戈、矛、戟（jǐ）、铍（pí）、钺（yuè）、鏚（qī）、殳（shū）
	短兵器	剑、刀、匕首
	远射武器	矢镞（zú）、弩（nǔ）机
	防具	甲、胄（zhòu）
工具	农具	耒（lěi）、耜（sì）、铲、镬（huò）、锛（bēn）、锸（chā）、锄、镰
	生产工具	斧、斤、凿、锯
车马器		轊（wèi）、辖、毂（gǔ）饰、轴饰、辕首、衡饰、銮铃、踵（zhǒng）饰、舆饰、镳（biāo）、衔、轭（è）饰、当卢、节约、铜泡、马冠
杂器	生活用具	铜镜、带钩、灯具、燎炉、熏炉、炭箕、熨斗、鐎（jiāo）斗
	度量衡	尺、量、衡、权、升
	凭证信物	符、玺印
	货币	布币、刀币、贝币、圜钱

这里需要指出的是，由于杂器中很多小项都可以单独成品类，比如玺印、钱币等，都不包含在馆藏的青铜器文物概念之中。

这些青铜器最初呈现金属色，但是因为时代久远，表面上出现了青绿色的铜锈，所以变成了我们今天看到的样子。

（7）漆器

漆是人们生活中经常接触到的一种涂料，它的主要材料是从漆树上获得的。漆树是一种落叶乔木，高达 20 多米，树皮呈灰白色，表皮粗糙，

153

∧ 漆器类文物

工艺	特点
一色漆器	器物表面上只髹一种颜色的漆器，通体光素一色，不加任何纹饰和花纹，有称为"光素漆"。有黑髹、朱髹、黄髹、绿髹、紫髹、褐髹、金髹等。
罩漆	就是用透明的漆，漆在各种不同漆地的器物上。有罩朱髹、罩黄髹、罩金髹、洒金等。
描漆	又称"彩漆""描彩漆"，在光素的漆地上，用红、黑、蓝、黄、褐等各种色漆描画花纹。
描金	又称"泥金画漆"，在黑漆或朱漆的表面，用金色描绘花纹。
堆漆	是用漆或漆灰在器物表面堆起花纹。
填漆	又称"填彩漆"，在漆器的表面阴刻出花纹后，用不同颜色的漆填入花纹，待其干后将表面磨光。
雕填	先在填漆的方法做好的花纹轮廓外用刻刀勾划出阴线的纹理，并在线内填以金粉。
螺钿	又称"螺甸""螺填""钿嵌"，将贝壳或螺蛳壳制成小片，镶嵌在漆器或木器表面。
犀皮	又称"虎皮漆""波萝漆"，先用石黄加入生漆调制成黏稠的漆，涂抹到器胎上，做成高低不平的表面，再用手指将漆推出一个个凸起的小尖。阴干后涂上不同颜色的漆，磨平后形成类似松鳞状一圈圈花纹。
剔红	又称"雕红漆"，在器胎上先髹多层厚厚的红漆，直至一个相当的厚度，画稿雕刻。
剔犀	也是雕漆的一种，在器胎上先用一种颜色髹漆若干层，达到一定厚度再换另一种颜色。雕刻时刀口的断面会显露出不同颜色的漆层，与犀牛角横断面层层环绕的纹理相似，故名剔犀。
款彩	又称"刻灰"，在漆地上刻凹下去的花纹图案轮廓，然后把色漆或色油以及金或银等填入花纹轮廓之内。
戗金	又称"沉金""枪金"，就是在漆器上刻画出金色线条或细点。
百宝嵌	又称"周制"，是用宝石、象牙、珊瑚等各种经过加工的珍贵材料镶嵌在漆器表面组成各种花纹图案。

呈不规则纵裂，每年秋冬季节或干旱季节树叶就会全部掉落。割开树干韧皮后，会流出一种乳白色或者乳灰色的汁液，这就是生产漆的原料，一般称为生漆或天然漆，俗称大漆。

所谓的漆器，就是用天然漆或者经过精制加工的天然漆所涂饰的器物，有耐潮、耐高温、耐腐蚀等特殊功能，又可以配制出不同的颜色，光彩照人。

漆的胎骨可以有很多种，比较常见的木胎，还有夹纻胎、布胎、竹胎、金属胎、陶胎、皮胎等。漆器的工艺品类有很多，主要有一色漆器、罩漆、描漆、描金、堆漆、填漆、雕填、螺钿、犀皮、剔红、剔犀、款彩、戗金、百宝嵌等。

（8）金银器

金银器，顾名思义，就是用金银加工而成的各种器物，听上去就特别贵重。其实金银就是一种贵重的金属，它的硬度适中，所以具有一定的延展性，容易被捶打成各种样子。最重要的是它的色泽特别亮丽，而且还不容易氧化变色，所以我们看到的金银器都非常漂亮。

金银器按照其使用功能可以分为宗教类金银器、实用类金银器、装饰类金银器、货币类金银器、玺印类金银器。

需要注意的是，货币类金银器和玺印类金银器一般都单独成藏品体系，不纳入金银器藏品概念之中。

类别		具体内容
宗教类金银器		各种金银舍利装具、法器、供养器等
实用类金银器		盛食器、贮饮器、盥洗器、药具等
装饰类金银器	人体装饰物	头冠饰、耳饰、项饰、手饰、腰饰、衣饰等
	器具装饰物	车马饰、门饰、棺饰、扣饰等
	空间装饰物	雕塑、各种陈设器等
货币类金银器		贝、布、饼、铢、刀、铤、锭、条、叶子、元宝等
玺印类金银器		印章、令符等

155

∧　珐琅器类文物

（9）珐琅器

珐琅也叫"佛郎""法蓝"，是隋唐时期的一个西域地名音译过来的。它其实是一种釉料，原料是石英、长石、瓷土等，属低温色釉，烧结温度一般在 1000℃以下。珐琅器就是以珐琅为材料装饰而制成的器物，与中国历史悠久的玉器、漆器、青铜、陶瓷等相比，历史要短暂得多，见于文字著录的则更少。

珐琅器可以按胎骨材质及加工方法分类。主要有金属胎珐琅器、瓷胎画珐琅、料胎珐琅，金属胎珐琅器，根据胎骨加工方法又可被分为掐丝珐琅器、錾胎珐琅器、画珐琅器、透明珐琅器、锤胎珐琅器等几个品种。其中掐丝珐琅器在明代景泰时期最著名，所以人们俗称"景泰蓝"。

画珐琅器还有非金属胎的，如陶瓷等，这类工艺制品就叫"珐琅彩"。瓷胎画珐琅的制作工艺极为精湛，其珐琅釉料颜色丰富多彩，色彩控制准确，画面富有立体感，富丽堂皇，以康熙雍正时期最为精湛。

（10）玻璃器

玻璃在我国古代有很多名称，比如璆琳、琅玕、陆离、琉璃、药玉、罐子玉、料器等，其中最常用的是"料器"。

考古发现中国最早的玻璃器出现在西周时期，只是那个时候的玻璃器色彩晦暗，器形简单，质地疏松，制作粗糙。魏晋南北朝之后，西方的玻璃制作技术传入中国，推动了中国玻璃制作技术的革新，使玻璃品种更丰富。明代万历时期，山东博山地区的料器制作已经十分兴盛，并流传到北京。所以明清时期的料器，以北京和山东博山两地最为著名。

∧ 玻璃器类文物

第四章 博物馆藏宝记

珐琅工艺	具体内容
掐丝珐琅	俗称的"景泰蓝",是以细而薄的铜丝片掐成各种图案粘于铜胎上,在其内外充填各色釉料,入窑烧制至珐琅釉以适当厚度覆盖器表,经打磨、镀金而成
錾胎珐琅	古称"佛朗嵌",是在较厚重的金属胎体上经减地雕刻使纹饰轮廓线凸起,在减地下陷处根据需要填充各色珐琅釉料,经焙烧、打磨、镀金而成,其图案线条粗犷,具有庄重醇厚的艺术效果
画珐琅	是用单色珐琅釉直接涂在金属胎上作地子,再依设计用不同色彩的珐琅釉描绘人物、风景、花卉等图案,经高温烘烧,出窑后磨光镀金而成。因此工艺是清康熙时由西方从广州传入,后至宫廷烧造,故在广州也称为"洋瓷"
透明珐琅	又称"广珐琅",俗称"烧蓝",是指在金属胎上用锤揲、浮雕、阴刻纹饰的方式,有的还饰以金、银片,然后涂以透明珐琅釉烘烧而成,以蓝、绿、紫色为多,这种工艺是利用珐琅釉透明半透明的特性,使器物装饰图案产生不同的艺术效果
锤胎珐琅	是将较薄的金属板置于花模上捶打,使其表面呈现出凸起的花纹,然后施绘多彩的珐琅釉,再经焙烧、镀金、磨光等加工程序方告完成

157

清代初期，欧洲制造的晶莹玻璃制品传入中国，康熙皇帝开始重视宫廷御用玻璃器的制作，该时期不仅制作的玻璃器数量多、色彩绚烂，而且工艺复杂，成为中国古代玻璃工艺的鼎盛期。

清代制作的玻璃器种类可以包括鼻烟壶、碗盘、瓶尊罐、文房陈设、法器供品等，颜色也有白、黄、红、蓝、绿、套色、复色等。

（11）竹木牙角匏器

竹木牙角匏，这是杂项中的五种文物类型，都是以雕刻工艺为主。因为它们都属于小项，所以一般都合起来一起说。

竹雕也称竹刻，是指截取相应竹材的竹节或竹根部分，雕刻成不同样式的竹质工艺品。

作为一种正式的作品，竹雕在西周时期已经形成，汉代出现了真正意义上的竹雕工艺品，唐代也有雕刻精美的实用竹雕工艺品，宋元时期竹雕工艺发展很快，品种繁多。从明代中期开始，竹雕成为专门的艺术，技艺精湛。明清两代是竹雕艺术的高峰期，不但竹雕工艺品众多，而且出现了雅致自然的文人竹雕作品。

竹雕的制作技法主要有留青、贴簧、阴线、阳刻、圆雕、透雕、深浅浮雕或高浮雕等，有的竹雕作品风格简练古朴，有的精工细作，纹饰繁密。竹雕的器型主要有笔筒、臂搁、笔洗、镇尺、砚台、方盒、香筒、扇骨、花插、冠架、仿古器皿等。

木雕就是指选取合适的木材进行雕刻而成的工艺品。

中国木雕历史悠久，自新石器时代，便出现了雕琢成器的木制品。一直到明清时期，木雕艺术大放光彩，名家辈出。

木雕的分类方式有许多种，根据产地的不同，可以分为乐清木雕、东阳木雕、福州木雕、曲阜木雕、潮州木雕等。根据木材的不同，可以分为黄杨木雕、紫檀木雕、龙眼木雕等。根据用途的区别，可以分为文玩清供木雕、古家具装饰木雕、古建筑木雕饰件等。

在木材上，木雕一般选用质地细密坚韧、不易变形的树种，如楠木、紫檀、樟木、柏木、银杏、沉香、红木、龙眼木等。在雕刻技法上，主要采用圆雕、浮雕、镂雕，或几种技法并用，有时还会镶嵌染色。

牙雕一般指用象牙雕刻的艺术品。它的历史非常悠久，在大汶口时期就已经出现了以象牙制成的梳子，商代出现了兽面纹嵌松石象牙杯，唐宋时期已经出现较为精美的象牙制品，明清时期牙雕达到了艺术鼎盛。

因为象牙材质的特性，牙雕作品细腻温婉有光泽。技法可以分为阴刻、浮雕、圆雕、透雕镶嵌、劈丝编织等。器物造型也以笔筒、臂搁、镇尺、笔架、屏风等居多。在艺术风格上，不同地域的牙雕作品特点各异，比较著名的有广州牙雕、苏州牙雕和北京牙雕，著名的象牙鬼工球、象牙席都是广州地区制作的。

角雕是以犀牛角雕刻而成的工艺品。由于犀角具有药性且原料稀少，所以以其制成的作品格外珍贵。犀角雕色泽褐中透红，有天然可爱的纹理，其色泽随着时间的推移而更为深沉光亮。自明代开始，有工匠对犀角雕采取染色处理，以使其色泽具有古朴之味。

犀角雕的器型以酒杯为主，一方面是由于犀角的形状类似酒杯，另一方面也由于犀角具有一定的药效，所以古人希望可以在用犀角杯饮酒的同时，也吸取犀角的药力，可以疗病养身。除了酒杯之外，犀角还会被制成盅、碗、钵、洗、盒、鼎、炉、笔架以及各种陈设摆件。

虽然象牙雕、犀角雕的制品都非常漂亮，但是当今社会为了保护大象、犀牛等动物不被残忍杀害，已经不再有这类牙骨角器的工艺品出现，私自交易象牙和犀角属于非法行为，应当禁止。

匏器也叫葫芦器，是对天然葫芦进行范制或者雕刻而成的工艺品。

匏器工艺品以奇妙的造型与繁复流畅的纹饰最为人称道。其器型包括瓶、壶、盒、盖罐、笔筒、笔杆、鼻烟壶、蝈蝈儿笼以及双龙、卧佛等多种摆件。其制作工艺集自然、异形、押花、范制、嫁接、挽结等各类手法。许多宫廷制匏器还使用精雕细琢的紫檀、玳瑁或象牙等材质包镶其口、盖，非常精致。

除了竹木牙角匏之外，核雕也可以算在其中。

第四章 博物馆藏宝记

159

∧ 砚台

核雕就是用果核或核桃雕刻成工艺品的微雕艺术，体现了制作者高超细致的雕刻工艺。

核雕的题材主要有神仙人物、山水园林、民间民俗故事等，在较小的果核上表现出复杂的画面，雕刻手法细致入微，玲珑多巧。民间多用桃核雕刻穿孔系挂在身上辟邪，也有的制成佩件、扇坠、串珠等作文人清玩。

（12）文房

博物馆的文房类藏品主要是指笔墨纸砚"文房四宝"，它们是传承中国古代灿烂文明的工具，也是中国千年文化的载体，而今已成为中国传统文化的代表符号之一。

毛笔是书写中国古代文字和绘画创作的基本工具，就出土文物提供的证据来看，最迟在仰韶文化时期就有类似毛笔的工具出现了。毛笔的分类有很多种，按照笔毫的软硬可以分为硬毫笔、软毫笔、兼毫笔三类；按照笔锋的长短可以分为超长锋笔、长锋笔、中锋笔、短锋笔；按照笔头大小可以分为特大号、大号、中号、小号几类。

墨也是创作中国书画的主要工具，中国人使用墨的历史可以追溯到原始社会，此时期已使用"天然墨"。后来到了周代开始使用人工墨。现代人对古墨进行分类时，通常会按照用材、形制、图绘、用途四种方法划分。按照用材来分，可以分为松烟墨、油烟墨、油松墨、彩墨、青墨、茶墨、再和墨、药墨、蜡墨等；按照形制可以分为圆形墨、正方形墨、长方形墨、多边形墨和杂佩墨等；图绘就是墨身上的装饰图案，可以分为国宝、国华、博古、博物、大莫、太玄；按照用途可以分为贡墨、御墨、文人自

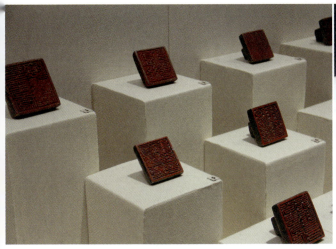

制墨、礼品墨、集锦墨等。

关于纸的出现，根据考古发现，纸的诞生早于蔡伦生活的年代，蔡伦只是造纸术的改良者。纸的种类主要根据不同的造纸原料来划分，例如麻纸、皮纸、藤纸、竹纸、草纸等。我们使用的书画用纸叫作宣纸，从唐代开始成为中国社会的主流用纸。

砚台在汉代以前叫作"研"，自古便是研墨的工具。古砚可以分为石砚、泥陶砚、瓷砚、漆木砚、玉砚、金属砚等几类，其中以石砚为主流。我国四大名砚中，红丝砚、端砚、歙砚和洮河砚都是石砚。后来，红丝砚石因为开采枯竭被泥陶砚中的澄泥砚所取代。

在博物馆馆藏文具文物中，除了笔、墨、纸、砚之外，笔筒、笔架、镇尺、笔洗等文房用具也算在内。

（13）玺印

玺印是古代人们行使权力或互相交流的信用凭证，是中华文明的一个缩影。在秦始皇之后，只有皇帝印才可称"玺"，官吏及一般人的印称"印"。印有官印和私印，作为官府书信往来和私人交往的凭证。汉代印又称"章"和"印信"，唐以后又将印称"记"或"朱记"，明清又称"关防"。

玺印的用材比较多样，战国到明清时期的官印、私印中使用了金、银、铜、玉、琥珀、玛瑙、煤精、滑石、骨角、木、石等材质。甚至还有以象牙、绿松石、铅、瓷凳材料制印的。

玺印按照印形主要可以分为一面印、双面印、四面印、五面印、六面印、子母印、拼合印、带钩印、戒指印等。如果按照印面主要可以分为方印、圆印、半通印、凸形印、连珠印、葫芦印等。

玺印主要由印台和印纽组成，当然部分玺印没有纽。自战国以来直到明清，纽制是身份和等级的象征，比如鼻纽、亭纽、覆斗纽、拼合纽、柱纽、觹纽、辟邪纽、龟纽、瓦纽、环纽、龙纽等。汉代以后，印绶的颜色

∧ 钱币类文物

和材质也有象征身份和等级的作用，比如皇帝用赤绶，不同等级的官员用紫绶、青绶、黑绶、黄绶等。对于玺印上的印文，有阳文和阴文之分，字体根据不同时代有不同的变化。

除了玺印之外，历代的符节、画押、封泥、印范、符牌等也包含在此类文物之内。

（14）钱币

钱币泛指货币，是充当商品交换的媒介、承担货币职能的特殊商品。在原始社会后期，就出现了以天然海贝为实物货币进行交换的"贝币"。春秋战国时期又产生了中国最早的金属铸币，如布币、刀币等。后来，秦始皇实行货币统一，之后经过历朝历代的发展，钱币又有不同的形态样貌。

按照历史时期划分，钱币可以分为先秦钱币、秦汉钱币、三国两晋南北朝钱币、隋代钱币、唐代钱币、五代十国钱币、宋代钱币、辽西夏金钱币、元代钱币、明代钱币、清代钱币、近现代钱币、当代钱币等。

按照性质划分，钱币可以分为流通钱币和非流通钱币。流通钱币是在商品中承担货币职能的钱币，非流通钱币就是在商品交换中不承担货币职能，只是具有钱币的形态，比如"花钱"。花钱是指具有馈赠、玩赏、佩戴、陈列、供奉、随葬等特殊用途，用在非流通领域的纪念性钱币和宗教

用钱币，比如压胜钱、镇库钱、宫钱、洗儿钱、撒帐钱、佩钱、春钱、供养钱、八卦钱、冥钱、打马钱、秘戏钱等。

按照材质划分，钱币可以分为金属钱币与纸币。金属钱币又可分为金银钱、铜钱、铁钱、铅钱、金银币、铜币、镍币、铝币、铅币等。

按照形制划分，钱币可以分为贝币、布币、刀币、圜钱、方孔圆钱等。每一个种类在形制上，还可以再细分出多个种类。

按照名称划分，钱币可以分为记重钱、记值钱、年号钱、国号钱、记年钱、记地钱等。

博物馆馆藏的钱币文物不仅是指历代的各式钱币，还包括钱范、钞版等。

（15）家具

中国人使用家具始于夏商时期，在战国两汉时期开始兴盛。当时的家具为了适应人们"席地而坐"的习俗，普遍都比较低矮。到了唐宋时期，人们开始"垂足而坐"，起居环境也比较宽阔，所以开始流行高足家具。明代中期至清代前期是中国古代家具的黄金时期，这个时期的家具样

∧ 家具类文物

式质朴而不俗，具有独特的美学个性和实用价值，被称为**明式家具**。**清式家具**基本上继承了明式家具的风格，但是乾隆后期的家具装饰就过于繁复了，不再简约流畅。

根据家具的使用功能，可以分为**椅凳类**、**桌案类**、**床榻类**、**柜架类**、**杂项类**五类。

在汉代之前，人们是没有坐具的，通常采用的是以茅草、树叶、兽皮等制成的席子，席地而坐。直到一种被称为"**胡床**"的坐具从域外传入中原，才有了真正意义上的椅凳。之后，椅子在唐朝经过改良、发展，才从胡床的名称中分离出来，直呼为**椅子**。椅凳类家具包括**方凳**、**圆凳**、**条凳**、**交椅**、**太师椅**、**官帽椅**、**玫瑰椅**、**宝座**等。

桌案在中国古代文化中地位较高，是传承中国礼仪文化的产物，也是接待宾客不可缺少的重要工具。桌案类家具主要包括**圆桌**、**方桌**、**八仙桌**、**月牙桌**、**琴桌**、**供桌**、**供案**等。

桌案有着严格的等级划分。比如供桌供案主要应用于祭奠仙逝长辈和敬供先人；八仙方桌主要应用于接待重要宾客；"请上坐"指的是八仙方桌朝南的左边位子；圆桌主要应用于家人共餐，取一家团圆之意。

床榻的历史可追溯至神农氏时代，那时还只是专供休息与待客所用的坐具，直到六朝以后才出现高足坐卧具。"床"与"榻"在席地而坐的时代，是有分工的。床的体积比较大，可为坐具，也可以为卧具；榻的体积较小，只是坐具。床榻类家具主要包括**架子床**、**拔步床**、**罗汉床**、**贵妃榻**等。

柜子的使用大约始于夏商时期，古时的"柜"，并不是我们今天说的柜子，很像我们现在所见的箱子，而古代的"箱"，则是专指室内存放东西的地方。柜架类家具主要包括**圆角柜**、**闷户柜**、**顶箱柜**、**亮格柜**等。

除了椅凳类、桌案类、床榻类、柜架类的家具之外，还有很多种类目。比如**书箱**、**印匣**、**提盒**、**屏风**、**衣架**、**面盆架**、**镜台**、**挂屏**、**都承盘**等。

从制作地域上来看，中国古代家具可以分为苏州制作的**苏式家具**、广州制作的**广式家具**、北京制作的**京式家具**，这是古代家具的"三大名作"。此外，还有**晋式家具**、**鲁式家具**、**闽式家具**等。

博物馆馆藏家具文物除了历代的家具之外，那些制作精巧的"明器"也算在其中。明器就是古人下葬时带入地下的随葬器物，其中有很多制作成家具样子的小模型。

（16）织绣

织绣就是指用棉、麻、丝、毛等纺织材料进行织造、编结或绣制的工艺品。根据考古发现，在距今 7000 年的河姆渡文化、距今 6000 年的仰韶文化、距今 5000 年的良渚文化、红山文化等新石器文化遗址中都发现了织布的原始工具和麻的织物残片。这说明，早在那个时候，中国人就已经开始了原始的织造生产。

我国织绣工艺品种繁多，绚丽多彩，主要有**刺绣**、**织锦**、**缂丝**等。

刺绣是以彩线在布帛上用针绣成图案花纹的手工艺品。明清时期产生了苏绣、粤绣、湘绣、蜀绣，号称"**四大名绣**"，此外还有顾绣、京绣、鲁绣、汴绣、苗绣等，都有各自的特点和风格。

织锦就是用染好颜色的经纬线，经过提花、织造工艺织出图案的织物。**南京云锦**、**四川蜀锦**、**苏州宋锦**、**广西壮锦**被称为中国四大名锦。

缂丝也称"**刻丝**"，是一种织法极其特殊的织物，它采用"**通经断纬**"的织法，而一般锦的织法皆为"**通经通纬**"法，即纬线穿通织物的整个幅面。制作方法是先挂好经线，然后将不同色彩的纬线根据图样用小梭子缀

织上去，色彩交接处承空似有雕镂痕迹，花纹两面相同。因缂丝的织造技术极高，又费工费时，所以享有"一寸缂丝一寸金"的美誉。

织绣文物可以包括服饰、材料、陈设用织绣品和织绣书画四大类。

其中服饰类有成衣、冠帽、冠杂、靴鞋袜、佩饰、佛衣和活计等；材料类有锦、缎、绫、罗、绸、纱、绢、绒、缂丝和棉布等；陈设用织绣品有铺垫、坐褥、靠垫、迎手、椅披、门帘、帐子、帷幔、被子、枕头、炕单、炕席、桌帷等；织绣书画是以书画、诗文作品为蓝本，运用织、绣等工艺技法加以艺术再现的欣赏性艺术品，装帧形式有轴、卷、册、条屏、屏风、扇面、镜心等。

（17）雕塑造像

雕塑是一种立体的造型艺术，是雕刻和塑造的合称。雕刻多施于木、石、金属等材质之上，塑造则以泥土为主要材料。

中国古代雕塑源远流长，不同时期、不同地域风格各有差异。新石器时代的陶塑与玉石雕刻，夏商周三代的青铜器铸造，秦汉陶俑、陵墓石雕与画像砖石，魏晋南北朝石窟造像等各具特色。隋唐各类雕塑臻至大成，呈现出全面繁荣状态。宋元明清注重意趣的表现，雕塑面貌更加多样化与个性化，并涌现出一批杰出的雕塑艺术家。

博物馆中收藏的雕塑和造像除了各种陶俑之外，最常见的就是佛造像。佛造像质地不一，有金属、玉、石、陶瓷、木、泥等各种质地。所以这一类文物就不是按照质地划分，而是有单独的专项。

（18）石刻砖瓦

石刻是石器的一种，上面会刻有文字或者图案，比如碑碣、墓志、经幢、题刻、画像石、棺椁、法帖原石等。

碑碣是各种形制的碑石总称，古代把长方形的称为碑，把圆顶形的称为碣。秦始皇刻石纪功，大开树立碑碣的风气。东汉以来，碑碣渐多，有碑颂、碑记，又有墓碑，用以纪事颂德。

墓志就是放在墓里的刻有死者生平事迹的石刻，亦指墓志上的文字。墓志分上下两层，上层称为"盖"，下层称为"底"，底部刻有墓志铭，盖上刻有标题。

经幢是具有纪念及宣扬之意的中国古代宗教建筑。始见于唐代中原地区，盛行于唐宋时期，以后转衰，但到明清时仍有雕造。经幢一般可以分为幢座、幢身、幢顶三部分。一般置于大道、寺院等地，也有安放在墓道、

< 画像砖
> 瓦当

墓中、墓旁的。

画像石是汉魏时期地下墓室、墓地祠堂、墓阙和庙阙等建筑上雕刻画像的建筑构石，是一种精美的石刻艺术。画像石所属建筑，绝大多数为丧葬礼制性建筑，因此，本质上汉画像石是一种祭祀性丧葬艺术。

砖瓦包括历代城砖、画像砖、砖雕、影作、板瓦、筒瓦、瓦当等。

画像砖是模印或刻画有画像和花纹的砖，也是主要用于嵌砌、装饰墓葬。有空心砖、方形、长方形、楔形实心砖等多种形式。题材内容包括社会生活、历史故事、神龟祥瑞和装饰花纹。

砖雕也是古建筑雕刻中很重要的一种艺术形式，是指在青砖上雕出山水、花卉、人物等图案，在民间建筑中使用最多，多用于大门门楼、山墙墀头、照壁等处，表现风格力求生动，活泼。

瓦当也称"瓦头"，就是整片瓦的头部，是覆盖建筑檐头筒瓦前端的遮挡，起着保护木制飞檐和美化屋面轮廓的作用。汉代瓦当以灰陶为主，唐代以后出现琉璃瓦当，宋元明清时期，个别建筑上还使用了金属瓦当。瓦当开始流行时是素面的，随着古代人们对建筑艺术欣赏水平的提高，开始在瓦当上刻文字或图案。

（19）碑帖拓本

在古代，先人为了记述前朝重要事件和隆重庆典等，把文学内容和书法家的手迹经过名匠刻凿在悬崖和石碑上。为了能清晰地看到这些文字并保留下来，一般都采取拓印的形式，也就是用纸紧覆在石碑的文字或花纹上，用墨或其他颜色打出其文字和图形来。因为它是从实物上蝉蜕下来的，又称为"蜕本"或"脱本"。

拓本这种方法最早始于唐初，经宋元明清历代之发展，迄今已1400

∧ 墓志

余年。在没有照相、影印技术的一百多年前，拓碑技术一直是传承中华文化的重要手段，许多珍贵的书法作品都是通过拓碑保存下来的。

拓本的名目很多，按其艺术和学术价值而论：原石已佚且存世仅一本的拓本被称为"孤本"；仅存世数本的拓本被称为"珍本"；损坏较少的早期拓本被称为"初拓本"；某某字未损的拓本被称为"某某字未损本"；出土时初拓的拓本被称为"出土初拓本"。

按其所用的纸墨等材料及拓法的不同又有多种，如宋代拓帖多用麻布纹纸，为防止木板皲裂又在上面粘上一层麻布，这样的拓本被称为"隔麻拓本"；康熙乾隆年间常用桃花纸，以乌黑光亮的油烟墨拓帖，这样的拓本被称为"乌金拓"；清初用白连史纸，用墨极淡，这样的拓本被称为"灰纱拓本"；用墨极淡如蝉的羽翼，这样的拓本被称为"蝉翼拓"；用墨黝黑浓重的拓本被称为"浓墨本"；用淡墨擦拓得到的拓本被称为"淡墨本"；另外，还有用退笔仿造的拓本被称为"颖拓本"，用色蜡涂擦而成的拓本被称为"蜡拓本"。

按其出处及来历又有：像《淳化阁帖》《大观帖》《三希堂帖》这些宫内所刻并且拓赐给大臣的拓本被称为"赐本"；在宋代曾设立榷场与金进行贸易往来，此时流行的比较粗率的拓本被称为"榷场本"。

另外，按时代分则有唐拓、宋拓、元拓、明拓、清拓等，按地域分则有陕拓、蜀拓、闽拓、滇拓等。

因为碑帖拓本都是黑漆漆的，都看不懂，研究起来比较困难，所以过去俗称"黑老虎"。

∧ 甲骨
∨ 简牍

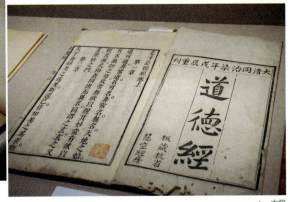

（20）甲骨简牍

甲骨就是中国古代占卜时候用的龟甲和兽骨。龟甲称为卜甲，多用龟的腹甲。兽骨又称为卜骨，多用牛的肩胛骨，也有羊、猪、虎骨，甚至人骨。

使用甲骨进行占卜，要先取材、锯削、刮磨，再用金属工具在甲骨上钻出圆窝，在圆窝旁凿出菱形的凹槽，然后用火灼烧甲骨，根据甲骨反面裂出的兆纹判断凶吉。之后再将占卜的结果刻在这些龟甲和兽骨上，这些用来占卜记事的文字，就叫作甲骨文，是我们能见到的最早的成熟汉字。

简牍是对我国古代遗存下来的写有文字的竹简与木牍的概称。用竹片写的书称"简策"，用木板写的叫"版牍"。超过 100 字的长文，就写在简策上，不到 100 字的短文，便写在木板上。写在木板上的文字大多数是有关官方文书、户籍、告示、信札、遣册及图画。在纸发明以前，简牍是中国书籍的最主要形式，对后世书籍制度产生了深远的影响。

（21）古籍善本

古籍就是古代的书籍，善本就是好的书本。

历代流传下来的古籍分为抄写本、刻印本两类，抄写本就是人工抄写的图书，刻印本就是采用雕版印刷或活字印刷的图书。

按照写刻的不同情形，可分为祖本、写本、影写本、底本、抄本、精抄本、稿本、彩绘本、原刻本、重刻本、精刻本、修补本、递修本、配本、百衲本、邋遢本、活字本、套印本、巾箱本、袖珍本、两截本、石印本、铅印本等。

按照刊刻时代区分，有唐刻本、五代刻本、宋刻本、辽刻本、西夏刻本、金刻本、蒙古刻本、元刻本、明刻本、清刻本、民国刻本等。

按照刻书的性质，又可区分为官刻本、家刻本和坊刻本。

按照流传情况和珍贵程度，古籍可被分为足本、节本、残本、通行本、稀见本、孤本、珍本、善本等。

4. 博物馆的文物藏品应该怎样保管?

保管文物藏品是博物馆重要职能之一。博物馆没有文物藏品，就做不了展览；做不了展览，就没有观众来看；没有观众来看，博物馆就没有必要开。

在博物馆里，库房的文物是非常珍贵的，特别"值钱"。所以博物馆要有一整套完善的库房管理制度，避免发生这种情况。

根据《博物馆藏品管理办法》的相关规定，同时结合目前博物馆藏品管理实际工作情况，藏品管理的一般程序是：接收、鉴定、定名、定级、登记、编目、建档、备案、分类、排架、库管、提用、注销、核对、统计共 15 项。

（1）接收

博物馆馆藏文物进馆的第一项工作就是接收，经过接收程序之后，这些藏品才能正式为博物馆所有。博物馆接受文物后，征集部门工作结束，文物由保管部门管理。

这些馆藏是通过各种不同的渠道进入博物馆的，包括考古发掘、考古调查、专题征集、交换、移交、调拨、购买、拍卖、捐赠、民族学调查搜集、自然标本采集等。所以博物馆在接收的时候要分清来源，要在登记的时候分别注明。

博物馆在接收的时候一定要按照书面凭证逐件清点验收，并且填写清册，双方签字，长期保存。同时，对于各种藏品的原始记录，也要一起接收过来。因为很多藏品的来源只有搜集人员最清楚，换一个人就不知道了，所以要在接收的时候就把这些情况记录清楚或者问询清楚，这可以为以后藏品的科学研究打下一个很好的基础。

（2）鉴定

我们经常看电视里的文物鉴宝类节目，觉得那些鉴宝大师很厉害，希

望自己也能有一双"火眼金睛"，可以去文物市场"捡个漏儿"。其实，博物馆的文物鉴定工作并不像电视里演的那样神奇，只是文物入藏前的一个基本操作而已。当然这里面确实有很多专家有多年的鉴定经验，其水平不是一般人随便就能达到的。

文物鉴定难道只是鉴定它的真假吗？其实这只是一部分。

文物鉴定主要有几个任务：第一就是鉴定文物的真伪，我们一般叫"辨伪"。我国文物作伪由来已久，自宋代以来，一直到明清至民国时期是作伪高峰期。这就要求博物馆的专家们要严格把关，去伪存真。但是我想说，虽然今天的科技很发达，但是目前文物鉴定还是以"目鉴"为主，就是专家用眼睛看，凭借着多年的经验和职业操守，给出判断意见。当然一个人的意见难免具有主观性，所以一般都是很多专家在一起"会诊"。

鉴定的第二个任务是确定文物的年代，我们叫"断代"。即使文物是"老东西"，也要知道这个"老东西"是什么时期的，所以我们的专家要给出一个大致的年代，比如唐代、明代等。如果能再精确一点就更好，比如明代嘉靖时期、清代乾隆时期。一般来说，离我们时代越近的文物越能被准确地断代，甚至可以精确到哪一年。

最后，专家们要把文物进行价值评定。这个价值包括历史价值、艺术价值、科学价值和经济价值。这样才能更有利于发挥文物的作用。

专家们通过鉴定，去伪存真，将确定入藏的文物进行清洁、消毒、修复、绘图、拍照、传拓、装裱、制作囊匣等。对于不符合博物馆入藏标准或不符合本馆性质特点的藏品，可以称之为"待处理品"，建立待处理品

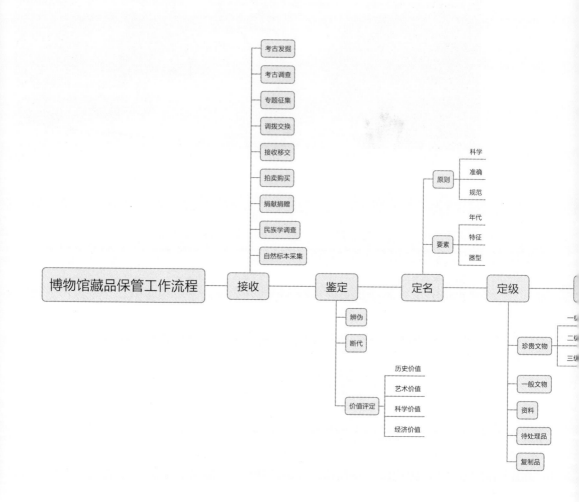

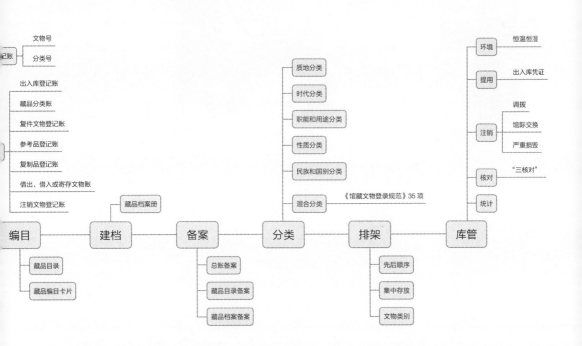

记账
　　　　文物号
　　　　分类号

出入库登记账
藏品分类账
复件文物登记账
参考品登记账
复制品登记账
借出、借入或寄存文物账
注销文物登记账

藏品档案册

质地分类
时代分类
职能和用途分类
性质分类
民族和国别分类
混合分类　　　《馆藏文物登录规范》35 项

环境　　　　恒温恒湿
提用　　　　出入库凭证
　　　　　　调拨
注销　　　　馆际交换
　　　　　　严重损毁
核对　　　　"三核对"
统计

编目　　→　　建档　　→　　备案　　→　　分类　　→　　排架　　→　　库管

藏品目录
藏品编目卡片

总账备案
藏品目录备案
藏品档案备案

先后顺序
集中存放
文物类别

∧ 河北博物院文物藏品

账,并找临时库房暂存,经过主管部门批准后再进行处理。

（3）定名

博物馆里的每件文物藏品都会有自己的名字。但是它们的名字一般都比较长,很多观众可能看不明白。

实际上,文物起名字都是有自己的原则和规律的。

文物定名三原则,就是科学、准确和规范。

"科学"就是文物的名字不能自己随便起,要客观地依据文物的面貌特征取名字。其实,文物的每种器型、每种颜色,都有固定的称谓。"准确"就是说文物的名字一定要既简明又具体,要根据文物的具体特征来定名,不能太过于笼统。"规范"就是文物藏品的名字要符合一定的标准。

所以在文物的名字中,一定要有年代、特征,还有器物的通称这三个要素。

"年代"就是文物的制造年代,或者使用年代;"特征"就是文物的主要特征,比如纹饰、工艺、内容、质地、作者、产地、国名等;"器物的通称"就是文物的器型或者用途。

所以这个万能公示就是:年代 + 特征 + 器型。

当然,这些都只是最基本的,每类具体的文物都有自己的起名标准。在此干脆就按照之前的 35 种文物类别,把每类文物的起名标准都统一一下。

176

序号	类别	定名方法	定名示例
1	玉石器、宝石	年代+文化（新石器时代需加确切文化）+特征+材质+器型	新石器时代良渚文化兽面纹玉琮 西汉透雕双龙纽谷纹白玉璧
2	陶器	年代+文化（新石器时代需加确切文化）+特征+质地+器型	新石器时代仰韶文化人面鱼纹彩陶盆 唐三彩花卉纹枕
3	瓷器	年代（有年款的写明）+窑口（如已知确切窑口）+特征+质地+器型	宋磁州窑白釉黑彩人物故事长方瓷枕 明成化斗彩高足瓷杯
4	铜器	年代+特征（含工艺）+质地+器型	西周中期窃曲纹铜鼎
5	金银器	年代+特征+质地+器型	宋镂空双龙金香囊
6	铁器、其他金属器	年代+特征+质地+器型	清光绪铁错银如意
7	漆器	年代+作者（如确知作者名）+特征（含工艺）+质地+器形	元张成造剔红栀子花漆盘
8	雕塑、造像	年代+特征（包括工艺）+质地+器型	南朝彩绘灰陶持盾武士俑 元至元二年景德窑青花观音像 明永乐款铜鎏金释迦牟尼佛坐像
9	石器、石刻、砖瓦	年代+主要内容+质地+器型	北宋太平兴国八年吕蒙正重修孔庙碑 西汉"长乐未央"铭瓦当
10	书法、绘画	年代+作者+书体+主要内容+器型 年代+作者+主要内容+器形	明文徵明真草千字文卷 五代顾闳中韩熙载夜宴图卷
11	文具	年代+作者（如确知作者名）+特征（含工艺）+质地+器型	西汉兔毫毛笔 明程君房制玉杵玄霜墨 清御制淳化轩刻画宣纸 西晋青瓷蛙盂纽盖三足砚
12	甲骨	年代+文字内容（或标题）+质地+器型	商武丁时期龟腹甲获麋二雉十七卜辞
13	玺印符牌	年代+印文+特征+质地+器型	金"行军万户之印"铜印
14	钱币	年代+钱名（面值）+质地+器型	战国赵榆次平首尖足布币 清咸丰元宝阔缘背当千宝巩当千铜钱 明一贯"大明通行宝钞"纸币 新莽大泉五十青铜钱母范 金贞祐三年拾贯文交钞铜版
15	牙骨角器	年代+作者（如确知作者名）+特征（含工艺）+质地+器型	明透雕蟠龙花卉犀角杯 清"行有恒堂"款牙雕葫芦瓶
16	竹木雕	年代+作者（如确知作者名）+特征（含工艺）+质地+器型	明竹雕"小松"款松鼠纹盒

序号	类别		定名方法	定名示例
17	家具		年代+作者（如确知作者名）+特征（含工艺）+质地+器型	清雕云蝠纹红木卷头案
18	珐琅器		年代+作者（如确知作者名）+特征（含工艺）+质地+器型	明万历御用监造铜胎掐丝珐琅栀子花纹三足蜡台
19	织绣		年代+特征（主要是纹饰内容）+工艺+质地+器型	汉晋延年益寿长葆子孙锦 辽缂金水波地荷花摩羯纹棉帽
20	古籍善本		年代+主要内容+器型	唐敦煌回鹘文写经 西夏文刻本《顶尊相胜总持功德依经集》
21	碑帖拓本		年代+作者+主要内容+器型	宋拓东汉西岳华山庙碑拓片
22	武器		年代+物主（事件）+特征+质地+器型（用途）	1927 年朱德在南昌起义时使用的驳壳枪
23	邮品		年代+发行单位+主要内容+器型	1894 年纪 1 初版慈禧寿辰纪念邮票
24	文件、宣传品		年代+主要内容+质地+器型	1955 年授予 XXX 的一级独立勋章
25	档案文书		年代+主要内容+质地+器型（用途）	清宣统《钦安殿佛像供器档》 清雍正三年宛平县王承恩卖地白契
26	名人遗物		年代+主要内容+质地+器型（用途）	1935 年方志敏《可爱的中国》手稿
27	玻璃器		年代+作者（如确知作者名）+特征（含工艺）+质地+器型	清乾隆白套红玻璃缠枝花卉纹渣斗
28	乐器、法器		年代+作者（如确知作者名）+特征（含工艺）+质地+器型	清乾隆款刻七佛纹嵌金口镶石海螺
29	皮革		年代+特征+工艺+质地+器型	1984 年中国女子排球队获奥运会冠军签名排球
30	音像制品		年代+主要内容+质地+器型（用途）	1949 年中华人民共和国开国大典记录胶片
31	票据		年代+发行单位+主要内容+器型	1929 年北平城南游艺场入门券
32	交通、运输工具		年代+特征+属性+器型（用途）	近代湘西地区四人抬花轿
33	度量衡器		年代+特征+质地+器型	秦二十六年八斤铜权
34	标本、化石	古脊椎动物化石	地质年代+动物名称+身体部位+化石	第四纪更新世中期肿骨鹿头骨化石
		古人类化石	考古学年代+古猿、古人类名称+身体部位+化石	旧石器时代元谋猿人头左侧门齿化石
35	其他	生活用具	年代+特征+质地+器型（用途）	近代晋中地区木制脸盆架
		生产用具	年代+特征+质地+器型（用途）	1872 年江南机器制造总局造船工具

在按照上面表格给文物起名的时候，还有几个需要注意的问题。

首先就是一些**复仿制品**，一定要在说明牌上注明一个"**仿**"字或者"**复制品**"三个字。另外，对于一些本身严重残缺的文物，要注明一个"**残**"字。

如果是一组文物，一定要集体标注名称。如果在一组文物中只有一件文物展出，要在集体名称之后再加单个名称，比如"唐三彩十二生肖陶俑之辰龙"，要有集体荣誉感。

在书画文物中，会有一种情况，就是很多人合作完成一幅作品。如果作者太多，名字太长写不开，可以挑选一个最重要的人，或者是第一位作者，后面注明"**等合作**"字样。

（4）定级

博物馆有定级评优，文物也要定级评优。我们说文物之所以能成为文物，不是因为它有多优秀，而是因为它活得长。所以博物馆文物管理的一项重要工作就是要把"优秀"的文物挑选出来，重点保护，与那些"混日子"的文物区别对待。

博物馆收藏的所有文物都可以被分为**珍贵文物**和**一般文物**，而在珍贵文物中，又分为**一级文物**、**二级文物**、**三级文物**。

一级文物是指具有特别重要意义的代表性文物，这就是我们经常说的"国宝"，是最珍贵的，必须上报国家文物行政管理部门，让中央掌握，各个博物馆只是负责保管。博物馆对于它们要重点保护，设立专门的库房存放，安排专门人保管。

在馆内提取一级文物需要经过馆长的同意。如果文物去外地出差，需要得到博物馆的上级部门同意。如果是出国，则需要上报国务院审批。当然，因为它们是大腕，所以一般不会展出，大部分都使用"替身"。只有在观众特别需要的时候，它们才亲自出来亮个相，但时间不会很长。

二级文物是具有重要的历史、艺术、科学价值的贵重文物，是博物馆里的基本藏品，经常会被展出。而**三级文物**就是"比较重要"的，比二级文物稍微差一点，也经常会"出席"展览。

当然在博物馆里更多的是**一般文物**，它们的历史价值和艺术价值都一般，所以也很少有机会被展览。就像是群众演员，即使有机会参与到一些演出，也不会成为焦点。

那小演员怎么才能逆袭成为大明星呢？

∧ 甘肃省博物馆东汉铜奔马

国家文物局颁发过《博物馆一级藏品鉴选标准》,对每一类文物都有明确的标准。

比如书画类的文物,一级文物需要满足的条件是:在元代以前比较完整的书画,唐代以前首尾齐全有年款的写本,宋代以前经卷中有作者或纪年且书法水平较高的,宋元时期有名款或虽然没有名款而艺术水平较高的,具有特别重要价值的历代名人手迹,明清以来特别重要艺术流派或著名书画家的精品。

虽然这些藏品的定级标准都有明确的规定,但是在具体的定级工作中,这个标准不太好把握。比如怎样算"特别重要"?所以博物馆在定级的时候要统筹兼顾。有很多大博物馆的二级文物比小博物馆的一级文物还要好。

需要注意的是,文物级别确定之后需要层层上报上级文物部门审批,一旦确定之后,就不能轻易改变。

（5）登记

文物经过鉴定、定名、定级之后,还有一个关键的步骤,就是登记。登记就像人出生后要上户口,得让博物馆知道有你的存在,以后就要对你负责了。

文物登记就是要把文物的名字等信息记在一个账本上,这个账本叫作"藏品总登记账",简称"总账"。总账是每一个博物馆都必须有的,而且是由国家文物局统一管理的,因为账册上登记的文物是国家的财产,是受法律保护的。所以总账上面记录的文物信息一定要准确,而且不能任意涂改，要保证账面整洁，要长久保存。

博物馆有专门负责总账的工作人员，但这位工作人员绝对不能同时管理库房，"账"和"物"一定要分开，不然容易说不清楚。

总账上需要填的一共有15项内容，包括登记日期（年、月、日）、总登记号、分类号、名称、时代、数量（件数、单位、实际数量）、尺寸、重量、质地、完残情况、来源、入馆凭证号、注销凭证号、级别、备注。

登记日期		总登记号	分类号	名称	时代	数量			尺寸	重量	质地	完残情况	来源	入馆凭证号	注销凭证号	级别	备注
年月日						件数	单位	实际数量									

藏品总登记账

这里面需要着重说一下总登记号，也就是我们常说的文物号。文物号就像我们每个人的身份证号码，是专属的，谁跟谁都不一样。一般都是按照文物入藏的先后顺序，从1号开始，随着文物的增加，没有上限。即使这个文物注销了，这个号也不能给别人，就让它一直空着。

每个博物馆的文物号都有自己的特色，很多博物馆为了与其他馆有所区别，会在文物号的前面加上一个本馆的代号，比如故宫博物院会使用"故字××号"，军事博物馆会写着"JB××号"。还有的博物馆是把文物入库的年份加在文物号前的，比如1963年入库的，就会写"63·××号"。这些文物号都是要写在文物上的，但是要注意写号的位置，每种文物类型都不一样，不要破坏文物。

藏品还有分类号，属于辅助号，是根据藏品的类别划分而编排的。比如天津博物馆的瓷器文物分类号是1，玉器文物分类号是3，书画文物分类号是5，一件1963年入藏的书画文物号完整版应该是"63·5·××号"。但是写在文物上就不用写这个分类号5了，就直接写"63·××号"。

181

∧　故宫博物院文物藏品

博物馆里的文物藏品其实挺不让人省心的，有时候进来，有时候出去，有时候临时寄存，有时候借给别人，甚至有时候还被注销掉。最重要的是，博物馆的库房里面有时候不都是文物，还会有资料、待处理品、复制品等，所以这时候只有一本总账是绝对不行的。于是很多博物馆又做了一些辅助账册，比如出入库登记账、藏品分类账、复件文物登记账、参考品登记账、复制品登记账、借出借入或寄存文物账、注销文物登记账等。

（6）编目、建档和备案

文物在登记入账之后下一步要做的就是编目、建档和备案。

"编目"从字面上理解就是编制目录，其实就是系统地整理登记的藏品，形成一个目录，然后再制作成一张小卡片，就像我们每个人的身份证一样。

这就是藏品编目的内容：编制藏品目录和藏品编目卡片。

藏品目录的种类一般可以分为：珍贵文物一、二、三级藏品目录，藏品分类目录，藏品专题目录，藏品提陈目录等。分类编制方法可以按照时代顺序，按照不同地点、不同质地、用途、事件、人物、馆藏特点等不同的方法编制。

藏品编目卡的基本内容包括：原编号、入馆凭证号、总登记号、分类号、名称、年代、数量、尺寸、质量、质地、完残状况、来源、级别、形态特征、题识情况、流传经历、鉴定单位、鉴定意见、鉴定人、文物照片、制卡人、制卡日期等。

除了藏品编目卡，管理人员一般还会制作一种辅助索引卡。它的目的是为了让管理人员能在最短的时间内准确地把使用者所需要的藏品提取出来。这种索引卡的内容可以比编目卡简单，不用写得那么详细，一般包括总账号、分类号、名称、件数、来源、完残情况、时代、质地、尺寸、

如何看懂一座博物馆？

182

重量、说明等。

其实，当藏品登记总账的时候，保管员都要制作一张藏品登记卡片，这个藏品登记卡的内容是要跟总账一致的，因为总账是要长期保存的，不能总翻，所以它也可以替代总账当一个索引卡使用。

总登记号	分类号	入馆凭证号	原编号
名称		数量	附件
		年代	产地或作者
来源		征集人	征集日期
尺寸		重量	质地
现状		级别	入馆日期
形态特征		铭记题跋	
鉴定记录			
鉴定单位			
鉴定人（签字）		鉴定日期	

博物藏品编目卡（正面）

底片号		拓片号	有关资料号
照片		拓片或绘图	
流传经历（含征集过程）			
著录文献		使用（含保护）记录	
研究记录			
备注			

博物藏品编目卡（反面）

183

∧　郑州商都遗址博物院文物藏品

除了编制目录和制作卡片，编目还有一个很重要的工作就是建档，就是编制藏品档案册。

藏品档案的内容比编目卡更加丰富，一般情况下会包括：藏品搜集情况记录、藏品入馆原始凭证、原始记录、藏品流传经过记录、藏品入库凭证、鉴定意见记录、定级和分类报告、藏品各种卡片、使用记录、修复记录、研究记录、采取保护性措施情况记录、著录文献索引、有关论著的索引或剪报、藏品残存情况报告、注销凭证等一切与藏品有关的情况记录。

当藏品的编目和建档工作完成之后，就要向主管的文物行政部门备案。备案的内容包括藏品的总账备案、藏品目录备案、藏品档案备案等。这主要是让国家对于各级博物馆都能实行宏观管理，摸清博物馆的家底，全面掌握藏品的完整资源。

（7）分类

藏品在入库之前先要进行分类，这样才能分类存放。可惜的是，每个博物馆的馆藏文物类型都不完全一样，所以至今没有一个统一的分类标准。

有的按照藏品的质地分类，比如玉器、瓷器等；有的按照藏品的时代分类，比如新石器时代文物、清代文物等；有的按照藏品的职能与用途分类，比如农具、兵器、家具等；有的是按照藏品的性质分类，比如绘画、书法、雕塑等；还可以按照民族和国别分类，比如蒙古族文物、维吾尔族文物；等等。

但是这些分类方法都比较片面，所以我们干脆用一种"混合分类法"来了解博物馆的文物藏品。

根据国家文物局在 2013 年发布的《馆藏文物登录规范》，将馆藏文物分成了 35 项。

序号	类别	内容及示例
1	玉石器、宝石	历代玉、翡翠、钻石、红宝石、蓝宝石、祖母绿、金绿猫眼、玛瑙、水晶、碧玺、青金石、石榴石、橄榄石、松石、琥珀、蜜蜡、珊瑚、珍珠等制品及原材
2	陶器	历代陶制、泥制、三彩、紫砂、珐花、生坯、泥金饼、泥丸、陶范等的生产工具、生活用具及其他制品
3	瓷器	历代瓷制的生产工具、生活用具及其他制品
4	铜器	历代以铜为主要材质的生产工具、生活用具及其他制品（不包括钱币和雕塑造像）
5	金银器	历代以金银为主要材质的生产工具、生活用具及其他制品（不包括钱币和雕塑造像）
6	铁器、其他金属器	历代以除金、银和铜之外的铁器、其他金属为主要材质的生产工具、生活用具及其他制品（不包括钱币和雕塑造像）
7	漆器	历代彩漆、填漆、雕漆等漆制品
8	雕塑、造像	历代金属、玉、石、陶瓷、木、泥等各种质地的雕塑、造像
9	石器、石刻、砖瓦	历代以石为主要材质的生产工具、生活用具及其他制品（不包括雕塑造像）。如武器、碑碣、墓志、经幢、题刻、画像石、棺椁、法帖原石等。历代城砖、画像砖、墓砖、空心砖、砖雕、影作、板瓦、筒瓦、瓦当等
10	书法、绘画	各种书法作品。各种国画、油画、版画、素描、速写、帛画、宗教画、织绣画、连环画、贴画、漫画、剪纸、年画、民间美术平面作品等，包括刻版
11	文具	历代笔、墨、纸、砚及其他文房用具
12	甲骨	记录有价值的史料内容的龟甲、兽骨
13	玺印符牌	历代金、银、铜、铁、石、牙、玉、瓷、木等各种质地的印章、符节、画押、封泥、印范、符牌等
14	钱币	历代贝、铜、铁、金、银、纸币及钱范、钞版等
15	牙骨角器	历代兽角骨、犀角、象牙、其他兽牙、玳瑁、砗磲、螺钿制品及原材等
16	竹木雕	历代竹木雕制品
17	家具	历代木制家具及精巧明器
18	珐琅器	历代金属胎珐琅、瓷胎珐琅、玻璃胎珐琅等珐琅制品
19	织绣	历代棉、麻、丝、毛制品、缂丝、刺绣、堆绫等
20	古籍善本	历代写本、印本、稿本、抄本等
21	碑帖拓本	历代碑帖拓本
22	武器	各种兵器、弹药和军用车辆、机械、器具等
23	邮品	各种邮票、实寄封、纪念封、明信片及其他邮政用品

序号	类别	内容及示例
24	文件、宣传品	反映历史事件的正文文件或文件原稿，传单、标语、宣传画、报刊、号外、捷报、证章、奖章、纪念章等
25	档案文书	历代诏谕、文告、题本、奏折、诰命、舆图、人丁黄册、田亩钱粮簿册、红白契约、文据、书札等
26	名人遗物	近现代著名历史人物的手稿、信札、题词、题字等用品
27	玻璃器	历代料器、琉璃等
28	乐器、法器	各种乐器、法器
29	皮革	历代各类皮革制品和工艺品
30	音像制品	各种原版照片、胶片、唱片、磁带、珍贵拷贝等
31	票据	各种门票、车船票、机票、供应证券、税票、发票、储蓄存单、存折、支票、彩票、奖券、金融券、单据等
32	交通、运输工具	各种民用交通运输工具及辅助器物、制品，如舆轿、人力车、兽力车、汽车、摩托、船筏、火车、飞机等
33	度量衡器	各种质地的用于物体计量长度、容积、质量的器具，如尺、权、砝码、量器、秤等
34	标本、化石	具有科学价值的古脊椎动物化石和古人类化石，包括：古猿化石、古人类化石及其与人类活动有关的第四纪古脊椎动物化石
35	其他	其他属于人类在历史发展进程中遗留下来的、由人类创造或者与人类活动有关的一切具有价值的物质遗存

（8）排架

排架是文物藏品入藏过程中的最后一个步骤了，却是库房管理工作的开始。

博物馆里的文物很多，如果不能按照一定的规律摆放，需要用的时候可找不到。所以每件文物都会有固定的位置，每次提取再归还的时候都要放回到原位置，不能乱放。

文物藏品排架的方法大致有几种：第一是按照各类藏品入藏的先后顺序排架入柜。但这种方法是在藏品已经分完类之后，顺次排列。这种方法比较适用于中小博物馆，可以节省库房的面积和柜架数量，充分利用柜架的空间。

第二是成组的藏品集中存放，这种方法比较适合于考古品的排架。比如同一遗址或同一墓葬的出土品集中存放，这样对于使用者来说容易查询。

186

但是同一地点出土的器物不一定是一种质地的，有的是青铜器，有的是陶器，对于温湿度的要求肯定不一样。而且在一个墓地里出土的还会有珍贵的器物，所以这些最好都要分开排架。

第三是按照文物类别排架，书画文物放在书画库房，瓷器文物放在瓷器库房。同一个库房中的文物也可以有自己的排架方法，比如器物类的文物可以按照年代、质地、器型、用途等方面归类；书画类文物可以按照书画家的年代排架，同一时期的书画放在一起，同一位画家的书画放在一起，或者相近关系的画家放在一起等。这样排架，层次清楚，取用方便。

无论使用哪种排架方法，都要把存放位置记录清楚，第几库、第几排、第几柜、第几层，都要有一个总的目录明细，方便保管员随时查找。

藏品排架一定要注意的就是安全，所以文物柜一定要坚硬结实，要有一定的承重力和抗震力。

（9）库管

负责保管文物的部门叫"保管部"，负责保管文物的人叫"保管员"，负责保管文物的地方叫"文物库房"。虽然都是库房，但是保管文物的库房要比保管机械工具的库房要"高级"一些，毕竟这些文物都是珍贵的，它们有理由享受"好条件"。

所谓的"好条件"，是指文物的存放环境，因为只有在"好条件"下生活，它们才能"活"得更久一些。

什么样的条件才算得上"好"呢？简单来说，最基本的是要做到防火、

187

防盗、防潮湿、防干燥、防污染、防灰尘、防光辐射、防虫蛀、防霉菌、防腐蚀、防糟腐、防变色、防老化等。我们可以把文物理解为一个"娇小姐"，热不得、冷不得，又怕脏、又怕虫，需要"防晒美白抗衰老，除斑去痘小妙招"。

为了切实保证"娇小姐"的安全，不仅要对库房提出高要求，还要把它们都放到相应的柜子、箱子、盒子、囊匣中，进行封闭、避光保存。尤其是一些易碎易破损的文物，比如陶瓷、玉器、玻璃等，对它们的囊匣要求比较高，不仅要严丝合缝，还要减震抗压。

当然，库房里的温度和湿度也很重要，而且不同文物有不同的要求，简单说叫"恒温恒湿"，具体请看下表。

材质	藏品类型	温度（℃）	相对湿度（%）
金属	青铜器、铁器、金银器、金属币	20	0~40
	锡器、铅器	25	0~40
	珐琅器、搪瓷器	20	40~50
硅酸盐	陶器、陶俑、唐三彩、紫砂器、砖瓦	20	40~50
	瓷器	20	40~50
	玻璃器	20	0~40
岩石	石器、碑刻、石雕、石砚、画像石、岩画、玉器、宝石	20	40~50
	古生物化石、岩矿标本	20	40~50
	彩绘泥塑、壁画	20	40~50
动植物	纸张、文献、经卷、书法、国画、书籍、拓片、邮票	20	50~60
	丝毛棉麻纺织品、织绣、服装、帛书、唐卡、油画	20	50~60
	漆器、木器、木雕、竹器、藤器、家具、版画	20	50~60
	象牙制品、甲骨制品、角制器、贝壳制品	20	50~60
	皮革、皮毛	5	50~60
	动物标本、植物标本	20	50~60
其他	黑白照片及胶片	15	40~50
	彩色照片及胶片	0	40~50

不同材质的文物有不同的要求，这么复杂，所有文物根本没有可能愉快地生活在一起。所以博物馆的库房都是按照文物的材质分类规划的，比如书画类文物与陶瓷类文物就不能放在一间屋子里，同样生活在一个博物馆的文物，差别就是这么大。

库房就是文物的家，现在我们家里都是智能化家居了，文物的家也要智能化。有条件的博物馆会安装智能控制温湿度的空调系统，即使这些文物偶尔出门去展厅里"值班"，也会在展柜里设有温湿度的调节器、干燥器和自动开关的灯光，这些都是为了让文物避免受到外界不利因素的影响。

（10）提用

博物馆里的文物藏品并不会被一直关在库房里不见天日，工作人员会找各种机会带它们出去参展。最常见的理由就是陈列展览，还有鉴定、编目、修复、复制，拍摄、观摩等工作。

这些理由都是正常的，也是必要的，但是一定要遵守文物出库程序。

如果文物藏品只是在馆内使用，不出馆，程序相对比较简单。只要先填写出库凭证，经过保管部主任批准就可以。但如果是一级文物藏品，就得馆长或者主管副馆长批准了。无论是观摩还是拍照，记得保证文物安全，用完立马还回去，同时还要填写入库凭证。

如果文物出馆，甚至去外地借展，就必须经过馆长同意才可以，然后填写出入库凭证。同时，文物的保管员要全程跟随，文物去哪儿人就要去哪儿，文物不能离开人员视线范围，保管员需确保文物安全，并且要按期归还。

馆际交流借展的情况经常发生，所以在提取文物外借之前，两馆就要进行文物点交。

点交就是双方看清文物藏品的数量和现状，如果有损毁的部分提前记录下来，等到归还的时候再认真核对，避免出了事情谁都说不清楚。

（11）注销

博物馆的文物藏品不是只进不出的，会因为各种原因使得文物离开博物馆这个大家庭，不再属于本馆了。这就是藏品的注销，要在藏品总账上注明销账。

藏品为什么会有注销的情况呢？

首先就是上级主管部门的调拨。当要建立一个新的博物馆时，为了充实新博物馆的馆藏，可能会从原有的博物馆中调拨出去一部分藏品去支持。

189

∧ 大同市博物馆文物藏品

博物馆之间也有可能进行馆际交换，互通有无，以丰补歉。

如果曾经是接受捐赠或收购的藏品，被捐赠者或出售人又要回去了，也要进行藏品注销。还有就是藏品被严重损毁，已经没有继续保管的必要，也要注销。当然，这一般都是在发生了自然灾害，或者人为因素破坏以及意外事故的情况下。还有一种情况就是一些不符合馆藏标准或者没有保存价值的藏品，被馆方确定为待处理品的，也可以注销。

但是，无论是哪种情况的藏品注销，一定要非常谨慎地处理。在注销前一定要向上级主管行政部门提出申请，严格依据注销凭证来办理。

（12）核对和统计

博物馆保管部的保管员们每过一段时间就要对库房的藏品进行核对，就像是商店里的"盘库"，看看库房里的藏品数量有没有出现问题。

核对的内容包括藏品的各种数据，比如新收藏品数，藏品提出陈列数，提出修复数，藏品借出数，藏品调拨、交换数，藏品损伤数和库房藏品总数等，还有库房日志的记录情况。

博物馆在每季度末或年终时，要对藏品增减的数字进行整理、计算、填报表格，这是对藏品的统计。

藏品统计的内容主要包括馆藏各类各级藏品的实际库存数，藏品增加、减少数的核对统计，藏品流动利用的统计数；出土文物、出土地点统计；传世文物来源统计；近代史文献、物品统计；民族、民俗物品统计，以及馆内外和国（境）内外展出藏品数字统计等。

　　核对和统计工作，就是要保证藏品实物、藏品编目卡和藏品总账三方完全一致，这就是博物馆人常说的"三核对"。然后做出准确的数字统计，向上级行政部门报告。

如何看懂一座博物馆?

第五章

博物馆舞台秀

博物馆的陈列展览

CHAPTER

Museum
Stage
Show

5

1. 什么是博物馆展览?

博物馆展览是博物馆非常重要的业务工作，也是观众了解博物馆文物藏品的有效途径。

观众进入博物馆，通过文物了解历史，接受教育，他们不可能直接进文物库房。观众即使进了库房，看到密密麻麻地摆了一堆"货"，也看不懂，更不爱看。所以需要有一种方式，让这些文物整整齐齐、漂漂亮亮地出现在观众面前，这种方式只能是展览。

展览到底是什么意思呢?

我们先解释一下"展览"这个词，"展"是张开、放开的意思，"览"就是看，"展览"就是张开去看。但是有一个词与展览很像，就是"陈列"，在博物馆工作中这两个词经常混用，"陈列"和"展览"到底有什么区别呢?

其实区别并不大，只是一种称谓习惯。但如果细究起来的话，还是有一点区别的。

首先，从时代来看。改革开放前，我国博物馆通行的"三部一室"制，都有基本陈列，但很少有临时展览，所以一般都叫"陈列部"。但是在改革开放之后，很多博物馆开始学习欧美的行政制度，经常举办各类临时展览，让观众能够反复走进博物馆，即使是常设陈列也不断地更新，所以人们慢慢就习惯用"展览"了。

其次，"陈列"感觉更加郑重其事，比较古典。"展览"更加大众通俗，比较现代。一个把博物馆形容成"艺术殿堂"，一个把博物馆形容成"城市客厅"。

另外，"陈列"一般都是用于长期、稳定的项目，比如我们经常说的基本陈列、通史陈列、原状陈列、常设专题陈列等。"展览"一般多用于短期的、临时的项目，比如临时展览、特展、出国展览、引进展览、短期

^ 二里头夏都遗址博物馆展厅

展览等。

最重要的是，从观念来看，"陈列"是单向的，"陈"和"列"都是博物馆的行为，以博物馆为中心。而展览却是双向的，"展"是博物馆行为，"览"是观众行为，反映了博物馆面向观众的需求。所以好的展览一定是要博物馆与观众"双向奔赴"的。

展览其实并不专属于博物馆，各行各业皆可展览。

1951 年，英国万国博览会的水晶宫可以算作是第一次正式的现代展览。从古老的货品集市模式到今天的大众咨询传播模式，展览已经经历了150 多年的发展历程。

在远古时期，人类由于图腾崇拜和进行宗教活动，有众多绘刻岩画等活动，由此产生的场所就是当时人类宗教生活和社会生活的综合场所，这可以看作是展览的萌芽。

随着社会的发展，集贸市场开始出现，逐渐发展出定期举办的庙会。再后来随着贸易活动的发展，形成了"交易会"和"展览会"的雏形。

我们看到商场里的商铺设计都非常漂亮，其实这也是一种展示。但是它的目的是为了销售，或者展示商品，增加品牌曝光度。我们把这种"展览"称为"商业展览"或"商业美陈"。

我们经常会去会展中心看一些展会，比如车展、书展、家居展、美食

∧ 跨湖桥遗址博物馆展厅

∧ 宁夏博物馆展厅

展等，但还有一些只面对行业内部的展会，各行各业都会有，跟普通观众关系不大。这些展会是为了展示最新的产品和技术，拓展渠道、促进销售、传播品牌。我们把这种"展览"称为"会展"。其实会展可以包括行业周边会议、论坛，行业领头羊在会展展示最新成果，为行业指引发展方向。

说到这，我们会发现，展览行业至少可以分为三种：博物馆展览、商业展览、会展。

"博物馆展览"的主体是"博物馆"，而博物馆从本质上来讲是文化的传承机构，是收藏和保护文物藏品的地方，目的是为了教育和欣赏，而教育和欣赏的前提，一定需要对藏品有足够的研究和解读。

博物馆的研究人员要对文物藏品进行深入的研究，得出研究结果，形成研究报告或者专业论文。但是这并不是观众喜欢看的东西，他们没有办法通过枯涩的学术论文了解文物的内涵，这也不是博物馆应该完成的工作任务，而是科研机构的。

博物馆要做的，是把这些枯涩的研究结果通过有意思的方式传递给观众，这种方式就是展览。

所以博物馆的展览要基于对藏品内涵的深刻研究，全面地揭示藏品价值，并且生动地解读藏品信息。展览其实是一种社会教育与文化传播活动，目的就是通过对于"物"的发挥来促进人的发展，进而"潜移默化"地推动社会文明进步。

但如果只是把冷冰冰的"物"摆放出来，观众估计都看不懂，也不会感兴趣。所以博物馆除了在努力做"内容"之外，也要兼顾"形式"。这就需要向商业美陈和会展取经，除了好看之外，还得好玩。博物馆在"形式设计"的时候还要兼顾与观众的互动性。这就是目前国内策展界一直提出的"沉浸式""体验感"等概念。

博物馆展览就是为了能让观众学到东西，所以知识性和教育性是博物馆展览的目的。而这些展示的东西也不能都是虚假的，所以科学性和真实性是博物馆展览的前提。在观赏过程中，还得好看、好玩，让观众能够看懂，所以观赏性和趣味性是博物馆展览的方法和手段。

于是，我们可以总结出博物馆展览的几大特性：知识性、教育性、科学性、真实性、观赏性、趣味性。

所以说博物馆展览是博物馆综合性最强的业务工作，它会全面反映一个博物馆的藏品数量和质量、学术研究的广度和深度、展陈策划设计和制作、资源整合和调配、导览讲解和观众服务、行政管理和后勤保障等方面的综合实力。

公众对博物馆的认知，是从展览开始；博物馆对公众的教育，也是从展览开始。可以说，一个博物馆展览的水平，很大程度上影响着公众对博物馆水平的判断，也影响着公众对下一次参观博物馆的期待。

2. 博物馆都有什么类型的展览？

博物馆可以分为很多种类型，博物馆的展览也可以分为很多种类型。不过博物馆展览的分类是以不同角度来划分的，可以按照展览周期、策展单位、内容结构、展览规模、展览场地 5 种方式划分。

（1）按照展览周期

顾名思义，展览周期就是展览展出的时间。

只要是博物馆就会有展览，观众无论什么时候去都至少有一个展览看。这种一直存在的展览，叫作常设展览，也叫基本陈列，或固定陈列。

常设展览是博物馆的名片，基本不会随便更换。即使是建设新馆，也是在基本陈列的基础上修改和装饰，主题思想不会大动。比如我们看到很多省级博物馆的通史陈列，就是讲述这个地域的发展史，就属于这种基本陈列。还有一些遗址馆会有原状陈列，比如故宫博物院的"三大殿"，也属于基本陈列。

实际上还有一类展览也属于常设展览，就是专题展览。

所谓专题展览就是以某种文物为专题，比如陶瓷、玉器、书画等。这些专题内的文物可能会更换，但是这个展厅就是专门为这类文物设置的。你每次去可能会看到不一样的文物，但是这个展厅只展同类型文物。

临时展览与基本陈列相对应。"临时"的意思就是展出"一段时间"，不会太长，一般三个月左右。临时展览实际上也有水平高低之分，水平高的临时展览叫作特展，就是特别重要的展览。而水平低的展览叫"小临展"，比如我们常见到的一些图片展，或是少儿美术联展。

一般来讲，临时类的特展引进外馆的展览比较多，展出一段时间之后就要还回去。自己的馆藏也可以做临时展览，只不过不用着急换。

当你去到一个博物馆的时候，常设展览是随时可看的，而临时展览则是可遇而不可求的。

（2）按照策展单位

博物馆的展览不见得都是自己馆的工作人员策划制作的，展品也不见得都是自己馆的，有的时候要去寻找"外援"。

如果完全是自己馆方策划的展览，使用本馆馆藏，这种展览叫作"原创展览"。这个"原创"的概念是指策展主题是馆内自己选的，展览大纲是馆内员工写的，文物都是自己的，执行人员也都是馆里的人，最后展出也在自己馆。

当然，如果需要借助外馆的文物资源，也是可以的。甚至由一家博物馆牵头，带领一群博物馆一起做一个展览，牵头的馆可以称自己的展览是"原创展览"。

这里请注意一点，谁是原创，主要看展览的主题和创意最初是谁提出的，谁贡献的力量最大。

如果自己馆策划出一套完整的"原创展览"之后得到其他馆的好评，他馆可能会把这个展览借到自己馆去展。这就使得本馆的"原创展览"成为了别人的"引进展览"。对于一个馆来讲，会经常引进外馆的展览。

"引进"的过程只需要让具体的执行人员对接一下，因为无论从思路还是展品都是现成的。

引进展览可以引进国内博物馆的，也可以引进国外或境外博物馆的。一般来讲，既然都"引进"展览了，还是尽量引进与自己馆的特色差异更大，与自己城市更远的地区展览，让本地观众可以看到一些不太常见的文化展览。所以近几年，大型博物馆引进国外的或境外展览比较多。当然，只要是好的展览，不分国内国外都是有价值的。

每个博物馆都有可能向其他馆输出自己的"原创展览"，同时也会引进别人的"原创展览"。这个中间就有一个"利益交换"的问题，也就是"借展费"。每个馆的展览价格都不一样，而且每个地区对博物馆借展都会有财政支持。有一些馆为了方便，就与其他馆达成了共识，你借我展览，我借你展览，谁也不用给谁钱，成为"友好馆"。

当然，"友好"一定是要建立在两馆的资源和级别对等的基础之上，不能一个太高，一个太低。而且，对于文物的展览条件也要有必要的考量，比如对方馆的展柜是否恒温恒湿等，这都会影响到两馆之间的合作。

（3）按照内容结构

策展人用什么方法对展品进行展示？一般来讲有3种：叙事型展览、

199

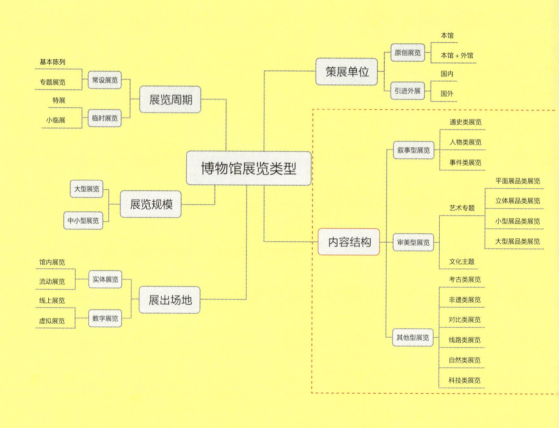

审美型展览、其他型展览。

① 叙事型展览

我们总说，好的策展人一定是会讲故事的人。展览就像电影，策展人就是导演，文物就是演员。一场好展览就像是一部好电影，但是展览要比电影难。因为演员会说话，文物不会；电影大家都看得懂，展览不一定；电影收门票天经地义，展览收门票会有人质疑。

所以这种叙事型展览不容易策划，展览偏向专业观众看不懂，若偏向通俗会被说太肤浅。

但是仍然会有很多观众享受"用展览讲故事"的感觉，毕竟看展览实物比看书要有意思得多。

叙事型展览就像写剧本或写小说，而文物展品只是充当论据，来证明这个故事是真的。这是当今最流行的一种展览方式，也是最多见的。博物馆的通史展，实际上运用的就是这种叙事性的展览方式。

地方级的历史类博物馆和综合性博物馆都会展出"通史展"，力求把本地区的历史文化讲清楚。这种展览一般都是按照时间顺序，从原始社会讲到中华人民共和国成立，甚至有的会讲到改革开放。有的小馆干脆把"规划馆"的内容合并在后面，不过这就有点不太合适了。

201

∧ 郑州博物馆雕塑展厅

当然，因为每个地区的历史文化不同，所以在做通史展时，要注意"扬长避短"，把历史长河中最重要、最璀璨、最有故事的一段大讲特讲。比如某地区的近代史很重要，则要占大量篇幅，甚至可以单独展览。

"通史展"一般都是独立的展览，在博物馆中占有很大的空间。如果省级综合性大馆的历史内容过于漫长，可以根据博物馆的实际情况划分不同展厅，一个部分占一个展厅，展厅之间做好线路引导就好。

叙事类展览可以是讲述一个城市或地区的发展，也可以是讲述一个人的成长历程，还可以是讲述一件事情的来龙去脉。所以除了通史展之外，人物类展览、事件类展览等也都属于叙事型展览，完全根据博物馆的主题内容而定。对于小型博物馆而言，可能一个馆就是一个展览，所以展览的是什么，这个博物馆就是什么。

②审美型展览

另外一种叫作审美型展览，这很好理解，即"就文物展文物"，在没有任何故事的语境之下，让观众欣赏这件文物的美。很多博物馆把这类展览叫作"艺术专题展览"，展览中所展出的文物很多都是同一种类型的，比如书画文物展、瓷器展、玉器展、青铜器展等。

许多大馆会有专门的文物展厅，前提是馆藏丰富，不然很难做出这种

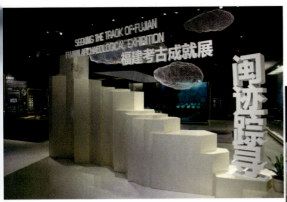

效果。

　　艺术专项展览根据展示的展品形制不同，展示要求也不同，大致可以分为平面展品类展览、立体展品类展览、小型展品类展览、大型展品类展览等。

　　平面展品的展览如书画展、古籍展、照片展、图片展等。它们的特点就是展品的形制比较单一，都是二维的平面，展柜是通体的立面柜，没有特殊造型。观众对平面的兴趣没有对立体的兴趣大，会出现"看不懂"的情况。所以策展人在策划这类展览的时候，要考虑用什么方式把平面的东西做得有意思，把枯涩难懂的内容讲得简单、好玩。而且古代书画展品最大的特点就是对于文物保护的要求非常高，比如灯光照明、展出时间、恒温恒湿等，都要符合文保的标准。

　　立体展品指常见的青铜器、玉器、瓷器等器物。因为这类器物造型都比较精致漂亮，工艺比较繁复，所以观众会喜欢。立体展品除了会用到通体展厅展出之外，还会用到大量的独立展柜。展示的位置也可以通过展台调节，整体看富有层次。观众可以从不同角度欣赏文物的美。

　　小型展品指钱币、玺印等文物，这类文物的体量都比较小，如果单独摆放，不容易吸引观众的眼球，所以一般都会成组展出。由于这类文物实在太小了，观众不容易看清，所以需要一些图版来辅助展示。图版上会有文物清晰的照片，并且会放大文物的纹饰和细节内容。比如玺印，除了要在文物的底部放上"镜子"以反射出印文之外，还要把印文用图片放大展示出来。

　　大型展品指雕塑类文物，比如佛造像、石碑等。因为这类文物一般都比较大，所以几乎不用放在展柜中，而是使用"裸展"的形式。裸展可以使观众离展品更近，看得更清楚，但是这种方式存在一定的安全隐患，所以要格外注意。佛造像等雕塑类文物要注意照明，要突出雕塑的质感、浮雕的凹凸感、佛像的庄严感等。

大型博物馆有丰厚的馆藏，中小博物馆怎么办？

很多聪明的中小型博物馆干脆做成"小而美"的"精品展"，也就是将馆藏的瓷器、玉器、书画等不同类型的文物精品都放在一个展览之中，没有主题，但全是精品。

在审美型展览中其实还有一种展览，那就是并不是在展厅内只展出一种类型的文物，而是找到一个文化主题，将各种类型的文物混合在一起展出，这类展览可以称为"文化主题展览"。比如以"吉祥文化"为主题，就可以使用带有吉祥图案的瓷器、玉器、书画、工艺杂项等各类文物作为展品，既突出了主题，又展示了展品。这种文化主题展览是当代博物馆审美型展览的一种重要的策展思路，在近几年的博物馆展览中经常出现。

③其他型展览

除了叙事型展览和审美型展览之外，还有很多类型的展览模式，比如考古类展览、非遗类展览、对比类展览、线路类展览、自然类展览、科技类展览等。

随着很多考古遗址的发掘，近几年博物馆比较流行做考古类展览。考古类展览类似于叙事型和审美型的结合，既要说清楚考古遗址挖掘的前因后果，又要让文物展现出它们的美，还要在展览中体现科学性和研究性，最后再对该考古工作的成果做出总结和汇报。

非遗类展览一般与民俗类的展览比较像，它的特殊性在于非遗一般不展示实物，比如语言和戏曲，需要通过场景还原或者音像展示，所以展柜内摆放的文物比较少，需要观众参与互动的环节比较多。

对比类展览的关键点在于既要有"对"还要有"比"，比如两个国家的文化对比、两个时代的制度对比，或者两个艺术家的对比等。曾经红极一时的"秦汉——罗马文明展"就是对比类展览的代表案例。

线路类展览的典型代表的是"丝绸之路"，要讲清线路展的主题、主体，还有节点的关系。

自然类展览和科技类展览是由自然博物馆和科技博物馆策划的，要讲清知识结构和知识原理，鼓励科学探索。

（4）按展览规模划分

所谓的展览规模，就是展厅的大小和展品的数量。其实具体的数字并

∧　四川博物院流动博物馆

没有一个标准，主要是一种主观的感受，从展览的主题当中就能感觉出来这个展览大不大。

一般特展都是比较大型的，文物都要 100 件以上，而且是分不同门类的。所以可以把这种展览叫"综合大展"。除此之外，就是中小型的展览，一般专题展览比较多，也就是针对一个小问题，或者一类文物进行展览。

在这里需要强调一点，并不是大型展览一定比中小型展览好，这只是一个体量的问题。很多中小型的展览做得非常精致，比如苏州博物馆的很多展览，虽然展览面积不大，但总可以在有限的空间内将内容做到极致。相比之下，一些"大型"展览，拥有豪华的大展厅，却没有匹配足够的展品和内容，会让人感觉空空如也，使观众无法产生良好的观展体验。

所以对展览而言，"大小"不是关键，"内容"才是王道。

第五章　博物馆舞台秀

（5）按照展览场地划分

很多人说，博物馆的展览不就是在博物馆的展厅里展出吗？还能在室外展出吗？当然能。

博物馆展览的场地可以分成实体展览和数字展览两种。而实体展览又可以分成馆内展览和流动展览。

馆内展览自不用说，是最为常见的。考虑到有一些观众因为时间或者地域的局限，不能走进博物馆看展览，于是博物馆就要想办法让展览"走出去"。比如他们会制作展板到社区、到学校、到工厂去展览，并且配备讲解人员进行宣讲。现在流行"展览大篷车"，四川博物院、内蒙古博物院都有。在车里布置展览，除了图片还有一些可移动的实物，这就比单纯用展板展览要生动得多。车开到哪里就将展览带到哪里，观众可以随时看展，最大程度地宣传了博物馆文化。

无论是馆内的还是馆外的展览，都是看得见、摸得着的实体展览。随着科技的发展，出现了许多数字展览，即观众可以在网站上或者在手机上参观的展览。

当然，这种数字展览有的是把线下真实存在的展览拍摄成数字资料，制作成线上展览，这样即使线下的展览撤展，也会在线上一直保存。还有一种是虚拟展览，就是根本不存在的展览，完全是通过科技手段虚拟。

数字展览与实体展览相比，有利有弊。好处是确实方便，观众不用出门、不用排队、不用拥挤，就可以观展，甚至可以看到文物的高清大图，在线上看要比看实物看得更清楚。因为数字展览的文物展品都是根据真实文物 360 度扫描而成的，可以做到让观看者无死角观看，这种效果在实体展厅内是不可能达成的。但数字展览是虚拟的，还是会缺少一份真实感，不如现场面对真实的文物有感觉。所以数字展览是无法取代实体展览的，只能与其互为补充。

3. 什么是博物馆策展人？

　　博物馆行业内经常把做展览的人称为"策展人"，这个名字听上去非常"高大上"，但是策展人究竟是做什么的呢？

　　"策展人"这个词其实是从西方翻译过来的，它的英文应该是"curator"。而在《英汉大词典》中，"curator"的意思是指博物馆、展览馆等的馆长或管理者。在西方语境中，博物馆"策展人"并不是一个专职，而是指在博物馆等社会文化机构中负责藏品保管、研究以及展览活动构思、策划、组织、管理的专业人员。但是，在我们国家，大致将写展览大纲的专业人士都称为"策展人"，并且把策展人分为三类。

　　第一类是机构策展人，也有专家称为"常设策展人"。他们是博物馆或美术馆的职工，甚至是主管业务的副馆长或业务部门主任。他们会负责自己博物馆的基本陈列和临时展览相关的策展工作，包括确定主题、选择展品、撰写陈列文本和文字说明等。但是由于每个博物馆的部门设置不统一，所以这些机构策展人不一定从属于哪个部门，博物馆领导会根据每个人擅长研究的领域来安排展览的策划工作。

　　第二类是学者策展人，主要是指供职于某些高校或专业学术机构的学者。这些学者拥有广博的学识和学界地位。有时候一些博物馆自己没有专业领域的专家老师，就会外请相关领域的专家学者担任策展人。但是由于这些专家自己本身有教学研究工作，而且对博物馆的馆藏并没有太多了解，只能从专业的学术层面做一些顾问和校对工作。

　　第三类是独立策展人，这里所说的"独立"，一般是指学术和人格意义上的双重独立。策展人在策划陈列展览的整个过程中既不依附于委托方，又能独立于装饰施工单位。他们一般都在行业里摸爬滚打很多年，具有一定的地位，拥有自身的学术判断和价值取向，还有深厚的专业知识和管理能力。他们能够合理兼顾、融合双方利益，在整个展览的策划和实施中都

起着不可或缺的沟通协调作用。

　　虽然策展人可以这么分类，但是在国内的博物馆中，出现最多的还是机构策展人。因为国内博物馆的特殊体制，机构策展人不像独立策展人那样自由，要遵循馆内的规矩和职责，但是因为他们不用为场地、经费和一些不确定的因素而苦恼，相对来说，没有那么大的压力。

　　不管怎么说，策展人是一个展览的灵魂，就像一部电影的导演一样，需要具备十八般武艺。

　　首先，策展人一定要具有人格魅力。展厅就是舞台，展览就是作品，每个策展人都可以打造自己的个人IP，有人设、有标签，让观众记住你，一看到这个展览就知道是你做的。

　　博物馆的策展人还要具备一定的专业知识，因为"专业"是策展人的立身之本，策展人首先得是某个领域的专家，这样才能做出专业的展览。

　　但是专业的策展人也不能太死板，需要具备学术转化能力，也要具备资料搜集与总结梳理的能力，把复杂的事情变得简单，深入浅出才是做展览的根本原则。

　　当然策展人也不可能是什么都懂的"全才"，但是策展人要有知识通感和跨界的能力，能做到"一通百通"。

　　策展人还要具备好的文笔，要有写作能力，能够撰写展览大纲和展览脚本。

策展人要有创造能力，如果说展览是艺术作品，策展人就是艺术家，策展就是在讲故事，没有创造力的故事没有人爱看。同样策展人的审美能力也很重要，审美高低决定做出来的东西是否好看。没有好的审美形式，即使故事再好观众也感受不到。

策展人有时需要讲解策展方案，所以也要具备很好的表达能力，可以准确地传达观点，说服甲方，沟通乙方。

如果说展览是一个项目，策展人就是团队的核心领导者。他要分派任务、安排时间、统筹经费，所以要具备一定的项目管理能力，要做个靠谱的领导。

展览设计中会用到很多工具软件，也许策展人不用亲自动手，但也需了解这些软件怎样使用，可以指导技术人员，在关键时刻还能应急。

对于具体的项目执行，策展人不能有拖延症，要具备果断的执行能力，杀伐决断，要有促使项目落地的能力。

最后，策展人要有一定的"江湖地位"和社会资源。

当然，策展人也不能单独作战，需要一支靠谱的团队合作作战。所以无论是机构策展人还是独立策展人，需要有意去打造一支可以长期合作的策展团队。团队中至少要有内容策划人、相关学术专家、形式设计师、教育工作者等专业人员。

4. 博物馆展览策划一般都有哪些流程？

博物馆会有专门的展览部门，展览部门不仅做展览，也会做对接展览的工作。

因为很多博物馆的展览都是由第三方展览公司制作完成，馆方只负责写展览大纲。这几年新诞生了一大波展览公司，他们不仅做设计施工，甚至可以帮助博物馆写大纲和布展。

无论是博物馆，还是策展公司，他们在策划博物馆展览的时候都要有一套标准的策展流程。当然策展流程至今在行业内还没有形成一个统一的标准，我根据自己做展览的经验，将展览流程分为选题筹备、策划设计、施工布展、宣传推广、总结评估 5 个阶段，每个阶段都有不同的任务和侧重点。

（1）选题筹备阶段

博物馆展览的选题机制通常有两种方式：一种叫上级指定，一种叫自主选题。

上级指定就相当于命题作文，领导交给你这个任务，直接去完成，即使不会也要想办法把它搞会。"上级"有的时候未必是馆长，可能是馆长的上级，所属文旅局的领导，也有可能是分馆展览业务的副馆长。

一般赶上纪念日或者大型活动的时间节点，或者为赶一些社会的热点话题，会安排指定的展览内容给策展人。

相比之下，自主选题就要灵活很多。博物馆的业务人员可以根据自己擅长的学术领域和感兴趣的主题来策划展览。但是也不能太"自由"，展览内容需要经过领导班子和专家团队的把关。

一些博物馆形成了自己的"策展人项目制度"，就是馆里的业务研究人员提出策展想法，然后自己去组建团队完成展览。这种模式会使策展人有一种使命感和责任感，展览就像自己的作品，会努力把它做好。

无论是上级指定还是自主选题，想要完成好一个展览，都需要博物馆领导的大力支持，需要符合观众的观展需求，并有学术研究的基础、充足的展览经费、适合的展览场地和展品、足够的策划制作时间和靠谱的工作团队。

选题确定了之后，就是要进入筹备阶段。

很多展览的选题未必属于策展人擅长的领域，策展人也不可能是"全才"。但策展人一定要拥有很强大的学习能力，能够在最快的时间之内，掌握展览主题的核心内容。所以第一步就是梳理和研究资料。

策展人要通过图书资料、专业论文、专家咨询、业内探讨等各种途径对专业知识进行梳理和研究，只有对展览的主题和内容有了足够的了解，才能凝练出策展的思路。

可以同时进行的筹备工作是选定团队人员。团队中要有负责撰写大纲内容的"笔杆子"，要有负责形式设计的"艺术家"，要有负责具体施工的"工程师"，还要有负责宣传推广的"经纪人"等。只有在这个阶段将人员组建起来，让他们全程参与至整个过程之中，后期的配合才会顺畅，做出的展览才是一个整体。

展览经费的预算要在筹备阶段计算出来，大致需要花多少费用，无论是向馆方申报，还是向社会拉赞助，总要先有个概念。即使财政支持，拨了一定数额的经费，策展人也需要做出每项支出的预算，因为国家对展览的经费是有严格要求的。

确定选题，并且进行了一系列筹备工作之后，策展人就会对展览有了大致的策展思路，接着要完成一份初步的展览大纲，并且制作 PPT，在领导和专家面前进行"说稿"。经过领导审批、专家论证、民众表决之后确定好最终正式的方案，填写一系列的申报材料。

（2）策划设计阶段

确定了选题之后就开始了正式的策划设计阶段。策划设计主要可以分为三部分，分别是内容设计、形式设计、外延设计。

内容设计就是要明确展览的内容，比如展览的题目叫什么、单元结构该怎么划分、挑选什么展品、具体的展览文本该如何撰写等。

这个阶段需要一个懂内容、有想法并且还要文笔好的负责人，所以一般都是策展人本人。

在想明白了上面那些问题之后，内容设计的策展人需要完成一套正式

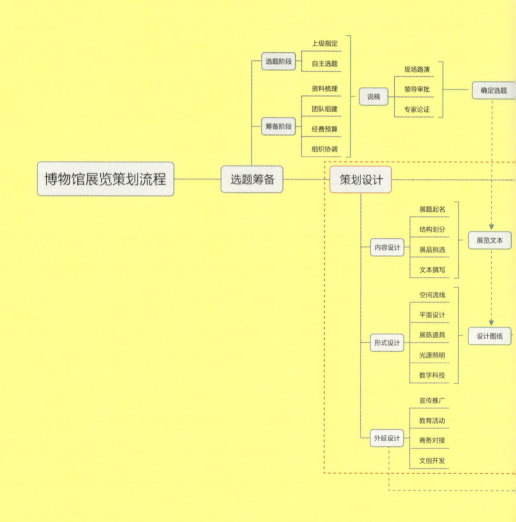

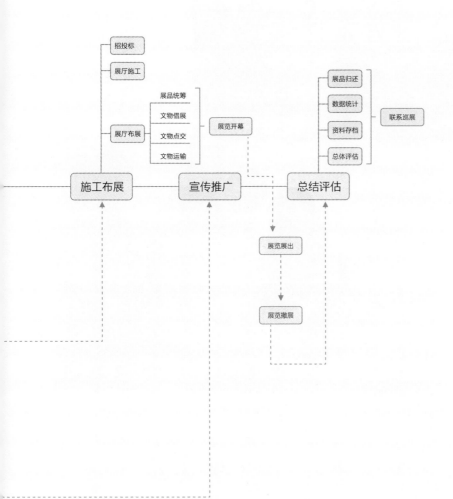

招投标

展厅施工

展品统筹

文物借展

展厅布展　　文物点交　　展览开幕

文物运输

展品归还

数据统计

资料存档　　联系巡展

总体评估

施工布展　　　宣传推广　　　总结评估

展览展出

展览撤展

^ 博物馆展览布展

如何看懂一座博物馆?

的展览脚本,以便接下来进行形式设计工作。

　　目前很多博物馆的形式设计都通过招投标的方式交给第三方展览公司制作了,他们会根据展览大纲和展览脚本,来设计一套形式设计效果图。包括展览的空间流线设计、平面设计、展具设计、照明设计、数字多媒体设计等。

　　把内容设计转化成形式设计这个阶段是最关键的,但是甲乙双方沟通上容易出现问题。

　　比如博物馆希望设计公司能够按时交付设计方案,并且可以按照要求随时修改设计。他们关注的是展览大纲的内容能否完美呈现,重点文物是

214

否得到重视，经费和运维费用是否节省，维修更换是否便利等。

乙方设计师希望博物馆方能够准确地表达出对艺术设计的需求，特别是修改方案的原因。而且需要馆方能够按时提供应有的素材，比如藏品目录、照片资料、文物尺寸等，以便设计师能够有充足的时间进行设计，这样才能随时根据博物馆要求对设计方案进行修改。

很多人认为博物馆展览只包括内容和形式两部分，实际上还应该有外延设计，包括根据展览衍生的教育活动、文创产品，以及相关的推广运营模式等，方便在展览开幕之时同时推出。

（3）施工布展阶段

如果说内容设计与形式设计还只是停留在纸上谈兵的阶段，那么施工和布展就是"实地演练"了。一般来说，博物馆委托的第三方设计公司同时也会具有相应的施工资质。

这里要说明一点，博物馆陈列展览设计施工单位的资质分为设计资质和施工资质两种，设计资质分为甲级、乙级、丙级三档，施工资质分为一级、二级、三级三档。所以一般比较厉害的展览公司都具有设计甲级资质、施工一级资质。

展览公司在做形式设计的时候，会做出专门的施工设计图，对展厅环境的施工和各种辅助技术手段的实施方法进行总体设计。

在施工过程中可能会出现各种问题，与形式设计效果图有出入，这就需要与策展人及设计师随时沟通，以便尽快解决一些突发的问题。

整个施工阶段完全由第三方公司完成，博物馆提供相应的支持保障。但是现场施工完成之后，布展工作需要博物馆自己完成。

博物馆展览的文物展品需要保管部从库房提出，如果是借展的话需要提前进行文物藏品点交和包装运输。目前很多博物馆的文物运输工作也交由第三方公司负责了。

无论是藏品点交、包装运输，还是布展，每个环节都必须注意保护文物的安全。正在布展的展厅要关闭，禁止外人进入。工作人员要佩戴手套、口罩，待布展的文物不能离开保管员视线，提取文物的时候要注意安全，千万不要摔碰。还要注意确认每件文物的位置是否正确，文物与说明牌是否对应。

所有文物都按照相应位置放入展柜之后，布展人员一定要把展柜锁上后再与保卫部门进行交接，至此，布展工作才算完成。

（4）宣传推广阶段

很多人认为博物馆策展工作布展完成就算是大功告成了，实际上还没有。展览应该是自始而终的，不是开展了就算结束，而是撤展了才算结束。

俗话说"酒香也怕巷子深"，展览做得再好，如果不会打广告观众也不知道。所以，博物馆展览的宣传推广工作非常重要。好的展览宣传就是要利用大众媒体以及其他宣传手段，积极主动地宣传展览。同时，还要加强公关工作，积极与社会各界联系，特别是与学校、旅行社和社区联系，积极争取和吸引观众前来参观展览。

一般博物馆展览的开幕会有一些特殊的活动，搞一个开幕仪式。在展览期间，还会有各种的活动，比如研讨会、讲座、教育活动等。这些都需要与策展团队一起完成，而不能直接甩给宣教部。

博物馆展览的宣传推广要做到缜密、系统，可以提前做一个计划安排表，从开展到撤展，为展览做好配套服务工作。

（5）总结评估阶段

展览直到结束撤展，才算是到了最后一个阶段。

但是撤展之后有很多收尾的工作，比如本馆的文物展品要回库，借来的展品要归还。在展览期间所有数据，比如参观人数、教育活动场次、新闻宣传报道次数等数据都要统计出来，并且把这些资料整理归档，方便制作成"展览手册"或者"展览推介"。这样一来就可以联系其他博物馆，让展览"走出去"，去开"巡回演唱会"了。

当然，一个展览策划的施行效果，是需要评估的。根据展览的反馈和业内影响力，让专家评估或者对观众进行评量。

做得特别好的展览，博物馆可以把这些资料进行整理，去参选国家文物局主办的"全国博物馆十大精品陈列展览"评选活动。

1998 年，国家文物局首次举办了全国文物系统的"十大陈列展览精品"评选活动，评选出来上一年度，也就是 1997 年的十大精品展览。从 1997 年到 1999 年，前三届的评选只限于文物系统内部，评选方式为专家不记名投票；从 2000 年第四届开始推广到全国，并且从第五届（2001—2002）开始改为两年一评；从第七届起，还加入实地复核的环节，并开设网上投票；从第九届起，由不记名投票改为实名打分，评分标准由评选活动办公室制定。

2012 年，根据以往举办活动的经验，国家文物局制定了《全国博物馆十大陈列展览精品评选章程（试行）》，明确推介周期从两年一次改为一年一次，并通过加入公证机构等办法来确保评选公正透明。在这一章程的指导下，陈列展览精品推介活动迈入了成熟发展的阶段。

即使很多专家对于此评选抱有质疑态度，认为其评价体系不够完善，评价指标不够科学等，但是它确实是目前国内最为权威并且客观的评价体系，对提高我国博物馆展览水平发挥了重要的作用。

5. 博物馆展览的内容应该怎样策划?

做好博物馆展览的内容策划是博物馆策展人最为重要的工作，从给展览起名字到写展览大纲，都能体现出策展人的水平。负责内容设计的策展人在这个阶段一般要完成几个任务：展题起名、划分单元、展品挑选、文本撰写等。

（1）展题起名

展览的题目就是一个展览的招牌，如果名字有意思，就能吸引观众来看。起一个好的展览名字，展览就成功了一大半。

博物馆展览在起名字方面有多种方式，大部分显现出一些时代特色。我结合当代许多博物馆展览的题目，总结出了一些规律，展览名称大致有以下六种类型。

第一种是中规中矩型，就是非常直白地告诉观众展览的内容，简单粗暴，没有任何修饰词。比如"古代佛像艺术精品展""安徽文明史陈列""鲁迅生平陈列""晋唐宋元书画国宝展"等。这种中规中矩类型的展览题目一般都在早期的博物馆展览中出现，有一定的时代感。

第二种叫作四字箴言型，就是主标题只有四个字，这是博物馆展览最常用的一种方式。比如"凤舞九天""牵星过洋""衣冠大成""丹宸永固""惠世天工""大唐遗宝"等。当然，有的时候策展人觉得四个字还不够，会再加四个字，成为八个字的展题，如"山高水阔　长流天际""江汉泱泱　商邑煌煌""华侨旗帜　民族光辉""明德至善　家国天下"等。两组"四字箴言"组合起来，显得更有气魄，所以一般会用在比较大型的展览之中。但是观众只看主标题，很难了解展览内容，于是一般都会配上一个能说清楚内容的副标题，而这个副标题一般都是"中规中矩"的。

第三种叫作诗文名句型。这类题目与"四字箴言"有点像，一般也是用在主标题上，选择古代诗文或者名人名句、民间俗语等。古代诗文如

218

"花重锦官城""直挂云帆济沧海""谁调清管度新声"等。名人名句一般会用在红色类展览中，比如"人民的好总理""新中国从这里走来""江山如此多娇"等。

第四种叫作浓缩提炼型。这类题目用在主标题上，但是它的字数一般比较少，两个字或者三个字，言简意赅，但是耐人寻味。比如"晋魂""读城""圆梦""山语""盛筵""湖南人""平天下""许之昌""吴兴赋"等。

第五种叫作诙谐幽默型，这种主标题更"不着调"了，但是却很好玩。比如"乾隆花园的秘密""王后·母亲·女将""燕国公主眼里的霸国"等。国外很多策展人都喜欢这么起名字，首都博物馆部分展览的名字也很有趣。

第六种叫作分割符号型，主题一般都是几个并列的词汇，然后中间用分割符隔开，具有对比或者递进的含义。比如"法老·王""都市·生活""动·境""温·婉""生命·超越"等展题，这是近几年展览起名的一种趋势。

（2）逻辑结构

展览的主题结构就像一部小说和电影的故事线，要求整个故事的逻辑要清晰合理。每个单元的结构要环环相扣，可以是以时间为脉络，也可以以板块划分，或者是通过不同视角展现等，总之一个好的展览一定是主题提炼准确，逻辑结构合理的。

我将国内博物馆展览的结构划分后总结为几个特点：时间线、独立块、多棱镜、记叙文。

时间线是规划展览结构最常用的方法，就是按照历史时间的发展顺序来分单元，经常会用在叙事类展览中。比如我们看通史展的时候，会发现通史展都是从原始时期开始讲起，按照历史发展的顺序，经过夏商周、秦汉、魏晋、隋唐、两宋、元、明、清、近代等。人物展览也是如此，从出生到少年、青年、中年、老年，甚至还会在其中标明具体的年份。这种时间线让观众拥有舒适的观展体验，就好像是跟着人物一起成长起来，符合大部分观展人的思维逻辑。

独立块是按照类别来划分，每个类别都是单独成立的，没有从属关系，也没有对比关系。这种分类方法一般会用在审美型展览中，比如很多博物馆的精品展，没有太多的叙事。第一单元是书画，第二单元是瓷器，第三单元是玉器等，每个单元都是独立的板块。但是，这种"独立块"有的时

^ 河南博物院基本陈列

^ 兰州市博物馆基本陈列

候也会与"时间线"综合使用。比如通史展中，在同一个时代的单元里，也会再分成政治、经济、文化等各种独立的板块。

多棱镜是指围绕同一个事物，从不同角度来策划。无论是一个人，还是一个事物，都有很多面，策展人需要站在更高的视角，全面、立体地做展览。比如我们做玉器的展览，除了按照"时间线"的方法讲述每个时代玉器的艺术特点之外，还可以用"多棱镜"的方法围绕玉器的历史、材质、工艺、传承等不同面来划分单元。人物展也可以这么做，比如围绕黄飞鸿一个人物，除了用"时间线"来讲述不同时期黄飞鸿的人生经历之外，还可以从不同的视角入手表现人物形象。

如何看懂一座博物馆?

记叙文是叙事型展览经常使用的。我们从小学习写记叙文，记叙文就是要写清楚一件事是怎么发生的，可以从背景、起因、发展、高潮、结果、影响等角度按"顺序"描写，也可以用"倒叙"的方式，先将结果展现出来。很多战争类或者灾难类的展览都是使用这种方式来建构。

不论使用哪类方法，一个展览都将被分成若干个"部分"，而每个部分下面还会再被分成若干个"单元"。单元的下级叫作"组"，也就是展品的排列组合了。而"组"的下级，一般就是展品了。所以，一般博物馆展览可以分为"部分、单元、组、展品"四个层级，在形式设计上，每个层级要有明显的区分。

（3）展品挑选

在博物馆展览之中，最为核心的内容就是展品。如果没有展品的支持，策展人的策展理念只是一个空壳子。所以展品就是一个展览中关键的论据支撑。

但是请注意，很多人都会简单地认为，展览的展品一定是文物。实际上这种说法非常片面，应该说，文物可以是展品，但是展品不一定都是文

物。因为有的展览没有文物，但是可以有复制品、当代艺术作品、名人遗留物，或者一些装置艺术品等。它们没有达到成为"文物"的条件，只是因为展览主题的需要，出现在展览之中，来佐证展览主题的真实性。

即使展览中出现了文物，我们有时候也未必看得懂，需要借助一些辅助的解释说明。比如图片、文字、照片、表格、档案、地图、模型、沙盘、蜡像、雕塑、绘画、声像、动画、场景复原、数字科技等。这些信息渠道只是对文物的解释说明，起到一种辅助的作用，所以称它们为"辅助展品"。它们是弥补陈列展览文物缺环、增强陈列展览效果、烘托陈列展览氛围、促进陈列展览与观众互动、帮助观众理解陈列展览的重要手段。

如果说展览是场电影，文物是这个电影的主角，辅助展品就是配角，它们存在的目的就是为了突出主角。

策展人挑选展品，就好像导演挑选演员一样，无论是主角还是配角，演员的自身条件是一个方面，最重要的是应与角色相符合。所以，一个好的展览，它所挑选的展品首先要具备较高的历史、艺术、科学价值。其次，就是它一定要能揭示主题或者说明问题，具有典型性和代表性，最好还要有情节性和故事性。

策展人挑选文物展品也是有方法和步骤的。

首先，在挑选文物展品之前，先要知道自己馆有哪些文物可以用，所谓的"翻家底儿"。因为很多策展人也许并不了解博物馆的馆藏情况，即使知道，也不知道有多少。所以如果不先翻翻家底，就没有做展览的

∧　二里头夏都遗址博物馆文物藏品

底气。

很多博物馆的策展人都是保管部的专业老师,他们本身就保管文物,所以有什么文物一清二楚。但是如果符合条件的文物太多,还是需要精挑细选,之后才能知道自己差哪些,需要补充哪些。如果缺少的文物实在重要,就要去"请外援"了,找别的博物馆借一下。

当然,有一些非常重要的文物,博物馆是不会轻易外借的。于是还有一个办法,就是用"复制品"。

很多人都会认为"复制品"就是"赝品",其实是错误的,有的复制品价值也很高。但是展览尽量不要使用太多复制品,即使必须要有,也要在文物说明牌上标明,不然就违反了博物馆职业道德规范。

如果连复制品都没有,这就很考验策展人的能力了。目前就有一种展览叫作"无文物展览",策展人可以用平面、装置、数字等各种手段来充替文物展品,同时还可以增加展览的亮点。

所以,好的策展人是要擅于"无中生有"的。

（4）文本撰写

确定了展览主题,分好展览单元,挑选完展品,我们就要开始正式撰写展览大纲。

展览大纲这个词,在博物馆领域中一点都不陌生。但是什么才是"展览大纲",要写到什么程度呢?

其实"展览大纲"在业内也没有一个准确的概念,没有人要求这个"大纲"究竟要写到什么程度,也没有标准的模板可供参考。形式设计不懂展览,不能理解文本内容,也没什么好奇怪的。但是内容设计会觉得自

222

己的工作已经完成了，做不好展览是形式设计的问题了，这就是"内容"与"形式"两者经常产生矛盾的根本原因。

其实，展览大纲这个名词只是一个代名词，就是指内容设计提供给形式设计的文本。我认为策展人可以从以下 5 个层面入手。

最简单的叫作内容框架，就是策展人构思初步的框架结构，这是概念的最初形成阶段，策展人可以在此基础上进行头脑风暴并做进一步深化。

内容框架确定后可以开始写展览大纲。请注意这个阶段的"展览大纲"可不是最终的"展览大纲"，它只是对框架内容进行深化，可以具体到结构层级的划分上，并做简要概括说明。

展览文本阶段就是继续丰富内容。所谓"文本"，是指展览中所需要的所有文字内容，也就是"上墙"的内容。包括前言、部分说明、单元说明、组说明、展品说明、辅助展品说明、相关信息（知识窗）、结语等。

前言是展览看板文字中最重要的文字，一般可反映展览的主题思想、基本内容和宗旨。展览前言文字编写的主要任务在于概述展览主旨和要点，使观众能迅速且有效地了解展览的基本情况，引导其进入正式的展览参观环节。避免行文拖沓，过于冗长，文笔枯燥生硬。前言的篇幅要精短，一般不超过 500 字，由展览主办单位撰写。

"部分、单元、组"的说明一般反映展览各级主题思想和主要内容。每一级文字说明要能统领其下的展示内容。要有严密完整的内容系统和逻辑结构层次。包含主要知识点与信息点，与主题紧密相扣。抓住重点，文字表达精练，字数不宜过多。一般来说，部分说明 250—300 字，单元说明 150—200 字，组说明 80—100 字。

展品说明的撰写是陈列大纲写作中文字量最大的部分。文字风格除了要保持与陈列展览大纲总体风格一致外，应该侧重对文物本身特色进行描写，突出文物的价值及工艺特色。内容包括主项、副项、辅助项、类目项等，字数在 100 字左右。

辅助展品文字说明只需要写名称。一些需要特殊说明的辅助展品才写简单介绍，但是字数不宜过多，不能喧宾夺主。

除了展品说明之外，还有一种相关信息，我们称为"知识窗"。知识窗是对展览和展品知识、信息的补充和阐释。它是以简洁文字配合图片、表格等组成，一般不超过 150 字，通常是以展板、多媒体等形式展示。

结语是对一个展览的总结，起到升华作用。它是展览的总结和评语，

∧ 杭州萧山博物馆基本陈列

为展览起到装饰和点缀作用，一般不超过 300 字。但不是所有展览都必须要有结语，中小型展览可以不用。

在撰写展览文本之外，还有一个需要注意的，就是译文。

在一些重要或涉外展览时，通常应将展览名称、前言、部分单元组标题、展品说明牌等配上译文。译文应根据展览举办地的实际需求而定，以英语为主。在少数民族地区举办展览，应增加当地少数民族文字译文。译文要坚持文字精练、内涵准确、用词优美等原则。

要先把这些文字都确定，才能进行到下面形式设计的部分。但是形式设计要知道策展人的理念想法，所以还要有第四个层级——"展览脚本"。

展览脚本就像电影剧本一样，不光要写出每个演员的台词，还要写出他要表演时候的状态、动作等，方便让演员知道自己该如何演绎。所以展览脚本就是用来指导形式设计用的剧本。

其实到了这一步，我们口中常说的"展览大纲"才算是完成。很多内容设计只是完成了"展览文本"，而没有写"展览脚本"，导致形式设计不知道该怎么演绎。

而当展览全部做完之后，包括形式设计、外延设计等，还需要进行全部的资料汇总，形成一本展览手册，包括展览的全部信息。展览手册的作用不只是总结留档，还可以作为展览的宣传材料对外推出，方便联系外展。

224

6. 博物馆展览的形式设计有什么讲究？

展览的内容做得再好，也要有好的形式设计。内容与形式，就像美丽的心灵与美丽的外表，同样重要，两者缺一不可。因为形式设计具有一定的直观性，很多观众会以形式做的好与不好为标准来评价一个展览的水平，所以从这个角度说，观众对于展览形式设计的要求甚至可以超过内容设计。

怎样来评价一个展览的形式设计呢？

我们可以从空间流线、平面设计、色彩设计、陈列方式、展陈道具、光源照明等角度来看。

（1）空间流线

有人说博物馆的展厅就像是一个迷宫，看着不大，路还挺多，不知道怎么，走着走着就走出去了。所以形式设计的第一步，是要先设计它的整体空间规划和布局。

一般来讲，博物馆展览的空间布局包括序厅、单元展厅、尾厅三大部分。序厅就像家里的玄关，是一进门先看到的地方，是观众对展览的第一印象，所以它的设计必须要精彩，不然会使观众失去走进去的兴趣。很多博物馆都会在序厅放雕塑或者浮雕，既能突出展览的主题思想，又能起到震撼的效果。

之后就是按照大纲的顺序设计单元展厅，每个单元之间可以有过渡空间，避免观众感到疲惫。最后还要有一个尾厅，是展览的总结，要能让观众感到主题升华，意犹未尽。

展厅内最好还有一些辅助空间，因为展览中的一些机械装备、模型可能都会额外占用一定的空间，同时还可以将展览中经常用到的工具、装备等放进去，方便工作人员随时进行检修和调陈。

不论是什么展厅，它的规划和布局都要依据空间的环境结构来实现，要显得有次序，最好不要有重复的路线，功能空间分布也要合理。

225

^ 云南省博物馆展厅

^ 二里头夏都遗址博物馆展厅

很多博物馆的空间格局规划设计采取了嵌套、交叠、连续、邻接、分离等方法。

嵌套就是大空间套小空间，空间内展示的主题属于同一大类，大小空间有主从或简略的区别。通常小空间中的内容更加重要。

交叠是指两个独立的空间产生了部分交叠，但两个空间的展示内容一定要具有共通或相似之处。

连续的空间格局适合应用在两个没有明确关系，但又不宜使用明显界线的独立主题空间中。

在普通的展览空间中，空间之间没有特别的关系而且完全独立，但却紧密相连并有明确的界线，这就是邻接空间。但如果在两个空间里，展示的内容完全不同甚至相对独立，并应用了不同的构造方法，使展出的主题内容得到相应的突出，这就是分离空间。

在空间规划中，根据展品在展厅中布置的位置可以分为临墙布置、中心布置、散点布置、网格布置、混合布置等。

临墙布置多在开口少、深入的展厅，方便动线的串联，展品也属于"一面观"类型，如书画展。中心布置是指将主要的展品以居中的位置突出表现，如大型雕塑等，这种方法适合用于正方形、圆形等规则场地。散点布置类似于中心布置，是多个展品中心布置方法的衍生。还有很多大型的展览，会用一些标准的摊位摆放形式，称为网格布置。而根据实际情况综合应用前面几种布置方法进行布展，这就是混合布置，在展品有多种类型的展览中多使用这种方法。

在展览中，展品的展出次序和参观者的路线规划也是非常重要的，这就是展线设计。

226

∧ 郑州博物馆展厅

展线也叫"动线""流线"，是指参观者在展厅中的活动路线。展线要保持整体的连续性，根据展览内容来安排展线走向，同时还得考虑到展线应与原有建筑空间保持和谐，以及消防、安全、疏散等重要因素。

常规的流线设计以自左至右的阅读方向为参考，沿着顺时针方向展开。展线可以是直线、曲线或折线形式，具体可以分为井字式、平行式、一字式、对角线式、弧线式、圆线式、曲线式等。为了保证其连贯性和顺序性，展厅之间的展线应该首尾衔接。最好要让观众少走弯路，不走"回头路"和"交叉路线"。对于重点的展区和展品要突出，甚至有的展厅可以只摆放一件文物展品，以此突出它的特殊地位。

为了让观众进到展厅后不会迷路，还需要设计和制作导向系统。比如有的展览在进入展厅之前就把展厅的平面图和流线图展示出来，并且标注出重点展品的位置，方便观众合理安排参观时间。这种导向系统可以让观众对环境信息有所选择，先看什么，后看什么，重点看什么，自己都能选，非常有效率。

另外展厅内的疏散通道、应急指示、应急照明、特殊观众的无障碍通道等都要明确出来，虽然有时候它们不是很美观，但是非常重要。

（2）平面设计

很多人都认为展览是立体的环境艺术设计，但实际上在展览中会用到很多视觉平面设计。随着展示的理念和形式的不断发展更新，平面设计占据了当代博物馆展览设计的重要地位，起到了信息载体和艺术传播的功能。

展览中的平面设计其实可以从两个维度来讨论：第一是展览整体的

227

^ 深圳南山博物馆临时展览

VI 设计，第二是展厅内所有展板的平面设计。

一个有品质的展览可以让人过目不忘，博物馆和策展人都要打造自己的"策展品牌性"，从视觉层面来讲，在博物馆的平面设计中首先要做出一套"VI 设计"。

所谓"VI"，就是 visual identity 的缩写，中文意思是"视觉识别系统"，这是艺术设计领域中的一个重要概念，学设计的人都知道。简单来说，意思就是做出来的东西要看起来像一套。

比如一个企业，要有自己的 LOGO，有自己的字体和代表颜色等，无论出现在任何海报宣传上，都使用一套 VI 设计，这是做好一个企业品牌的基础。

因为每个博物馆都有自己的 VI 设计，所以具体到某一个展览来讲的话就不需要这么复杂了，设计出展览的 LOGO、标准字体、标准色和主题图片等就可以了。

这些 VI 设计除了体现在展厅的展板设计中之外，还可以应用到展览的宣传海报、网站和公众号头图、宣传手册等各种宣传图片之中，这些都要统一设计，可以使观众有一个整体感，并留下深刻印象。

所以，展览整体的 VI 设计是要在展厅展板平面设计之前完成的工作，甚至可以在空间展线设计之前完成，属于与内容设计同步的"顶层设计"范畴。

当然，在展览的平面设计中，更重要的就是展厅内各个展板的平面设计。比如展览的前言展板、各级标题展板、文物说明牌、辅助展板、装饰

背景展板等。这些展板所展示的内容大致可以分为文字、图片、照片、图表、地图、装饰等。

无论是什么展板，都必然需要文字来传播和展示信息。文字的体式、大小和颜色必须做统一的设计。字体、字号、字色都要按照展览大纲中的文字级别关系，一个级别一个样，不同级别要有区别，肯定是高级别的视觉效果看要强于低级别的。

展板上还经常会有图片或者照片，它们可以编排成不同的形式，不仅可以形成不同的风格，而且也可以体现不同的意境和含义。

有的展览为了显示出学术性和研究性，会用到很多图表和地图。图表和地图的设计一定要打破老一套的简单化形式，要具有较高的艺术性和趣味性，有感染力并耐人寻味，但更重要的是一定要准确。

展板上通常还会使用各种装饰，比如标志、满地子纹饰、题花、尾花、装饰性的色块与色条、二方连续纹样、浮雕、肌理与质感的表现等。在使用这些装饰时，要注意应用得当，不可画蛇添足，不该加的绝对不能加。

由于展示内容不同，用以介绍的形式和角度也有所不同，一般分为纯文字排版和图文混排两种。

在纯文字的编排方式中，文字是版面的核心，也是视觉传达最直接的方式。中文常用的字体主要以宋体类和黑体类两种为主，其他字体为

229

辅。但是在一个版面中字体形式不要太多，选择两到三种字体最佳。根据视觉原理，行距越大，每行的字就越突出，而字距越大则单字越突出。在一般情况下，作为标题的字号和行距都应该比正文的字号和行距大。

我们可以将各种文字看作是版面构图的重要元素，大小不一的文字就是构图中的图块关系，标题文字是一个个醒目的方块，正文的文字呈现出一个灰面，小标题则成为窄条线形。在版面设计时，利用分栏形式可以起到分割版面空间的作用，将正文文字进行分栏处理，再结合不同大小的标题，可以使版面呈现丰富的节奏感。

图文并茂的图文混排方式，可以使展示信息传递得更加直接，将大量的图片穿插在文字中，使文字成为图片的说明。在构图时应先确定图片的位置，为了保持构图的平衡，应将图片与文字分开放置。文字与图片的放置方法可以有对称、交替、叠加、居中、混合、图形等多种方式。

（3）色彩设计

展览中的色彩设计很关键，因为当观众走进展厅的时候，最先看到的就是色彩，这些色彩可能会影响着观众的情绪和状态。所以在展览设计中要注意色彩的搭配，要选择适合的色彩，才能够突出展览主题，烘托展览内容，营造展览氛围。

无论是什么色彩，都同时具有色相、纯度、明度三种属性。

色相就是色彩的相貌，比如红色、橙色、黄色、绿色、蓝色、紫色，是区分色彩的主要依据。

明度就是色彩的明暗程度，也就是深浅度，比如白色的明度是最高的，显得最亮；黑色的明度最低，显得最暗。所以当某种颜色中加入白色时，明度就会提高，加入黑色时，明度就会降低。

纯度是指色彩纯净、艳丽的程度，也有人叫其"饱和度"或者"彩度"。颜色越明确干净的，它的纯度就越高，反之就越低。

不同的色彩会让人产生不同的心理效应和不同的温度感、重量感、软硬感、远近感和涨缩感，不同的颜色还会给人不同的情绪。

∧ 八路军驻兰办事处纪念馆
展览色彩设计

∧ 沈阳博物馆展览色彩设计

色相	积极情绪	消极情绪
红色	温暖、兴奋、活泼、热情、希望、忠诚、健康、充实、饱满、幸福	原始、暴力、危险、卑俗、恐怖、野蛮
橙色	火焰、灯光、霞光、华丽、辉煌、富足、跃动、炽热、温情、甜蜜、愉快	低廉、便宜、傲慢
黄色	轻快、光辉、透明、活泼、光明、辉煌、希望	幼稚、不安定、不成熟、紧张、危险
绿色	生命、青春、和平、安详、新鲜、环保、安全、健康、希望、生命力	保守、被动、痛苦
蓝色	沉静、理智、高深、冷酷、信赖、自信	刻板、冷漠、悲哀、恐惧、忧伤
紫色	神秘、高贵、优雅、庄重、奢华、魅力	孤寂、消极、妒忌、不健康
粉色	可爱、浪漫、温柔、青春、甜蜜	下流、不安定、媚俗、弱、幼稚
棕色	传统、坚实、自然、古朴、安定、低调	顽固、无聊、阴沉、老气
白色	洁净、光明、纯真、清白、朴素、卫生、恬静、神圣、简单	空虚、孤独、冷漠、恐怖
灰色	柔和、细致、平稳、朴素、大方、高级、质感	乏味、寂寞、犹豫、无激情、无兴趣、脏
黑色	沉静、神秘、严肃、庄重、含蓄	悲哀、恐怖、不祥、沉默、消亡、罪恶、霸道

虽然色彩具有强烈的视觉吸引力和心理感染力，但是要知道任何色彩都是为了展览服务的，比如历史题材的展览可以用较为深沉、凝重的黑色、灰色、暗红色等颜色，用色彩的温度感来表现主题的特征。在艺术品的展览上，可以采用深红色基调配合亮金属装饰，突出艺术品的华丽。

（4）陈列方式

空间、平面、色彩都已经设计完成，之后就开始设计摆放位置了。

展厅根据空间的不同，展品可以摆在不同的地方，比如摆在架子上、地面上、墙壁上、柱子上、屋顶上等。

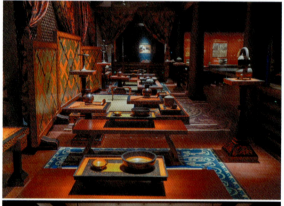

∧ 南昌汉代海昏侯国遗址博物馆展览复原式陈列

最常见的是放在展柜里的展架上，我们叫架上陈列。这种展示比较注重整体造型、格调与主题的契合程度，需要对展品具体摆放位置、空间背景、灯光照明进行精心设计。

如果是大型、重型展品，例如大型雕塑，会直接放在地面上的地台上，这叫作地面陈列，可以让观众近距离参观。

如果利用挂钩、钉子等工具将展品平展或折叠后钉、贴、挂于展墙或展板等壁面上，就叫作壁面陈列，一般用于平面艺术品或小型立体装饰物的展示，但是要注意背景与整体空间环境的选择。

如果展厅内有柱子，也可以利用起来。比如将展品利用胶粘、挂钩、捆绑等方式贴靠在柱子表面。或者是通过合理装修，把本来阻碍视线的柱子镶嵌上造型别致的柜架和箱柜，或者在柱基四周地面上进行放置陈列，这些都可以叫作柱面陈列。

还有一种空间陈列，也称垂直陈列，就是将展品悬空吊挂在屋顶、梁柱等展区上部空间。可以全方位展示出展品的外观形态，实际效果，还可以美化空间环境，保持视觉空间的轻盈通透。这种空间陈列一般用在自

然类博物馆或者军事战争类的博物馆比较多。

除了摆放的位置，摆放的方法也是有讲究的。

比较常见的博物馆展览文物展品的陈列方式主要有分类式陈列、复原式陈列、景观式陈列、对比式陈列、集中式陈列、中心式陈列、仓储式陈列、矩阵式陈列等。

分类式陈列是最为常见的，就是将展品按照一定规律、特征等分门别类摆设，简单明了。比如按照文物的类型，把所有的青铜器摆放一起，然后把青铜器中所有的鼎放在一起，这样就会显得特别统一，还可以让观众自己去区分每个鼎之间的区别。

复原式陈列就是根据展示主题的内容与展品性质特征复原布置出展品所处的历史场景。这种方法可以再具体分为：成套文物复原、环境组合复原、模型组合复原、图像组合复原、实操组合复原等。

景观式陈列就是选取某一历史现象的场面或某一自然生态的场景加以复制，通常会利用声光影等多媒体技术手段，具有强烈的感染力。一般这种陈列方式被用在自然类博物馆或者军事战争类博物馆的展览中比较多。

对比式陈列是利用对比的手法进行陈列摆设，比如大与小、多与少、粗与细、新与旧、过去与现在等都是可以用来对比的。

集中式陈列是对某些成套的物品或体积较小的物品进行聚集陈列的手法，能够突出整体印象。比如钱币展、玺印展经常使用这种手法。

中心式陈列是以某一件展品或某一项为中心，其他内容围绕其展开，众星捧月，以突出处于中心的主要展品或内容。所以一般用于中心式陈列的展品都是这个展厅中的重点展品，要格外关注。

仓储式陈列是将文物集中放在货架上，显得非常多，感觉不像在展厅而是在库房，让观众的感受更加真实。南京博物院的通史展厅中就使用了这种仓储陈列方式。

矩阵式陈列就是将文物按照一定的阵型排列摆放，比如表现战争场面或者出行场面的陶俑，就按照矩阵式排列，会显得非常有气势。

（5）展陈道具

博物馆展览中少不了展陈道具，它们可以塑造展示空间形态，烘托展示环境氛围，从而起到承托、悬挂、支撑、突出、保护陈列展品的作用。

展陈道具有很多，比较常见的就是展柜、展台、展架和其他展具等。

展柜是最常见的，主要起保护和突出展品的作用，可以达到直观展示效果。大致可以分为沿墙展柜、独立展柜、平面展柜、坡面展柜、悬挑展柜、龛柜、异形展柜等。

沿墙展柜是最常见的，也是最实用的展柜样式，它可以根据展厅的需要延长，给观众一种连续的视觉观赏性。展示空间也非常宽阔，而且能够容纳多件不同体积、不同材质的文物，适用于文物的综合性展览展示。

独立展柜一般放在展厅的中央位置，四面都是透明的玻璃，观众可以从任何角度观看文物展品，所以在独立展柜中的展品一定要从各个角度都具有观赏性，一般都是比较重要的文物。

独立展览可以使用全景独立高柜和独立通柜。全景独立高柜可以进行360度展示，能让观众从多角度观赏文物，适用于重点文物的展示。独立通柜又叫独立大柜，可同时展示多个展品，展示内容比较丰富。

平面展柜主要适用于平面文物的展出，比如书画中的收卷、册页等，高度一般在1米左右，比较适合观众对其进行俯视观察。

坡面展柜又叫斜面柜，和平面展柜的作用差不多，只是玻璃是斜的，通常被应用在档案馆、历史陈列馆等扁平类文物较多的展馆。

悬挑展柜直接安装在墙上，能使参观者近距离观赏文物。小型的悬挂柜通常用于展示体积小的文物，比如动物标本、徽章等。

龛柜也叫入墙柜，就是主体嵌入在墙里，只有一面展示展品。根据需求设计展柜的大小和嵌入墙体的深度，能有效利用展陈空间，为文物提供了一个安全性极高的展示环境，可用于多种文物的展示。

还有的博物馆在展览中用到一些异形展柜，比如三角形、圆弧形等，

这确实丰富了展厅的展示效果，但是对于展柜制作提出了更高的要求。

　　展柜中的玻璃是最为重要的，很多博物馆为了使观众能看清展柜中的文物，专门采用"低反射玻璃"。展柜的玻璃还应尽量高大、尽量密封、尽量有更少的接缝，这样才能给观众提供更好的观展体验和拍照效果。

　　展柜的开启方式也非常重要，以前的展柜都是用钥匙开启，现在的展柜都是用无线控制，电动开启。通过电子遥控器的操作，展柜的玻璃先前后推拉，再左右平移，或者上下升起、液压翻开。虽然操作更加便捷，但是需要进行长期的专业维护。

　　博物馆展柜还有一项重要的参数就是密封性。封闭性能好的博物馆展柜可以有效地控制展柜的温湿度，防尘、防有害物质的侵入，保证空气的纯净度等，尤其对于书画、丝织品之类的文物，展柜的密封性非常重要。

　　博物馆展览中的展柜还有很多带有环境控制系统，比如自动调温调湿、防紫外线、防盗报警等功能，用来更好地保护文物展品。

　　展柜里一般都会有展台，文物就是放在不同的展台上才会出现高低错落的层次感。展柜里的展台可以有不同的大小，不同的高低，相互组合，起到丰富空间层次、增强空间节奏感的作用。只要展柜和文物搭配协调，不遮挡前后文物，更不遮挡灯光照明，当然更重要的是要保证文物的安全。

　　还有一些展台是比较大型的，不放在展柜里，比如模型、沙盘或者大型雕塑展品。这些大型展台可以使展品与地面相隔，从而起到衬托和保护文物的作用。

　　展架是展示空间内展墙、展板、展台、吊顶与屏风等众多展具的支撑器件，起着连接固定、承载支撑作用。常用的展架都是方便拆装和伸缩的合金展架，质量比较轻，但是强度高、加工精度高、容易组合，并且拆装方便。

　　除了展柜、展台和展架外，还有很多其他展具，比如小型文物展品的支架和支托，可以作为壁上陈列固定在展壁上。还有书画类展览中经常使

235

用的挂钩、画托、镇尺、边挡、卷筒等。这些"小东西"往往能起到大作用。

关于展陈道具的选用，最重要的是其安全性，要坚固耐用，对展品和观众都要起到保护作用。而且，展具最好是标准化、系列化的，能够任意组合拆装，也方便运输。在造型和色彩上尽量要简洁大方，不能喧宾夺主，抢了文物展品的"风头"，还要兼顾经济性，降低成本，节省开支。

（6）光源照明

博物馆里的光源照明是非常重要的，适合的灯光照明不仅能够展现出文物的尊严，还可以还原历史场景，使氛围感拉满。

总的来说，可以把博物馆里的所有光源分为天然采光、人工照明以及天然采光与人工照明相结合的混合照明三种方式。当然博物馆展厅内大部分都是采用人工照明，人工照明又可以分为一般照明、局部照明、混合照明、装饰照明。

一般照明也就是整体照明，可以照亮整个场所，非常均匀，是最基础的照明系统。

局部照明也叫重点照明，是为了照亮某一个局部而设置的，更加明确，最大限度地突出展品，可以反映物体的结构、肌理和色彩。局部照明又包含了展柜照明、展台照明和版面照明等。

如果将整体照明和局部照明混在一起用，就叫作混合照明。而装饰照明就是气氛照明，是通过一些色彩和动感上的变化来增加氛围的。

根据光的分布和照明效果区别，人工照明又可以分为直接照明、半直接照明、间接照明、半间接照明、漫射照明等。

直接照明就是把光源全部或者90%以上都直接投射到被照物体上，这样物体的亮度就会很高，也很清晰，有利于突出展示内容。但是直接照明会产生强烈的眩光与阴影，所以一般被用在公共区域或者需要局部照明的地方。

半直接照明就是在光源上部使用半透明灯罩，所以光源的60%—90%被直接投射到被照的物体上，10%—40%的光线经过半透明灯罩扩散向上漫射，光线比较柔和，但是亮度仍然比较高。

间接照明是将光源进行遮挡，所以90%—100%的光是通过顶部反射到下面的，比如说我们经常见到的开口朝上的吊灯、壁灯等，都是间接照明，光线非常柔和，没有眩光，没有明显的阴影，但是亮度较低。

半间接照明和半直接照明正好相反，就是把半透明的灯罩装在光源的下部，60% 以上的光线射向顶部，形成间接光源，10%—40% 的部分光线经灯罩向下扩散。这种半间接照明一般都用于侧壁辅助照明或者通道照明，对亮度要求不是很高。

漫射照明就是利用灯具的折射功能来控制眩光，让光线向四周扩散漫射。比如一些玻璃器型的灯罩，或者其他封闭灯罩都属于这类照明。

展厅中灯具的选择是很重要的，在博物馆展览中常见的灯具类型主要有轨道灯、洗墙灯、展柜灯、荧光灯、光纤灯等。

轨道灯是博物馆展厅内的标配，因为博物馆的展览不是一成不变的，每次布展的时候都会重新变化展品的位置，所以灯光就需要临时调整。轨道灯的特点就是投射的方向灵活，可以自由选择布光的位置，还可以选择不同的透镜，调节不同的光束度和角度，可以完全满足博物馆的要求。

轨道灯一般都选择 LED 灯，其实就是发光二极管，工作电压很低，电流很小，抗冲击和抗震性能好，节能高效、寿命很长，所以越来越多地被使用在各种展览中。

洗墙灯顾名思义，就是让灯光像水一样洗过墙面，又叫 LED 投光灯，具有节能、光效高、色彩丰富、寿命长等特点，从而得到广泛使用，能运用到的场景也非常多。

展柜灯就是置于展柜内部的灯，为重点照射文物而使用，常见的有立

∧ 博物馆展览灯具

杆展柜灯、线性展柜灯等。立杆展柜灯的整体是简洁流畅的立杆设计,可以 360 度水平旋转,并且 0—90 度上下摆动满足全方位投射。可在博物馆平柜和独立柜中使用,让被照物在哪里都是焦点。线性展柜灯可以用在大中型的平面展柜中,实现展柜照明的"无眩光"。

展厅中有时候还会用到荧光灯和光纤灯作为装饰光源。荧光灯的特点是显色性高,色彩还原逼真,型号与色温选择范围广,可实现智能或手动调光。光纤灯是以特殊高分子化合物作为芯材,以高强度透明阻燃工程塑料为外皮,可以保证在相当长的时间内不会发生断裂、变形等质量问题,具有使用寿命长、色彩变幻丰富、耐久性和可塑性良好等特点。

无论选择哪个灯具和照明方式,对于文物展品照明都要把握住"安全、可控、还原"三个基本原则。

灯光的安全肯定是最重要的,一定要严格做到对文物展品的保护。博物馆展览中的光源与我们平时使用的光源不同,因为它照射的是文物,必须要防止光源中高紫外线辐射和高红外线辐射对展品产生的破坏。一般来讲,照度越小,对展品的损害就越小,但同时也要考虑观众的欣赏需求,所以照度值也不能过低,不然就看不见了。

展品类别	展品种类	照度（Lx 勒克斯）
对光特别敏感的展品	丝、棉麻等纺织品、织绣品、中国画、书法、拓片、手稿、文献、书籍、邮票、图片、壁纸等纸质物品,壁画、彩塑彩绘陶俑、含有机材质底层的彩绘陶器、彩色皮革、动植物标本等	50LX
对光敏感的展品	漆器、木器、竹器、骨器制品、油画、蛋清画、不染色皮革等	150—180LX
对光不敏感的展品	青铜器、铜器、金银器、各类兵器、古钱币等金属制品、石器、画像石、碑刻、砚台、各种化石、印章等石制器物,陶器、唐三彩、瓷器、琉璃器等陶瓷器,珠宝、钻石等宝玉石器,有色玻璃制品、搪瓷、珐琅等	300LX 以上

∧ 山东博物馆展览灯光设计

博物馆展览灯光照明的"可控"指灯光的布局可以灵活，明暗可以变化，拉伸变焦和调光调色都可以随时控制。灯光应该无交叉，无眩光，重点突出，四周弱化。灯光要柔和不焦躁，清晰不刺眼，展品重点突出，最好要做到"见光不见灯"。

博物馆展览照明的"还原"其实可以从三个角度来说，首先是要客观、完整、准确地展现展品的形体、轮廓和结构；然后是质感、色彩和图案；最后是画工、笔法和技艺。其实就是先整体再局部最后细节的一个过程。总之，博物馆灯光不只能点亮空间，更是打造空间氛围感的重要工具，能够有助于还原历史，让观众身临其境，与时代对话。

第五章　博物馆舞台秀

239

如何看懂一座博物馆?

第六章
博物馆小课堂

博物馆的教育活动

CHAPTER

Museum
Educational
Activities

6

1. 什么是博物馆教育?

我们每个人从小到大都受过各种各样的教育,在家里有家长教育,在学校有老师教育,终于长大了毕业了,觉得自己可以不用再受教育了,却发现来参观博物馆还是要受教育。

真的是应了那句话:"活到老,学到老。"

我们之前讲博物馆的职能,会发现教育是其中非常重要的一项,而且在近几年的博物馆定义中,教育已经成为了博物馆的首要职能。所以我们经常说,博物馆是以"藏品"为基础,"展览"为手段,"教育"为目的的。

但是博物馆教育跟学校的教育有什么不一样呢? 它有什么特殊性?

蔡元培先生曾经说过,博物馆和学校的作用都是教育,只不过博物馆重在科学与美育,正所谓"要求知识以外兼养感情"。也就是说,在博物馆与在学校学的东西不太一样。

博物馆教育与学校教育最大的区别在于,学校只是针对某一个阶段的学生,毕业之后就不是这个学校的学生了,它是有年龄要求且具有阶段性的。但是博物馆的教育却是一种"终身教育",也就是说人这一辈子,无论到什么年龄,都可以接受博物馆的教育,它的教育对象是社会上的所有人。

博物馆搞的活动,不仅有针对学生青少年的活动,还有很多针对成人的活动。

当然,因为观众的年龄和层次不同,博物馆在进行教育活动的时候是要有所区分的。比如针对具有一定专业基础的人群的传播方式,与对没有任何专业基础的普通大众的传播方式,都是不一样的。

但即使博物馆使出浑身解数,观众不进馆,我们还是没有办法开展教育。

于是,很多博物馆开始"走出去",你不来找我,我就去找你。他们会把教育活动带进学校、社区、企事业单位以及一些特殊单位。

∧ 博物馆教育活动

　　博物馆最喜欢"走出去"的地方是学校，无论是中小学，还是大学。学校也一样，希望与博物馆共建实践基地，为学生提供更多的学习机会。但是很多学校与博物馆共建的方式就是讲解员定期去学校做几个讲座活动，其实就是换了个地方讲解，学生不一定听得进去，这样的教育会有些停留于表面，恐怕无法收获好的效果。真正的共建应该利用双方资源，研发课程、编写教材、计算学分等。

　　如果说博物馆进学校的教育活动相对专业的话，走进社区则更具普及性。

　　当今时代的社区工作，不再是从前的管理模式了，主要负责人都是年轻的大学生。居民以社区为单位，组织各种类型的活动，博物馆的教育活动对他们来讲也充满了吸引力。能参与社区活动的居民大部分都是老年人，所以"走进社区"的教育活动，需要普及化、通俗化，不用讲得太深入，以科普为主。

　　除了社区之外，博物馆还可以走进企事业单位做活动。还有一些特殊单位，比如监狱、少管所等。有的博物馆教育活动会走到这些特殊人群之中，教授他们一些博物馆方面的文化知识，这一行为得到普遍的认同。这都在体现博物馆教育的终身性、公众性、社会性。

　　博物馆教育与学校教育还有一点不同，就是其具有直观性。

243

传统的学校教育一般就是坐在教室里听老师讲课，老师放 PPT 或者带点小教具。对于很多专业知识只能通过图片或者视频来讲授。但是在博物馆就不一样了，展厅里有那么多文物，直接看到实物与听别人描述还是有很大区别的。而且现在博物馆的展览都做成"沉浸式""交互式"，就是利用场景、多媒体技术等复原当时的场景，可以让观众沉浸其中，甚至还有很多互动的设施，可以加深观众的认知与记忆。

　　而且最重要的是，这种学习是不用考试的。

　　没有人逼着你学，除非你自己很想学。这就是博物馆教育的主动性，可以让人沉浸在轻松愉快的氛围里，不知不觉地学习，甚至还会有一种想要深入学习的欲望。

　　总结一下，博物馆教育具有公众性、社会性、终身性、直观性、丰富性、拓展性、自主性、愉悦性等特征。

2. 博物馆教育活动都有哪些形式？

　　博物馆教育毕竟不同于学校教育，所以它的教育形式也不是传统的"上课"模式。目前国内博物馆教育活动形式大致可以分为公众讲座、体验活动、教育课程、研学旅行、游戏竞赛、教育展览、教材绘本等几类。

　　（1）公众讲座

　　我们在大学里经常会听到各种各样的讲座，虽然有些讲座学生未必能全部领会，但这是一种学术氛围。尤其是很多高校会请业内的一些大咖，让学生了解当下最新的研究成果，确实是一件非常有意义的事。

　　博物馆虽然不同于大学，但也需要这种学术氛围。所以很多博物馆都会开设"文博讲堂"之类的教育活动，地点设在馆内专门的报告厅或会议室，同样会请到专业内的一些大咖来当主讲嘉宾。

　　但是不同的是，听众不是高校中具有专业基础的大学生，而是水平参差不齐的大众。所以要转变讲座的主题和角度，甚至授课的方法要适应老百姓的胃口，让他们能听得懂。

　　当然我知道这样很难，因为很多专家都是有真才实学的，讲授的内容很深奥，观众不易听懂。

　　尽管如此，仍然会有一群博物馆的"铁杆粉丝"会认真的听完，而且还会在讲座结束后，上台向嘉宾索要签名和合影，足见他们的热情。

　　所以，不得不说，讲座确实是博物馆教育活动中最常用，也是最简单的教育活动形式。

　　当然，博物馆讲座的主题并不是随便确定的，而是根据当下的行业热点、临时展览，或是馆藏文物特色等来选择。一般都是按照系列来举办，一个系列一个主题，请一些专家从不同方面进行解读。

　　比如馆里的一个临时展览，首场的讲座最好就是这个展览的策展人讲，这是展览的配套活动之一。策展人可以先从策展的角度对展览以及策展理

^ 博物馆公众讲座

念向观众做全方位的介绍，之后可以再请其他专家从不同方面进行解读。

在讲座之前要注意宣传工作，应该通过各种宣传渠道把讲座的信息推广出去，让更多的观众来参与。如果讲座的主题比较小众，观众不感兴趣所以报名的少，就要靠那些"铁粉"来撑场子。但是如果主题好或者嘉宾名气很大，报名的观众太多，就要有所限流，同时可以考虑同步开启线上直播，让更多的人都能听到。

在一场讲座之后，博物馆工作人员要撰写讲座活动的新闻。如果主讲嘉宾同意，也可以把讲座视频放在网上，既可以使感兴趣的观众随时观看，又能够永久保留讲座内容。

当然，讲座也不一定都是在报告厅里举行，一些小的讲座活动可以在展厅或者咖啡厅举行，这类讲座我们更愿意叫它"沙龙"。主讲嘉宾可以分享自己的内容，观众也可以畅所欲言与之讨论，让大家都能真正地参与其中。

（2）体验活动

体验活动是博物馆教育工作的常规项目，几乎每个博物馆都会策划组织，并且都会有独立的活动区域，一般针对青少年开设的比较多。

博物馆的体验活动一般来讲具有以下几个特点。

第一个特点是"特殊性"，表现在三个方面。一是根据馆藏文物或馆藏内容的特殊性来设计；二是根据临时特展的特殊性来设计；三是根据节日的特殊性来设计。当然，这种"特殊性"也会有一定的规律，比如民俗类、节日类、传统文化类等活动，可以制作灯笼、手绘团扇等，全国博物馆的活动都大同小异，会有雷同现象。

第二个特点是"独立性"。一般来讲，博物馆的体验活动都是以主题为单位，具有"单次""独立""随机""时间短"等特点。参与活动的观众可以选择任意活动参加，不需捆绑参加多项。每次活动的内容相对独立，活动之间连接性较弱，观众不会因为前几次没有来而跟不上进度，而是做到"随来随玩，玩完就走"。这样不仅给予了参加观众较大的自由度，也为主办方减轻了压力。每个活动都具有"独立性"也便于随时修正纠错，灵活自由。

第三个特点是"形式多样化"。既然称之为"活动"，就应该有各种类型，比如最常见的就是针对青少年的动手体验活动，要尽量寓教于乐，重点突出娱乐性。但是需要注意的是，不能只是动手"玩"，还要在"玩"中"学"到一些东西，不然就与普通的娱乐活动没有什么区别了。此外，还可以采用话剧、走秀、辩论赛、音乐会等多种形式。

相对而言，体验活动的操作较为简单。工作人员只需通过博物馆官方渠道公布活动时间、地点、人数限制、注意事项等信息，就可以征集参与者。但是由于这类活动一般属于公益免费性质，所以如何管理参加者是个值得思考的问题。为了避免报名中的不确定性，导致实到人数与报名人数相差太大等现象发生，有的博物馆采用"信用机制"，将多次报名后不到或者违反参加规则的观众列入"黑名单"，不让其参与博物馆的其他活动。

博物馆体验活动时间灵活，成本可控，操作简单，又具有普及性和娱乐性等特点，一直深受博物馆观众的喜爱。很多博物馆根据单次活动的经验不断修正，最终打造成"品牌"活动，用于推广与复制，不仅在馆内开展，还可以走到馆外，走进学校、社区、机关单位等，均能获得较高的社会效益。

博物馆的单次体验活动做得好，可以考虑做连贯性的"多次体验"活动，比如在暑假中用一个星期的时间给青少年做一个系统的教育项目，这就是博物馆的青少年品牌教育项目"夏令营"。

夏令营一般是有一个固定的主题，比如"小小讲解员"，时间通常是一周以上，让孩子独立参加。博物馆有的时候可能会象征性地收一点成本费用，但还是公益性质的。与其很相像的还有"冬令营"，都是这种阶段性的青少年教育活动，算是常规体验活动的升级版。

（3）教育课程

相对"体验活动"，"教育课程"则更加严谨、规范，要求增多、难度加大。

有人说，"体验"更像"课程"的免费试用版。但是目前国内博物馆做的"体验"较多，"课程"较少。

教育课程的研发不能像体验活动那样具有随机性和独立性，而是要充分考虑到学生的学习情况，并且有针对性地设计课程内容。

博物馆的教育课程开发要根据本馆特色，从博物馆学、文物学、考古学等多种学科体系出发，让学生充分了解历史、艺术、考古、自然、科技等方面的知识。这些知识不能以"散点"形式出现，而是要为学生梳理出一个完善的知识体系网。比如安徽省博物院研发的"博物馆文物探究系列课程"，课程从考古学和文物学角度入手，分成了十五章，涵盖考古、青铜器、瓷器、服饰、钱币、兵器、文房等多项内容。

此外，教育课程还要根据学生的年龄层次划分阶段。可以分为：5—8岁、8—12岁、12—15岁、15—18岁四个年龄档，根据每个年龄段孩子的特点，设计难易程度不同的课程。实际上，青少年版本课程又可以升级为成人版。

一套标准的"教育课程"应该包括四个要素：教学大纲和教案设计、教学课件（包括 PPT 和动画视频）、教学教材、教学道具与实践物料包。

教学大纲和教案设计是博物馆研学课程的核心，也是必备要素。教学

大纲是以纲要形式规定一门课程教学内容的
文件。包括这门课程的教学目的、任务、教
学内容的范围、深度和结构、教学进度以及
教学法上的基本要求等。

　　教案是教学设计方案的简称。博物馆教
育课程教案是指教师在授课前根据课程教学
大纲、教学进度和教材，针对学生实际情况，
以章节、单元或专题为单位，对教学目标、内容、时间、步骤及方法等进
行具体设计而编写的一种具有可操作性的文本。

　　一套标准的教案设计包括课程基本信息和（本节）课程教案两大部分。
课程基本信息包括：课程名称、课程简介、课程大纲、课时安排、授课对
象、教材及参考书。本节课程教案包括：教学目标、教学内容、学情分析、
教学重点与难点、教学过程设计（教学步骤、教学内容、教学方法及备注、
板书设计）、材料准备、教学反思。

　　教学课件多以 PPT 形式呈现，包括图片、动画、视频等多媒体形式。
要求形式设计美观，与教学内容风格一致，但又不能喧宾夺主。一套教育
课程应有一套教学课件，风格一致。

　　学校的课程都有对应的教材，博物馆的教育课程最好也要配有相应教
材。教材不仅是课件的打印纸质版，还应该加入更多互动环节与拓展信息。
根据博物馆教育课程的规模，教材可以是正式出版物，也可以是内部自编
讲义，但需要有相关专家严格把关。

　　如果想把一堂枯燥的理论课讲得有意思，除了漂亮的课件外，还要有
教学道具。博物馆教育课程可以根据每节课的需要，专门制作相应的文物
模型复制品，让学生动手摸"文物"。比如金沙遗址博物馆就复制了"太
阳神鸟金箔"，以供盲人学生触摸，用指尖感受文物的轮廓、纹饰，想象
文物的具体形象。

　　此外，还可以设计相关的实践物料包，让学生亲自动手制作。这种实

∧ 博物馆研学旅行

践材料包不仅可以在课堂使用，还可作为文创产品销售，一举两得。

教育课程的授课场地可以灵活选择，不仅可以让学生到博物馆去上课，也可以由教育专员到学校去上课，或者给学校老师做培训。这套教育模式不仅适用于中小学，对大学也同样适用。

（4）研学旅行

一直以来，很多人都把"研学旅行"称之为"游学"，所以很多旅行社和第三方机构打着"游学"的旗号组织旅行，但是只"游"不"学"并不是"游学"。文化局与旅游局合并成为"文旅局"之后，更加促进博物馆行业与旅游行业之间的合作。

实际上，与"教育课程"一样，博物馆的"研学旅行"也应该以"课程"为主导，以"旅行"为形式，所以关于课程的开发部分与上述内容全部一致。而"旅行"中所涉及的交通食宿等生活保障类问题可以由旅行社来负责。博物馆教育人员负责目的地的选取、课程开发与实施、研学路线规划、研学任务设置，旅行社负责费用收支、食宿安排、安全保障、交通支持。这样一来规避了风险，又提高了效率，可以给参与者带来更好的学习体验，正所谓"专业人做专业事"。

需要注意的是，研学课程内容设计仍然处于主导地位，所以线路的时间安排和地点选择极为重要。根据时间的长短，研学旅行可以分为"一日""二至三日""三日以上"三种方式。"一日"研学旅行的路线主要选择为本市或者可一天来回的临近城市。由于时间短，这类研学旅行不牵扯到住宿，只需安排好交通即可，甚至不用联系旅行社。"二至三日"研学旅行一般会选择在周末，会选择临近城市相对深入考察。这种方式建议选择旅行社，让其安排食宿问题。而"三日以上"则会去相对较远的城市，时间长、距离远，所以一定要与旅行社合作。

（5）游戏竞赛

博物馆要想吸引年轻人的关注度，就要策划及举办一些年轻人喜欢的活动，比如一些竞赛和游戏。

关于竞赛，很多年前博物馆就会举办，比如征文比赛、有奖竞猜、绘画比赛、文创大赛等。这种竞赛都是合作举办，比如与学校合办，或与媒体合办等。其实举办竞赛是一个比较聪明的办法，既能让学生有参与和展示的机会，又能为博物馆吸纳好的作品和人才，一举多得。

但是 95 后的年轻人更喜欢一些新型的游戏项目，比如"密室逃脱""剧本杀"等。尤其是"剧本杀"，已经成为当下中国年轻消费者线下的主要娱乐方式，紧随着电影、运动健身之后，高居第三位。

因为年轻人们拥有着自己独特的消费需求、思维模式和社交喜好。实景剧本杀通过引人入胜的故事、烧脑的悬疑推理、沉浸化的主题场景，可以把玩家很快带入一个富有张力的剧情世界中，去体验不同角色的人生。

博物馆开展剧本杀游戏是具有很多天然优势的。比如博物馆很多展览都是叙事性的，展厅里面有很多的情景，而且建筑和空间也很有特色。所以一些博物馆都开始尝试剧本杀游戏，有的做成文创产品，有的开展教育活动。

比如 2019 年上海玻璃博物馆就首次推出了剧本杀《消失的艺术家》，让参观者作为"侦探"，通过寻找各种线索，与演员互动，做出推理，找到消失的艺术家和艺术品。之后江门五邑华侨华人博物馆又根据馆藏史料中国致公党领袖司徒美堂先生的文物和故事原型，创新开发了剧本杀《华埠风云》。还有长沙博物馆和湖南省茶叶博物馆联合打造了《法门梦影》、广州博物馆《决战观音山》、青岛啤酒博物馆《觉醒的酿造师》等。

虽然剧本杀游戏在博物馆中已经火爆起来，但是还有很多需要注意的问题。

首先是要坚持正确的导向，要弘扬主旋律，传播正能量，不要出现血腥、暴力等不良内容，并且要设置适龄的提示。

其次是一定要保证文物的安全，在保证剧情有趣和沉浸体验的同时，确保展厅文物安全。

第三是在游戏过程中，尽量不要过度干扰其他观众参观展览。可以把剧本杀的推理、讨论、游戏与演员互动都放置在非主展区或者另外专门的场地，减少对普通观众的干扰，同时也可以让玩家有更加沉浸的体验。

最后就是收费问题。目前国内的博物馆剧本杀都是配合重大展览，或在节假日免费开放，但是如果想长期运营下去，就要考虑收费了，因为会涉及很多运营成本。博物馆可以将剧本杀活动整体包装作为文创产品或者研学活动销售，或者与第三方公司合作，打造成数字剧本，可以结合 AR 或者小程序，作为创新的导览方式进行收费。

（6）教育展览

很多人认为博物馆展览与博物馆教育是博物馆的两大职能，甚至会认为教育在展览的"下游"。实际上，博物馆展览的目的就是教育，也就是说，展览也是一种教育模式。

在博物馆的工作中，展览虽然是重要工作，但是由谁来完成似乎一直说不清。在旧的博物馆机构设置中，有陈列部专门负责展览。而当下流行纵向形管理模式，使得展览工作融入到保管、研究等不同部门之中。博物馆应该建立策展人与策展团队制度，也就是说，展览的策划不限于部门岗位，只要有好的策展方案，人人都能成为策展人。

而在"博物馆教育体系"之中，"教育展览"还属于比较新型的教育项目。目前，做的比较突出的是首都博物馆的"读城"展览项目，完全是由教育部门策展完成的。2015 年 10 月，"读城"系列展览第一个项目"追寻历史上的北京城池"开幕，得到了广大北京市民的喜爱。2017 年 7 月，"读城"的第二期"发现北京四合院之美"，2019 年 12 月，第三期"探秘北京中轴线"相继举办，获得了中国博物馆青少年教育课程优秀案例推介展示活动"十佳"教学案例。

故宫博物院于 2020 年也在澳门艺术博物馆举办教育展览"漂洋过海的遇见——故宫博物院教育展"。分为古建撷英、华服熠熠、海天交错、钟声悠扬、城中四时 5 个单元，从故宫建筑、朝服朝珠、故宫中与海洋及天文相关的文物与器物、钟表、二十四个节气与故宫生活的关系等方面，带领观众感受故宫的魅力，了解故宫红墙黄瓦间的文化。

这类教育展览与博物馆众多展览最大的不同就是没有真实的文物展出，只能依靠吸引人眼球的形似设计和巧妙的内容构思引人入胜，难度较大。但是不可否认的是，展览确实是最好的博物馆教育形式，也可以作为其他教育项目的汇报总结。

（7）教材绘本

在博物馆的教育项目中还会衍生出很多产品，比如教材、绘本、互动手册等。

目前很多博物馆开始重视馆校合作中的教材产品，如河北博物院与石家庄市裕华路小学合作编写的《陶之韵》校本教材，作为学生学习陶艺的教材，促进具有河北特色的陶瓷工艺在小学生间传承。湖南博物馆也根据本馆特色出版了教材《长沙马王堆汉墓陈列历史课程》，并分为初中卷和高中卷，还配有指导用书。

相比教材来讲，绘本的出版则更加丰富。

绘本是一种独特的儿童文学形式，用图文结合的方式相互补充完成故事讲述，一般更多针对的是学龄前儿童。

绘本的选题设计有几点注意事项：第一就是要与博物馆馆藏文物或特色紧密结合，要展示博物馆馆藏的优势，不能是纯粹的故事图画。第二就是既要传播历史和文博知识，同时还要加入社会的规则教育、安全教育等，要强调读者的社会属性。第三就是语言的使用要符合学龄前儿童的理解力，要通俗易懂，用词准确。

比如山西博物院出版的《藏在山西博物院的十二生肖》，不仅是绘本，而且还借助了 AR 增强现实技术，用绘本为载体，用手机或者平板电脑扫描绘本中的点位，就会让书上静止的文物"活"起来。"十二生肖"呼应着馆藏的 12 件文物，有 12 个文物动画形象，12 个通俗易懂的故事。

如果这些绘本或资料不能正式出版，也可以印发成互动手册。这类互动手册一般配合课程使用，有问答互动等内容，让学生自己填写，像是"手账"。如广西省博物馆、山西博物院、安徽博物院等都在课程中制作手册。手册研发起来没有正式出版物那么费时费力，相对简单灵活，也更为实用。

3. 博物馆如何进行宣传推广？

所谓的"宣传推广"，就是说你做的这件好事，要尽量让更多人知道。

其实很多单位都有宣传部门，博物馆的宣传工作大部分是与社会教育合在一起，形成"宣教部"。还有一些会在办公室或信息部设一个组，甚至还有的博物馆会单独分立出来一个"媒体中心"。

大馆通常会有宣传部，中小馆则由一个组或者一个人专门负责宣传，可见博物馆的宣传工作有多重要。如果只是埋头苦干不宣传，观众不知道博物馆都做了什么，就起不到社会教育与传播的职能。

博物馆的宣传工作很繁杂，因为它需要宣传推广的东西有很多。从普及馆藏文物的知识，到新展的开幕时间，或者讲座信息、志愿者招募、文创上新等都需要向社会"广而告之"。

（1）宣传途径

由于博物馆需要宣传的内容不一样，所以选择的渠道和途径也不同。

如果是临时闭馆这种紧急通知，就没有时间再去联系电视台和报社，通过公众号和微博通知比较快。馆内的教育活动信息除了在公众号和微博宣传之外，还可以在馆内制作展架或易拉宝，让来馆的观众一眼看到。但是针对大型展览活动，就需要联系各家媒体来进行宣传报道了。如果展览级别特别高，分量特别重，还可以考虑城市广告等途径。

所以总体来说，博物馆的宣传推广渠道可以分为官方媒体、专业媒体、网络媒体、城市广告和宣传手册等。

①官方媒体

官方媒体就是国家官方认证的媒体平台，主要有电视、广播、报刊三类媒体。当然每个媒体的级别也有区别，一般很多博物馆都会跟这些主流的官方媒体建立合作关系，这些媒体中会有专门负责跑博物馆文化板块的记者，他们也需要在各地区寻找好素材，尤其是地方电视台或者区县电视

255

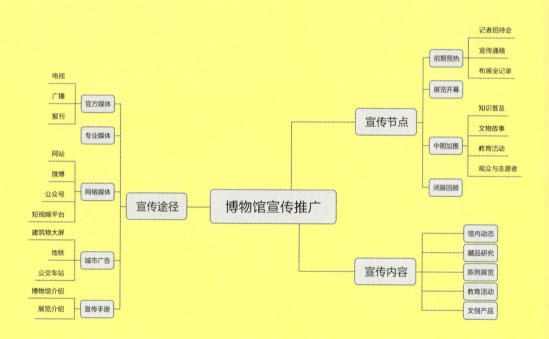

电视

广播 ── 官方媒体

报刊

专业媒体

网站

微博

公众号 ── 网络媒体

短视频平台

建筑物大屏

地铁

公交车站 ── 城市广告

博物馆介绍

展览介绍 ── 宣传手册

宣传途径 ── 博物馆宣传推广

宣传节点

记者招待会

宣传通稿 ── 前期预热

布展全记录

展览开幕

知识普及

文物故事

教育活动 ── 中期加推

观众与志愿者

闭展回顾

宣传内容

馆内动态

藏品研究

陈列展览

教育活动

文创产品

台等。

电视新闻宣传博物馆的动态一般都是比较大的事情，比如一些引进的特展开幕或者大型活动的开办。当然随着近几年"文博热"的发展，很多电视台甚至中央电视台都开始制作文博类的综艺节目，比如《国家宝藏》《上新了故宫》等。

今天大部分的年轻人可能不太看电视，但可能会听广播。很多人开车的时候会选择听广播，所以广播的传播率可能要比电视高，尤其是一些交通电台。很多博物馆会与广播电台联合制作一些系列化的小节目，定期向观众介绍文博知识，效果都很好。

报刊是平面纸媒，一般也会刊登一些博物馆大型活动的新闻，它的特点是可以提供大篇幅的深度报道。在一个城市中，只有一家电视台和一家广播电台，却会有很多家报社、杂志社。所以博物馆的宣传推广工作应该尽量做到"全面开花"，面对不同的媒体要"一视同仁"。

说句实话，虽然现在大部分年轻人不太看电视、报纸，也不一定会听广播，但是能在官方媒体上进行报道是件非常不容易的事情，代表了官方的认可和重视，所以博物馆绝对不能忽视官方媒体的力量。

②专业媒体

除了官方媒体之外，还有一类媒体也不容忽视，就是专业媒体。

所谓的专业媒体，就是博物馆文博行业内的媒体。这类媒体一般只有行业内的人士会关注，它所起到的作用不是"广而告之"，而是展现"江湖地位"。

博物馆行业内最重要的专业媒体就是由国家文物局主办的《中国文物报》，它是文博考古行业全国性权威媒体。

最开始《中国文物报》只叫作《文物报》，归河南省文物局管，后来被国家文物局"收购"才加上了"中国"两个字，彰显其独一无二的权威性。

可以这么说，在《中国文物报》上发表文章，能够体现其行业地位。

中国文物报社除了有《中国文物报》之外，还有《文物天地》《中国文化遗产》两本期刊和"中国文物信息网"，形成了"一报一网两刊"的格局。

可见，除了报纸的专业媒体外，还有很多期刊和网站。很多博物馆开办了期刊，比较著名的有故宫博物院的《故宫博物院院刊》、南京博物院的《东南文化》，都属于C刊，能在上面刊登文章非常不容易。

当然这些专业刊物的作用重在专业研究，不是为大众普及博物馆知识。

除了文博类专业媒体外，还有很多文化艺术类的专业媒体，比如《中国文化报》《中国美术报》等专业媒体，它们的行业地位和权威性一点不比《中国文物报》差，只是专业的侧重点不同而已。

一般这种专业媒体都不会像官方媒体那样具有报道的时效性，它们的出版周期不会太频繁，所以一般在专业媒体上进行宣传报道的都是成熟的文章稿件，比如一个展览结束后的总体回顾。

③网络媒体

网络新媒体是当代大众最为熟知的信息渠道，现代人可以不看电视不看报，但是不能不上网。于是博物馆除了要"供奉"官方媒体和专业媒体两尊"大佛"之外，还要花费大量的时间来做新媒体的运营。

博物馆的新媒体主要可以分为网站、微博、公众号和短视频平台。

网站是最常见的新媒体平台，几乎每个大型博物馆都会有自己的官方网站。网站除了要介绍本馆的藏品、展览、活动、文创外，还有博物馆的基本情况，包括博物馆的发展历史、机构设置、服务信息、最新动态等。

网站的维护需要信息部来做，这属于数字化博物馆的范畴，在之后会讲到。但是很多文字稿件需要博物馆各个部门来配合，信息部只做一些维护和管理的工作。

微博与网站不同，风格可以更加轻松有趣，有时不需要长篇大论的文字，需要的是上线的活跃度。所以很多博物馆负责微博的同志一般都是年轻人。

公众号像一个简洁版的网站，但是操作要比网站简单，不需要专业的技术人员维护，可以随时发布消息。对于很多紧急的事情通过公众号宣传会更快，比如突然临时闭馆。

有的博物馆的公众号上面还会有观众预约功能，甚至有的还专门做了预约小程序或 APP，这也属于数字化博物馆的范畴，是信息部的工作。

短视频平台现在是最火的，年轻人都看，甚至自己做短视频。所以有一些博物馆也开始进驻到各个短视频平台，比如抖音、快手、B 站、小红书等。但是可能因为缺乏相对专业的运营人员和运营经验，所以大部分博物馆自己的短视频账号都不是特别火。

反而，在短视频自媒体平台上，一些"大V"和知识博主的流量很高，他们也会选取博物馆来做很多内容。其实只要他们输出的内容足够专业，具有正能量，不会出现意识形态错误等问题，博物馆就可以与他们进行合作，为他们提供最新消息和方便渠道，可以请他们来"直播"，借用他们的流量达到宣传博物馆的目的。

④城市广告

城市广告就是在这座城市内人员流动量比较大的地方进行平面广告宣传，比如在城市建筑物的显示大屏、地铁、公交车站等地方进行广告宣传。

用到城市广告的时候，一般都是大型展览活动，级别较高，可以代表城市形象。这些城市广告具有一定的宣传效果，但博物馆一定要与相关单位联合协作，不然昂贵的广告费可承担不起。

博物馆除了利用城市里的其他广告之外，不要忘记自己本身也是一个城市标志建筑物。所以很多博物馆在建筑主体内外放置宣传海报，让观众只要走进这个区域就知道博物馆最近有什么"大事"发生。

此外，还有的博物馆会与航空公司联合，利用飞机上的免费杂志进行宣传，这也是一个不错的推广方式。

⑤宣传手册

经常逛博物馆的朋友肯定知道，在博物馆中经常可以免费领取宣传手册。

虽然叫作"宣传手册"，但有的时候不一定是"手册"。每个博物馆的

∧ 吴中博物馆户外广告

制作标准不同，有的是装订成册的，有的就是一张彩纸打印，当然最多的是各种样式的折页。

最基本的宣传手册肯定是博物馆介绍，这是所有博物馆都会有的。手册上面会将本馆的基本情况、馆藏精品等一一介绍，放在前台或者观众方便领取的地方。

对于临时展览这个重头戏，博物馆还会制作专题的展览介绍手册。内容依然是展览的基本情况和展品看点，有的还会加上展线设计。当然，很多博物馆也会把各个基本陈列制作成手册，以显品种更加丰富。

为了服务来参观的外国观众，很多博物馆还推出了英语、日语等多语言版本的宣传手册，版式设计与中文版完全一样。

上海博物馆每年展览宣传手册的设计和用纸都是统一的，并且每本手册都会有集中装订用的钉子，方便观众收集一年的展览手册然后进行装订，细节做的非常到位。

（2）宣传节点

由于大部分的媒体都比较忙，不是只关注博物馆这一家"客户"，他们没有时间去挖空心思想宣传点，所以这就需要馆方工作人员提前制定出一套"宣传方案"。

宣传方案中，需要设计出展览前期预热、展览开幕、中期加推、闭展回顾4个宣传时间节点。

①前期预热

前期预热就是在展览筹备阶段就开始进行宣传，很多博物馆会提前召开记者招待会，把展览的亮点提炼出来，找好噱头。

　　因为媒体记者肯定不如馆方专业，所以负责宣传的同事最好提前准备一个"通稿"，将展览的基本信息写清楚，比如为什么要做这个展览？展出多少件文物？多少个单位参与？哪些文物是重点文物？展览用到了哪些新技术手段？等等。这样方便记者统一报道，不会出错。

　　布展的过程中也可以安排记者进场进行宣传报道。比起现成的展览，观众其实更想看到布展的整个过程。如果是从外地借来的文物，可以从文物点交运输开始全程记录。就像是拍美食节目一样，把做菜的过程全部拍摄记录下来，观众吃起来会更加津津有味。

　　②展览开幕

　　展览开幕时馆方都会举办开幕式，传统的展览开幕式就是请领导和嘉宾致辞或者剪彩，然后由讲解员或者策展人引导领导和观众进入展厅观展。

　　有一些博物馆别出心裁，喜欢在展览开幕式上举办一些有意思的活动，比如举办一场音乐会或舞蹈表演，当然前提要与展览的内容文化相契合。有时候请不到专业的表演演员，就只能是宣教部的工作人员自己上场。

　　因为展览在前期已经预热了很长时间，所以展览开幕一定会引起社会的关注，无论是官方媒体还是网络媒体，宣传报道一定要及时，最好还可以同步直播，拼的就是谁比谁更快一步。

　　③中期加推

　　在展览展出的过程中，还要有各种的"加推"。这需要策展人继续挖掘一些展品背后的故事或者普及相关知识。

　　因为很多展览的内容和文化背景比较深奥，不是普通观众能够了解的，所以要在这个阶段不断进行知识的普及，让观众对照展品学习知识。

最重要的就是要在展览展出的过程中安排各种类型的教育活动，比如讲座沙龙活动、青少年体验活动、流动展览走出去活动等，这都需要教育部门提前策划出来，在展期内合理安排，每一次活动都要发布一篇宣传报道。

在展览过程中，还可以发现很多亮点。比如发现展览中志愿者的公益服务精神，还可以从观众的角度来反映展览受欢迎的程度。总之就是要在展览中找到各种亮点，让展览的热度持续。

④闭展回顾

展览结束之后，要对整个展览进行一个深度的回顾总结，这一般都会通过专业媒体。

比如博物馆为配合展览举办了多少场教育活动，为观众提供了多少场讲解服务，有多少人次的参观观众，招募了多少名志愿者，宣传报道了多少次，开发了多少款文创产品等等。

进行这些总结回顾的好处在于便于进行工作复盘，对一个项目做到有始有终，并且可以作为一个优秀的案例进行宣传推广，"整体打包"到其他城市的博物馆，进行巡回展览，争取获得更大的社会影响力。

4. 观众在博物馆里怎样听讲解?

很多观众进入博物馆参观都看不懂，需要有人讲解。博物馆出现专门从事讲解的人员是在 1906 年，美国的波士顿美术馆设立了讲解员制度。从此以后各个国家的博物馆都相继开始设立了专职讲解员。

但是在博物馆里想要听讲解不一定要去请讲解员，还有很多热心的志愿者，或者干脆去租借一台语音导览器。在博物馆中听讲解，可以选择人工讲解和电子导览两种方式。

（1）人工讲解

人工讲解的组成人员有馆方正式的讲解员和博物馆的志愿者。

①讲解员

讲解员一般隶属于博物馆的"宣教部"，有的是有编制的正式员工，有的则是劳动派遣的合同制。

在很多人看来，博物馆对于讲解员的形象气质要求都是比较高的，一般都是长得比较漂亮的小姐姐，当然也会有帅气的小哥哥。对于身高和普通话也有要求，比如男生身高不能低于 175 厘米，女生身高不能低于 165 厘米，普通话要求至少二级甲等以上。并且还要身材比例匀称，仪表得体，端庄优雅等，可以说是博物馆的"门面担当"。

除了外在的"颜值"之外，对于讲解员的内在要求其实更高。

博物馆的展览都具有专业性，策展人撰写完策展大纲，基本没有时间精力来撰写讲解词，所以这个工作就要由讲解员自己来完成。但是讲解员所学专业不一定与展览内容相符，于是要查找相关资料学习，撰写完讲解词后还要拿给专家审核，审核通过之后要用最快的时间背下来。这样一套流程下来，讲解员也快成为"专家"了。

为了让讲解员能够一直进步，馆内经常会举办各种培训与考核，还有各种讲解员大赛。如果能够在全国博物馆讲解员大赛中拿名次，那就非常

263

了不起了。所以很多观众都特别羡慕博物馆的讲解员，知识渊博，对馆藏文物如数家珍，信手拈来。

现在很多博物馆都推出"专家型讲解员"的理念，就是要求讲解员要努力学专业，不只专注于讲解技巧，还要学习更多的专业知识，努力提升自己的内涵。当然，很多讲解员也开始往博物馆教育方向转型，他们会积极开展各种教育活动。

②志愿者

博物馆里除了专职的讲解员之外，还有志愿者。

我们去逛博物馆的时候总能在展厅里面看到很多"志愿者"。可以说，志愿者文化是博物馆工作的一大亮点，他们不同于宣教部的讲解员，但是又归宣教部讲解员管理；他们又不同于普通观众，因为他们更具有主人翁意识。

博物馆的志愿者具体要做什么工作呢？

之前有讲过宣教部的工作，从展厅讲解，到观众服务；从策划活动，到具体执行。志愿者做的这些工作其实一点都不比宣教部工作人员做的少，很多志愿者已经把博物馆当成除了家和单位之外最亲近的地方，只是这个地方不发报酬。实际上，志愿者之所以能成为志愿者，也是不计报酬的。

他们之所以会花费时间和精力来博物馆为观众服务，就是抱有一腔热情。

当然，志愿者也不是那么容易就能当的。想要成为一名博物馆的志愿者，要经过层层的筛选考核。

博物馆每年都会定期招募志愿者，经过面试、培训、考核之后筛选

264

录取。

　　志愿者基本上以两大群体为主：一个群体是在读的大学生，另一个群体是退休的老同志。

　　大学生需要社会实践，尤其是许多高校文博专业的学生，学校会有专门的社团来安排志愿者讲解服务。他们在博物馆当志愿者的收获是非常大的，能够实际接触文物、接触观众，把课堂所学融入实践，将理论和实践相结合。

　　退休的老同志来博物馆发挥余热，也是一种情怀。他们的时间相对宽裕，来博物馆可以交到很多朋友，使得心情愉悦。

　　志愿者人群中还有一部分是全职妈妈。她们来博物馆当志愿者既能陶冶情操，又能填补社交需求。最重要的是，她们学习了博物馆文化知识，可以把这些知识传授给她们的孩子，言传身教，带着孩子一起学习。

　　很多志愿者对于文物的研究程度已经超过了博物馆研究部的工作人员，他们的讲解水平和讲解热情甚至也远远超过了馆里的讲解员。有时候志愿者讲解，要比讲解员讲得更为详细，同时他们的服务也会更加热情。

　　由于志愿者是免费讲解，所以可能跟随的观众会有些多，不像花钱请讲解员那样享受 VIP 服务。但是讲解的志愿者一般都是"人来疯"，人越多他们讲得就会越开心，所以可以尽情与他们进行互动交流。

　　（2）电子导览

　　人工讲解有一个好处就是互动性比较强，但是有的人还是希望能在展厅里安安静静地看展览，不太想和别人聊天，他们可以选择电子导览。

　　电子导览是一个概念的总称，就是用各种形式来代替人工讲解，比如

265

语音导览器、微信导览、微信小程序、二维码扫描导览等，都是自助形式，适合这类"社恐"人群。

最常用的叫作语音导览器，形状像个手机，观众一般都会挂在脖子上。博物馆要提前将讲解词的内容录制好储存在设备之中，观众在参观的时候，看到展柜里文物的标识，然后输入对应的编码收听讲解。说实话这个程序有点麻烦，随着时代的进步导览机也是越来越薄，越做越小，并用自动识别代替编码输入。

自动识别的设备一般叫作自动推送耳机，是运用 RFID 射频识别技术，展品旁安装感应点，游客佩戴接收耳机走至展品前可自动感应，自动推送讲解内容至耳机。

自助语音导览设备的租借是有一定费用的，但肯定会比人工讲解便宜。很多博物馆还利用微信开发了一系列的自助导览模式，比如微信公众号导览。游客通过手机微信关注展馆公众号，输入展物相对编码会回复介绍内容。展馆也可以通过运营公众号发布最新资讯与活动，拉近与观众的距离。

有的博物馆还专门做了微信导览小程序，搭载于微信平台，无须下载安装。通过蓝牙定位，可自动感应展品信息，播放语音讲解，也可通过目录查看展品信息，还有地图定位，售票等多种趣味功能定制开发，可以说是公众号导览的拓展版。

最简单的方法就是二维码扫描导览。游客通过扫描展物旁的二维码，会出现相应的介绍内容与语音讲解。相对微信导览要简单些，适合于接待需求简单的博物馆。

这些电子导览与人工讲解相比，有很多优势。

首先，操作很简单，观众只需要借助提供的耳机和便携设备就能收听讲解的内容。

其次，能满足观众对于特殊语种的需求。语音导览可以录制多种语言，方便外国观众自助参观，解决了语言障碍的问题。

再次，它能确保讲解的水平。因为传统的人工讲解会因为讲解员自身的业务水平不一和发挥状况不同而导致效果参差不齐，而提前录制好的语音导览却能做到规范统一。

最后，也是最为重要的，就是使用语音导览可以使展厅的环境更为安静。如果是人工讲解的话，很多博物馆讲解员都会使用扩音器，像是个大喇叭，这样会影响其他观众看展。

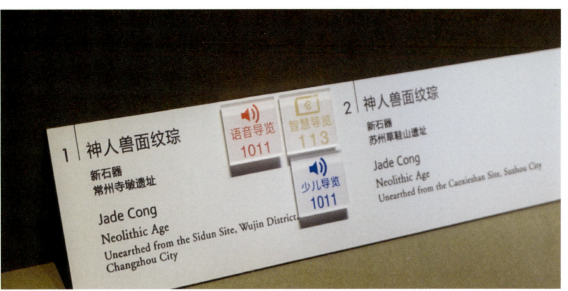

1 | 神人兽面纹琮

新石器
常州寺墩遗址

Jade Cong
Neolithic Age
Unearthed from the Sidun Site, Wujin District,
Changzhou City

语音导览
1011

智慧导览
113

少儿导览
1011

2 | 神人兽面纹琮

新石器
苏州草鞋山遗址

Jade Cong
Neolithic Age
Unearthed from the Caoxieshan Site, Suzhou City

∧ 语音导览提示牌

  当然现在很多博物馆为了避免这种情况，使用了蓝牙讲解器，讲解员讲的时候声音不大，观众戴着蓝牙耳机听得却很清楚，这和自助语音导览就很像了，自己听自己的，互相不打扰。

如何看懂一座博物馆?

第七章

博物馆购物店

博物馆的文创产品

CHAPTER

Museum
Shopping
Store

7

1. 什么是博物馆文创产品?

不知道从什么时候开始，博物馆的文创产品突然成了最吸引观众眼球的部分。

很多观众在参观完博物馆的展览之后，都会去逛一逛文创商店，甚至还有人是专门为了买文创而来的。博物馆的文创商店已经被打造成为"最后一个展厅"。

博物馆"文创产品"的全称应该是"文化创意产品"，在此之前有很多不同的叫法，比如"博物馆周边""博物馆纪念品""博物馆衍生品"等。比较公认的名字是"博物馆文创产品"。

其实最开始关注博物馆文创产品的，还是国外的博物馆，比如英国伦敦的大英博物馆、美国纽约的大都会艺术博物馆等。后来我国的台北"故宫博物院"也开始"文创觉醒"了，一款纸胶带的诞生竟然一鸣惊人，火遍海峡两岸。

台北"故宫"的"出圈"，让北京故宫博物院开始反省，原来博物馆可以这样"玩"。

于是，故宫博物院开始转变思路，逐渐打造出一个又一个文创爆款产品，占领了年轻人的消费市场。曾几何时博物馆都是以高冷的形象出现，让人不敢靠近不愿靠近。自从有了文创，博物馆一下子变得亲民许多。可见，想拉拢观众的心，必须要接地气。

所以从这个角度来看，博物馆文创确实有它的存在价值，不仅可以赚钱，还可以赚流量。而博物馆的文创部门，也由之前卖矿泉水、方便面的"小卖部"摇身一变成为了网红品牌店。

不得不说，这是思维的转变。

那么博物馆的文创产品究竟是什么呢? 难道就只是摆放在商店里的小商品吗?

其实博物馆文创产品到底是什么，国际和国内都还没有一个统一、准确的定义。

有的专家说，博物馆的文创应该有两类：一类是展览，另一类是文化商品。还有的专家说，博物馆文创应该有三类：一类是博物馆原创展览，一类是教育服务，最后一类才是文化衍生商品。

可见，博物馆文创产品的概念可以很大，也可以很小。所以这就是我们说的"广义"与"狭义"。

广义的博物馆文创产品，我们通常叫它"大文创"。简单来说可以包括文化衍生产品、原创展览展示、原创教育服务项目、其他创意项目四大板块。

比如我们都知道做文创最著名的故宫，除了那些售卖的文创商品之外，还做了很多推广品牌的事情，比如拍摄了纪录片《我在故宫修文物》，综艺节目《国家宝藏》《上新了故宫》。此外，故宫里面还开设了咖啡厅，做了灯光秀等。实际上这些都可以算是广义的"大文创"，也是博物馆运营的新模式。所以我们用一句话概括广义文创：以知识产权为运营核心，以授权合作为手段，以无形资产增值为目的。

当然这是馆长们应该操心的事，而我们关心的还是那些可以在文创商店花钱购买到的"小文创"。

∧　河北博物院西汉长信宫灯

狭义的博物馆文创产品从理论上来讲就是提取、运用博物馆藏品的文化艺术元素设计、制作，并在实体商店或者电商平台上销售的具有创造性、纪念性、实用性的特殊商品。

其实古人们早就开始研究"文创"了。比如河北博物院收藏的"长信宫灯"，这实际上就是最棒的古代版"文创产品"。

它是个灯，可以照明，具有实用性；它的造型是个仕女，很漂亮，具有艺术创造性；最重要的是它还环保，烟会顺着仕女的袖子钻进她的身体，不会造成空气污染，这就是科技性。

可见，实用性、艺术创造性和科技性是文创产品的三个重要的特征。

所以，不要小看文物的功能，也不要小看文创的价值。因为今天的文创，很有可能就是明天的文物。

当然想要开发一款不错的文创产品也不是件简单的事情，从最初的选题筹备，到市场调研，再到策划创意，既要找出痛点和市场缺口，细分产品方向，又要深入挖掘文物的文化内涵和传播的侧重点，落实各项细节。只有这样，才能开发出来既具有实用性又具有设计感的文创产品。

1978 年，上海博物馆就建立了全国首家的工艺品销售部，主要卖一些图书、明信片，还有一些文物的复、仿制品，这就是最初的博物馆文创产品了。今天的博物馆文创产品已经愈发成为大家关注的热点，从而诞生出一个又一个爆款产品。国家和各省市都先后下发了关于推出博物馆文创产品的相关政策。比如国家文物局在 2016 年就下发了《关于推动文化文物单位文化创意产品开发若干意见的通知》，又公布了 92 家博物馆作为文创试点单位。

为什么博物馆会这么重视开发文创产品呢？原因可能有几点。

首先，开发博物馆文创产品可以宣传和推广博物馆的馆藏文物。博物

∧ 良渚博物院文创空间

馆中的文物是不可以售卖的，但是可以购买根据文物设计出来的文创产品，这就等于把"文物"带回家。所以我们总说文创产品是观众与博物馆藏品之间对话的"桥梁"。这对于提升博物馆的形象，树立博物馆品牌都有很大的帮助。

第七章　博物馆购物店

其次，就是文创产品可以拓展博物馆的教育功能。我们知道，"教育"现在已经成为博物馆的首要职能了，其中"寓教于乐"是最有效的教育办法。在设计研发文创的时候，可以把相关的文化知识融入进去，让其具有文化内涵，自身充满教育意义。

最后，就是文创产品真的可以赚钱，这就可以缓解一些博物馆运营的资金压力。因为国内大部分的国有博物馆日常运营经费都是依靠国家的财政拨款，这给国家造成了很大的负担。所以博物馆卖文创，可以带来一些经济效益，自给自足，补贴家用。

政策上的支持和文化上的内需都促进着博物馆文创事业的发展。于是博物馆文创产品从最初的文物复、仿制品，到将文物元素提炼再创作，再到和当代科技相结合，最后到如今的博物馆整体 IP 打造，经历了几个不同的阶段。可见博物馆文创产品越来越高级，也越来越有内涵。

273

2. 博物馆里的文创产品都有什么东西?

前面我们刚刚讨论了"大文创",但是普通观众最关心的还是博物馆里的那些"有形"的"小文创"。博物馆做文创最开始确实也是先从小商品起家的,最典型的就是纸胶带,可以看到几乎每个博物馆的文创产品都做纸胶带。后来就是冰箱贴、手机壳、钥匙扣、书签夹、明信片、帆布包、马克杯等。

这些小商品的特点是便宜快销,每件商品的单价都不会太高。其实它的设计并不复杂,简单的说就是"贴标",把馆里的 LOGO 或是重点文物印在物品上,最好有点设计感,要美观好看。

但是博物馆的文创产品如果都是这些东西就太没有技术含量了,所以博物馆开动了脑筋,把能想到的一切东西都跟博物馆扯上关系,变成文创产品。我稍微总结了一下,大致可以分为 12 类。

(1) 出版印刷

关于出版和印刷产品,可能有人不觉得它是文创,但是它确实会在文创店销售。

出版印刷类文创产品大致可以包括藏品图录、展览图录、馆刊文集、科普图书、儿童绘本、日历、邮品、明信片、护照、福字、红包等。

几乎每个博物馆都会有自己的图录或者研究文集,有的还不止一本,有的博物馆甚至专门设有出版部门,比如故宫博物院,它的图书出版做得就特别好。

一般比较大型的博物馆都会按照藏品类型出版一套馆藏系列的图录,有的还按照展览来出图录。这种图录既有收藏价值,又有研究价值,最主要的是独一无二,只是售价都比较昂贵。

如果馆方有专门的研究文集或者期刊,也会在文创店销售。这类书籍一般比较偏专业化,所以普通观众购买的不是很多,只是作为馆际之间交

∧ 甘肃省博物馆文创明信片

流使用。

其实博物馆需要的是一些科普类图书或青少年绘本，比如故宫就出版了《故宫里的二十四节气》《我要去故宫》系列，虽然是针对青少年的科普读物，但是里面的很多内容成年人也未必了解。有的博物馆干脆直接与学校合作出教材。比如中国国家博物馆与北京史家小学就合作出版了一系列小学教材，这就是博物馆文创与博物馆教育结合最好的方式。

还有一类文创产品也属于出版类，就是日历。

说到日历，我们第一个想到的可能就是《故宫日历》，但是故宫做日历绝对不是近几年才开始的。20 世纪 30 年代，故宫博物院就连续好几年出版民国版《故宫日历》，当时的很多名人在文章或信件中还经常提到。2009 年的时候，为了向老一辈故宫人致敬，专门以 1937 年的日历为蓝本重新出版了一套《故宫日历 2010》。

迄今为止，《故宫日历》已经连续出版十几年了，每年都以十二生肖为主题，围绕当年的生肖动物来组织不同的内容。从最初的一万册印数，到销量超过百万；从单一的普通版，发展出典藏版、英文版、青少年版、亲子版等不同的版本，组成了一套"日历家族"。

2022 年的《故宫日历》还与 AR 特效结合，用手机扫描，可以使平面文物立体动态呈现眼前，增加了虚拟体验以及多媒体融合的趣味性。

自从《故宫日历》火了之后，很多博物馆都开始做自己的日历。比较

第七章　博物馆购物店

275

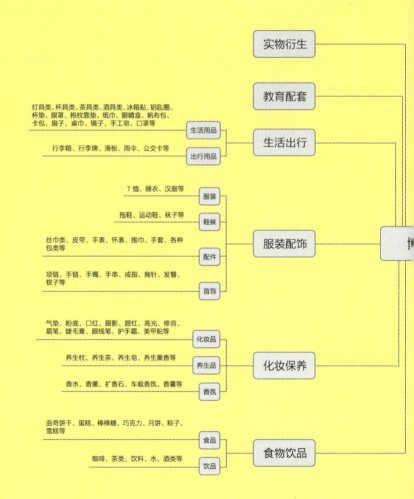

灯具类、杯具类、茶具类、酒具类、冰箱贴、钥匙圈、
杯垫、眼罩、抱枕靠垫、纸巾、眼睛盒、帆布包、
卡包、扇子、桌巾、镜子、手工皂、口罩等 — 生活用品

行李箱、行李牌、滑板、雨伞、公交卡等 — 出行用品

T恤、睡衣、汉服等 — 服装

拖鞋、运动鞋、袜子等 — 鞋袜

丝巾类、皮带、手表、怀表、围巾、手套、各种
包类等 — 配件

项链、手链、手镯、手串、戒指、胸针、发簪、
钗子等 — 首饰

气垫、粉底、口红、眼影、腮红、高光、修容、
眉笔、睫毛膏、眼线笔、护手霜、美甲贴等 — 化妆品

养生枕、养生茶、养生皂、养生熏香等 — 养生品

香水、香薰、扩香石、车载香氛、香囊等 — 香氛

曲奇饼干、蛋糕、棒棒糖、巧克力、月饼、粽子、
雪糕等 — 食品

咖啡、茶类、饮料、水、酒类等 — 饮品

实物衍生

教育配套

生活出行

服装配饰

化妆保养

食物饮品

博

11　博物馆文创产品类型

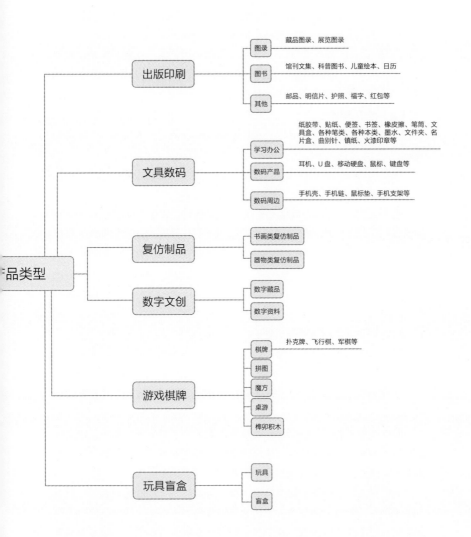

```
                                                ┌──────┐  藏品图录、展览图录
                                         ┌──────┤ 图录 │
                                         │      └──────┘
                             ┌────────┐  │      ┌──────┐  馆刊文集、科普图书、儿童绘本、日历
                             │ 出版印刷 ├──┼──────┤ 图书 │
                             └────────┘  │      └──────┘
                                         │      ┌──────┐  邮品、明信片、护照、福字、红包等
                                         └──────┤ 其他 │
                                                └──────┘

                                                            纸胶带、贴纸、便签、书签、橡皮擦、笔筒、文
                                                ┌────────┐  具盒、各种笔类、各种本类、墨水、文件夹、名
                                         ┌──────┤ 学习办公 │  片盒、曲别针、镇纸、火漆印章等
                             ┌────────┐  │      └────────┘
                             │ 文具数码 ├──┼──────┤ 数码产品 │  耳机、U盘、移动硬盘、鼠标、键盘等
                             └────────┘  │      └────────┘
                                         │      ┌────────┐  手机壳、手机链、鼠标垫、手机支架等
                                         └──────┤ 数码周边 │
                                                └────────┘

                             ┌────────┐         ┌────────────┐
               ┌─────────┐   │ 复仿制品 ├─────────┤ 书画类复仿制品 │
               │ 产品类型 │   └────────┘    │    └────────────┘
               └─────────┘                 └────┤ 器物类复仿制品 │
                                                └────────────┘
                             ┌────────┐         ┌────────┐
                             │ 数字文创 ├─────────┤ 数字藏品 │
                             └────────┘    │    └────────┘
                                           └────┤ 数字资料 │
                                                └────────┘
                                                ┌──────┐  扑克牌、飞行棋、军棋等
                                         ┌──────┤ 棋牌 │
                                         │      └──────┘
                                         │      ┌──────┐
                                         ├──────┤ 拼图 │
                             ┌────────┐  │      └──────┘
                             │ 游戏棋牌 ├──┼──────┤ 魔方 │
                             └────────┘  │      └──────┘
                                         ├──────┤ 桌游 │
                                         │      └──────┘
                                         └──────┤ 榫卯积木 │
                                                └──────┘

                             ┌────────┐         ┌──────┐
                             │ 玩具盲盒 ├─────────┤ 玩具 │
                             └────────┘    │    └──────┘
                                           └────┤ 盲盒 │
                                                └──────┘
```

有代表性的如《敦煌日历》《颐和园日历》《三星堆日历》《陕博日历》等。

实际上这些博物馆就是把自己的馆藏文物印到每张纸上，翻一页能认识一件文物，这个理念很不错。比如《陕博日历》第一年做的就是馆藏精品"大唐长安"，馆藏精品做完了，第二年开始做"丝绸之路"，第三年做的是"彩陶"等，每年都能找到新主题。

（2）复仿制品

文物的复仿制品一直是文创店比较重要的产品，一般也是卖的最贵的商品。

观众没有办法买到真实的文物，有的时候买个复制品或仿制品也不错。但是我们先要搞清楚复制品和仿制品有什么区别。

国家文物局在 2009 年颁布的《文物复制暂行管理办法》中对于文物复制进行了非常严谨的描述和严格的规定。文物复制是指依照文物的体量、形制、纹饰、质地等，基本采用原制作工艺复制与原文物相同的制品的活动，也就是说，文物的复制品是要与原文物相同的。而且，参与复制的企业和单位是要有相关资质的，文物的复制行为还要报批，一般还会有保密协议。

所以复制品贵是有贵的道理的。

但是仿制品就没有那么麻烦，不需要资质，不需要报批，不需要跟文物一模一样，所以相对便宜点。

文物复仿制品主要有器物类文物复仿制品和书画类文物复仿制品两种。

器物类像瓷器、青铜器等，可以复仿制成为工艺品成为摆设。这类器物的复仿制品一般成本较高，所以价格也不会很便宜。一般在文创商店里属于长久摆放的，很难会遇到几个买家。

书画类文物的复仿制倒是相对简单，甚至在网上都能找到很多，只是印刷质量参差不齐。高质量的复仿制品印刷成本也较高，所以价格也较高。这种复制品不仅可以出售，甚至有可能代替实物进行展览。但是需要注意的是，如果在博物馆展览中需要用复制品代替文物展出，一定要在说明牌上注明。

书画类的仿制品可以根据原作的尺寸进行放大或缩小，或者截取出某一个局部，装裱在漂亮的画框中或者独立成画轴，作为装饰画摆放在家中，虽然没有什么实用价值，但是却具有一定的观赏价值。

∧　甘肃省博物馆文创纸胶带

文物复仿制品是博物馆文创产品中的重要类型，也就是说只有博物馆的文创商店才会卖这些，与其他文创品牌店不同，具有文博行业的特殊性。

（3）文具数码

文具数码类的文创产品是博物馆里最多见的，它们的价格基本都不会太贵，所以比较好卖，属于"快销"产品。主要包括办公文具、数码产品和数码周边等。

办公文具如纸胶带、贴纸、便签、书签、橡皮擦、笔筒、文具盒、各种笔类、各种本类、墨水、文件夹、名片盒、曲别针、镇纸、火漆印章等。

这里要重点说说纸胶带，因为基本上每个博物馆都有纸胶带文创。

早在 2013 年，台北故宫以康熙朱批"朕知道了"为底本设计的纸胶带，曾一度脱销，成为大陆游客必备的纪念品，风靡海峡两岸。这个点子源于 2006 年时，冯明珠院长曾策划过一个朱批奏折展，其中有康熙朱批的"知道了"三个字，后来又截取康熙在其他朱批中的"朕"字，联合运用到胶带纸上。

之后纸胶带就火得一发不可收拾，比如故宫博物院的"孟浩然诗"和纸胶带；苏州博物馆的"问群芳""诗意几何"等纸胶带，都是爆款。

其实纸胶带的设计非常简单，就是把馆藏文物元素印在上面，比如文字、花纹、图形等。文字就是运用如"朕知道了"等诙谐幽默的语言；花纹一般都是提取于古画；而图案多来自于器物上的印刻、绘制图案，或抽象或具体。

纸胶带虽是个小物件，但艺术化的纸胶带能够满足多种需求。购买纸胶带的大多是"手账圈"的年轻人，他们将纸胶带做手账边缘的装饰，让手账的每一页都颜值在线。

∧ 苏州博物馆文创"衡山杯"

此外，像铅笔、橡皮、笔筒、尺子、记事本、文件夹、曲别针等都是常见的文具。尤其是本子，和纸胶带的特性是一样的，收藏大于实用。很多时候消费者买来其实也不舍得用，单纯因为看着好看。

数码产品在现代社会是必不可少的，像U盘、移动硬盘、充电宝、鼠标、键盘、耳机等。把这些产品与馆藏文物结合起来设计，也非常受青年人的喜爱，故宫博物院的"朝珠耳机"就是这方面的代表作。

朝珠耳机的样子酷似清代朝服上的朝珠，有红黄两色珠子装饰，使用时佩戴在脖子上就行。这个创意是将清代宫廷特有的物品与现代时尚产品相结合，材料为仿蜜蜡，佩戴时外观为整圈朝珠，肩部两侧延伸出入耳式耳机，底部为插口接头，体现复古、时尚、实用的特点。

此外，还有很多数码周边产品，比如手机壳、手机链、鼠标垫、手机支架等。

（4）生活出行

除了办公学习类的产品之外，生活和出行所需的实用品也是博物馆文创主攻的领域。

生活用品可以包括灯具、杯具、茶具、酒具、冰箱贴、钥匙圈、杯垫、眼罩、抱枕靠垫、香熏香囊、纸巾、眼镜盒、帆布包、卡包、扇子、桌巾、镜子、手工皂、口罩、雨伞、家具等。

实际上，只要是我们能想到的所有生活物品，基本上都可以做成文创产品。国家博物馆曾经做过文创"样板间"，在一个房间里，我们能看到的所有装饰都是博物馆文创，甚至床单、窗帘等都是。

生活物品里面最常见的应该就是冰箱贴。几乎每个博物馆都做冰箱贴，因为它太好做了。冰箱贴有软磁贴和圆形磁铁两种，有的表面是印刷图案的纸质不干胶，也有表面就是一块造型树脂的，都是贴在冰箱上起到装饰作用。

生活用品中常见的还有杯子。最典型的案例是苏州博物馆 2013 年文徵明大展时候设计的文创产品"衡山杯"。表面看就是一个普通的杯子，但是它的底部竟然有文徵明的一方印章，刻着文徵明的字号"衡山"两个字。这款产品成为当时的大爆款，还获了中国博物馆协会"文博传承奖"，非常畅销。

生活用品中还有一类最近见得比较多，就是手工皂。博物馆会把自己馆藏文物做成手工皂，最特别的当属浙江省博物馆的"玉琮"手工皂。浙江省博有一件镇馆之宝，就是良渚玉琮，是目前发现的所有良渚玉琮中最重、最大、做工最精美的一件，被誉为"琮王"。浙江博物馆就是采用这件琮王的元素，用手工冷制皂技术重现原始器物的文化韵味。而且每一块皂，都用了 40 滴精油，香气扑鼻。

不光是居家，还有出行。出行所需要的旅行箱、背包、行李牌、滑板、交通卡等也都被开发成文创产品。

旅行箱和行李牌已经不新鲜了，博物馆文创还开始做交通卡了。湖北省博物馆以馆藏越王勾践剑为原型打造的"天下第一剑全国公交卡"，是一种立体异型的交通卡，缩小了实物的比例，采用金属喷漆，做旧工艺制作而成。交通卡在对剑型卡片进行微缩的过程中，最大程度地还原了越王剑本身细节，连剑身"越王鸠浅，自作用剑"的鸟篆铭文都清晰可见。陕西历史博物馆也有一款"皇后之玺"文创公交卡，是以馆藏西汉吕后的玺印为原型打造的，在全国 200 多个城市都能使用。

（5）服装配饰

可能很多人想象不到博物馆的文创还可以做成服装配饰的，但这已经不稀奇了。

服装配饰可以分为服装、鞋袜、配件、首饰 4 个品类。

服装类最常见的就是 T 恤衫。T 恤衫上可以印刷各种图案，只要好看，就会有人穿。现在还有的博物馆设计文创睡衣，但是再设计别的服装就没有那么容易了，毕竟服装设计属于其他领域，从设计到打样再到成衣，需要投入比较大的精力和成本。做完之后也不见得有人会买，所以博物馆很少设计文创衣服。

博物馆做鞋袜类文创的有很多，有把博物馆文物图案印在人字拖或帆布鞋上的，但是说实话做的也不多，因为尺码不一样，做太少不可以，做太多又卖不出去。但是做袜子很方便，因为基本都是均码。

博物馆生产配件类的文创比较多，比如帽子、领带、丝巾、皮带、手套以及各类箱包等。尤其是女士的丝巾，很多博物馆都把文物的造型和纹饰重新设计，印成丝巾的图案，很多馆设计得还不错。比如甘肃省博物馆，他们就主攻丝巾类文创，有将敦煌元素再创造的敦煌主题，也有文人诗画主题。

博物馆还经常设计首饰，比如项链、手链、手镯、耳环、胸针、戒指、发簪等。这些饰品已经偏奢饰品领域，估计购买力不会太大。

（6）化妆保养

除了配饰之外，化妆品也是一个大领域。

女士使用的所有化妆品，几乎都可以与博物馆文创贴上边，比如气垫、粉底、口红、眼影、腮红、高光、修容、眉笔、睫毛膏、眼线笔、护手霜、美甲贴等。

这里最著名的就是曾经火爆一时的"故宫口红"，它们的颜色都是来自故宫馆藏文物的颜色，以瓷器中的颜色釉为主。比如郎窑红、豆沙红、美人霁、胭脂红等。外观的设计灵感则是来自后妃服饰与绣品，并且用3D黑科技打造织物的肌理和刺绣的浮雕感，力求打造出一套符合东方审美的口红。口红之后，又出了各种眼影，比如点翠眼影、仙鹤眼影、螺钿眼影等。还有腮红、高光等一系列彩妆产品。

紧接着，敦煌、三星堆等大IP博物馆都开始做彩妆，包装设计都非常精美。比如三星堆彩妆的包装，直接采用三星堆的文物造型和纹饰图腾，外壳以熟悉的青铜面具为主，将文物与彩妆完美结合。

博物馆彩妆产品与其他彩妆产品最大的区别在于博物馆彩妆文创中包含大量具有象征意义的文化符号。古老的宫墙、敦煌瑞兽、青铜文物等与现代彩妆的碰撞，不仅带给大众视觉冲击，更带着大众穿越千年与历史对话。因此，大众消费的不仅仅是彩妆产品，更是对产品背后文化的认同。

但是，在精致的化妆品包装下，有一些产品的质量还是会出现问题的，

比如会卡粉，材质不够细腻，有些颜色会有飞粉现象。所以博物馆想要与化妆品结合做成文创，不能只是搞噱头，还要回归产品的本质。

香氛类的产品，比如香水、香熏、香囊、扩香石等也可以包含在此大类之中。这类产品的核心本质没有改变，改变的只是设计与造型。

（7）食物饮品

近几年，博物馆的文创开始往食品类产品进军，做了各种各样的食品。比如曲奇饼干、蛋糕、棒棒糖、巧克力、糕点、月饼、雪糕等，还有咖啡、茶、啤酒、红酒、矿泉水等饮品。

食品类文创最典型的案例就是苏州博物馆做过的一款曲奇，设计灵感来源于苏州博物馆的镇馆之宝"越窑秘色瓷莲花碗"。秘色瓷实际上是青瓷的一种，偏绿色。所以这个饼干也是绿色的，抹茶味道的。

陕西历史博物馆也推出了一系列文物饼干，比如西汉皇后之玺玉印、汉代长乐未央瓦当、唐代开元通宝货币、盛唐时期的著名银器舞马衔杯银壶等纷纷成了饼干上栩栩如生的图案。但是最好玩的还是"虎虎生风"虎符饼干。

蛋糕做的最好的是广东省博，他们先后推出了"粤藏""粤光宝盒""风尚"三款蛋糕，吸引了大量"吃货"。比如"粤光宝盒"芝麻海盐芝士蛋糕，就是根据广东省博物馆的建筑外形"粤光宝盒"形状制作的。

棒棒糖有很多博物馆在做，但最有意思的是中国国家博物馆推出了一款"会说话"的棒棒糖，在传统的棒棒糖中加入了骨传导芯片，打开糖棒上的开关，完成蓝牙配对，根据提示打开小程序，即可在吃糖的时候听到语音讲解文物知识，收获味蕾和听觉的双重新奇体验。国博还做巧克力，比如"四羊方尊3D巧克力"。

^ 湖北省博物馆文创食品

　　每到中秋节，各个博物馆就开始"月饼大战"。好不好吃先放一边，关键是真好看，不光月饼好看，连包装盒都好看，而且是一个比一个好看。

　　比如故宫博物院和北京稻香村合作推出的千里江山图月饼礼盒，就是按照《千里江山图》来设计月饼图案，颜色是青绿色的。上海博物馆与美国纽约大都会艺术博物馆合作的"礼遇东西"月饼，设计灵感来自上海博物馆藏清代余集《梅下赏月图》和大都会艺术博物馆藏凡·高《鸢尾花》。还有陕西历史博物馆的"长安月团·花舞大唐"系列、南京博物院的"天容·琳琅"系列、湖南博物院的"君幸食"系列和"镜月流光"系列等。

　　除了月饼大战，还有"雪糕大战"。

　　国博的"四羊方尊雪糕"、首博的"伯矩鬲雪糕"、陕西历史博物馆的"灵兽系列雪糕"、甘肃博物馆的"铜奔马雪糕"、江西省博的"双面神人雪糕"、三星堆的"青铜面具雪糕"等。

　　饮品类最常见的就是茶了，苏州博物馆的一款茶包就特别有意思，叫作"唐寅茶包"。是以唐伯虎为人物原型，分为睡、醉、笑、思为四个主

284

题，巧妙将人物设计成四种造型挂在茶杯上，背后有对应的诗句。打开礼盒最先出现的是漫画版的唐伯虎以及他一生的传奇故事，让人品茶之余了解唐伯虎的一生。

但是需要注意的是，这种食物饮品类的文创产品一定要注意食品安全和保质期问题，所以最好是与专业的食品厂家合作。

（8）玩具盲盒

博物馆文创也不见得都是实用性的产品，还有很多不实用的，比如玩具和盲盒。但是这里指的玩具不是益智类玩具，而是艺术玩具或设计师玩具，比如玩偶、潮玩等。

玩偶的典型案例就是甘肃博物馆根据镇馆之宝"马踏飞燕"做的"丑萌绿马"，虽然很多网友都在抱怨设计的太丑，说这是丑化文物，但实际上真正的"马踏飞燕"如果从正面看好像也好看不到哪去。这类玩偶类文创还有三星堆的"青铜人打麻将"系列等。

盲盒最开始诞生于日本，里面通常装的是动漫、影视作品的手办，或者是设计师设计的玩偶。随着 2016 年泡泡玛特的崛起，带动了一系列盲盒经济的发展。有人称 2019 年是"盲盒元年"，标志着这类潮流玩具在国内正式出圈，前景一片大好。

于是，博物馆界也开始关注"盲盒热"。故宫博物院、河南博物院、三星堆博物馆和陕西历史博物馆等都开始涉足"盲盒＋文创"领域。

故宫是国内博物馆中做盲盒比较早的博物馆，最开始是"故宫猫·祥瑞系列"，后来又变成了"宫廷宝贝·人物系列"。而且在一套盲盒中还区分出了普通款、隐藏款和超级隐藏款。

河南博物院的盲盒做得是最专业，主打考古盲盒，叫作"失传的宝物"。盲盒不是"开箱"，而是"挖土"，完美的把考古挖掘工作和盲盒结合起来。

三星堆的"摇滚乐队"盲盒和陕西历史博物馆的"青铜小分队"盲盒也都非常有意思，都是把自己的馆藏文物做成了可爱的卡通造型，满足了年轻人的审美和追求。

（9）游戏棋牌

棋牌类文创产品其实有很多，从最初的扑克牌、飞行棋，再到后来的桌游、剧本杀等，不断地更迭升级。

中国港口博物馆的"海上丝路之大航海"游戏棋应该是游戏棋牌类

< 三星堆博物馆"川蜀小堆"盲盒
> 中国港口博物馆"海上丝路之大航海"游戏棋

文创的代表。游戏棋以大航海时代为背景，玩家扮演"郑和、哥伦布、达·伽马、麦哲伦"四位世界历史上著名的航海家，从始发港出发探索海洋，开展海上贸易。玩家集全丝绸、瓷器、茶叶、香料四种资源卡，最先返回者为胜利，游戏宣告结束。结合抛点数、桌牌、石头剪刀布、航海知识回答等游戏方式，是一款老少皆宜、灵活多变、乐趣多多的轻策略桌牌游戏。

除了扑克、桌游之外，其实拼图也可以算是游戏类文创。

苏州博物馆有一款 1000 块的拼图，是联合猫的天空之城一起开发的"奇遇苏博"拼图。在这个拼图里将许多文物故事藏在画面的各个角落，拼图的过程中对照参考图，还可以阅读文物故事。适合成人减压，也适合儿童益智，很多人花了 20 个小时才拼好。

此外，很多博物馆还做魔方、榫卯、积木、华容道等益智类游戏文创产品。比如六朝博物馆的"六朝魔方"、甘肃博物馆的"铜奔马立体拼装积木"、国家博物馆的"古代中国兵俑"等产品。

（10）数字文创

随着"元宇宙"的流行，博物馆数字文创也开始受到年轻人的关注。

博物馆的数字文创产品最为典型的就是数字藏品。

数字藏品这一概念可追溯到国外的 NFT 艺术品，是海外 NFT 进行本土化探索的产物，指将特定作品利用区块链技术进行加密的虚拟产品，具有独一无二、不可篡改、不可分割、可溯源等特点。

博物馆数字藏品属于 NFT 的一种类型，未来数字文创，更多的就是以数字藏品为主要展示形式，可能成为博物馆发展的主流。

初期，博物馆发行的数字藏品大多是直接对文物本体进行复刻的"文物数字藏品"。但后来国家文物局指出"不应直接将文物原始数据作为限量商品发售"后，博物馆逐渐转向基于文物数据进行二次创作的"文创数字藏品"。这就蕴含了文物本身以及创意设计两方面含义，具有双重文化价值。

国内数字藏品的热潮是在 2021 年开启的，之后席卷了国内的各大博物馆，甚至有人认为，最早和元宇宙进行亲密接触的竟然是最传统的博物馆行业。

但是不得不说的是，无论是数字藏品，还是 NFT，目前在我国还不是非常成熟，未来走向尚不明朗，应当谨慎对待。

还有一种文创产品也属于数字产品，但是是以实物的形式进行销售的，我想称它为数字资料。

比如上海电影博物馆、长春电影制片厂旧址博物馆等电影类主题的博物馆，它们会把自己原电影厂的老电影全部存储在移动硬盘中，然后售卖硬盘。

其实这种模式在很久之前也有先例，就是售卖光盘。比如敦煌，就拍摄了很多纪录片作为光盘售卖，这些应该属于图书资料。只不过随着电子技术的发展，光盘在今天有些过时了，很多电脑都没有光驱，所以改为移动硬盘存储。

其实这种数字资料非常珍贵，也是博物馆中独一无二的文创产品。

（11）实物衍生

数字藏品是把博物馆的实物藏品变成数字化去销售，但有没有一种可能性就是直接将馆方的实物藏品拿出去销售呢？

虽然感觉匪夷所思，但是确实是存在的，前提是这些"实物藏品"是可以"衍生"的。

举个例子，一些博物馆会将自己馆藏碑刻类文物进行拓片，出售这些拓片。比如嘉兴博物馆"嘉兴珍稀古砖拓片三种"文创产品，就是将馆藏的三方古砖手工拓片后，制作成册页销售，限量一百套。

当然，有些石碑是非常珍贵的，即使是拓片也是要限量，甚至不允许被拓。

苏州博物馆也有以实物衍生的文创产品，就是"文徵明手植紫藤种子"。

苏州博物馆的老馆是太平天国时期的忠王府，实际上与现在的苏博是相通的。在忠王府里，有一株明代大画家文徵明亲手为好友王献臣种植的一株紫藤树，雅称"文藤"，已经有几百岁了，依然还活着。

2013年，苏博举办文徵明大展，在研讨会上需要准备一份特别的伴手礼，就想到了"文藤"。因为将文藤的种子送给别人，寓意着生生不息，是非常美好的祝愿，同时种子也象征着文徵明的文人精神与风骨。没有想到就是这份小小的伴手礼，引发了购买热潮，往后每年都有人询问文藤种子何时推出。

于是苏州博物馆文创部就围绕这株紫藤做起了文创开发，不仅单独售卖种子，还把种子放置在透明手工皂中，皂体一面上还刻上"衡山"印章，并将金箔添加在皂体之中，像极了文徵明用的洒金宣。几道工序下来让平平无奇的手工皂增添了文人雅韵。

除了实物衍生，还有一种情况，就是博物馆本身就是一种产品的博物馆，也可以销售实物。

比如青岛啤酒博物馆，属于主题行业类博物馆里做的非常好的一家。它就是做啤酒的，所以肯定要卖啤酒。观众在了解完啤酒的制作原理之后，还可以参观实际的生产线，亲眼看着啤酒是怎么生产出来的。之后还可以免费品尝。在参观完这么有意思的环节之后，怎么会没有购买的冲动。所以在展厅的最后是大型的啤酒售卖区，有点前店后厂、自产自销的感觉。

（12）教育配套

用教育产品带动文创产品，这是文创产品的一个新思路。其实展览、教育、文创三者是不分家的，所以在教育上，更可以有文创的体现。

博物馆的教育活动越来越多，而且丰富多样，有的时候组织一场教育活动会有几十人甚至上百人参与，这个时候就需要一种文创产品，叫作"课程包"。"课程包"实际上就是"物料包"，因为很多活动需要准备物料，如果将这些物料分配成套系，最好再辅以教材，在教育活动的过程中会省力很多。

山西博物院在课程包方面有很多产品，比如"泥条盘筑互动体验包""屋顶怪兽学材料包""虎虎生福剪纸材料包""晋文公皮影材料包""娄睿墓壁画材料包"等。

课程包可以配合教育活动使用，也可以单独售卖。

如果作为文创单独售卖的话，就要做的更加有品质一些，比如河南博物院的"文物修复大师"系列。它是通过DIY手工体验修复过程，内容包括"新石器时代""青花纪元""五大名窑"三大系列，二十几款样式各

不相同的器型。最有意思的是，每个产品所含瓷器碎片均为原窑原址原工艺烧制，并非树脂或其他瓷类仿制。

河南博物院还有一套拓印类的材料包，但是以盲盒的形式出现，叫作"雕刻的宝物"。传拓盲盒内含有道德真源、双阙长青树画像砖、朱平石经、袁安碑、南山四皓画像砖、仪仗出行画像砖、白虎星座画像砖、飞仙画像砖等不同拓片，所有拓印所使用的器具都有。

这种"材料包＋盲盒"的产品还有一套"鎏金盲盒"，是体验鎏金工艺的，也有很多不同款式。书画修复类的材料包还有"妙手复丹青：字画修复盲盒"，算是把这种形式玩明白了。

3. 博物馆文创产品的开发模式是怎样的？

博物馆一般都会有专门的文创部门，虽然名称可能都不太一样，但是听上去都非常高大上。什么"文创事业部""文化产业部""事业发展部"，实际上都是卖东西的"小卖部"。

很多人会问，那些漂亮的文创产品是不是文创部的设计师自己设计出来的？答案是：基本不是。

虽然国内博物馆文创产品的开发模式有自主研发、合作开发、授权开发三种，但是能做到自主研发的博物馆少之又少。大部分都是合作开发和授权开发。

因为博物馆文创部的工作人员大都不是做文创设计出身，他们会选择对接第三方设计公司。

博物馆出文物元素，请设计公司来设计文创产品，看起来挺简单的一件事，但实际上这里有一个非常重要的 IP 授权的问题。

我们先来说说什么叫 IP？

IP 就是 Intellectual Property 的简称，也就是知识产权，是包括著作权、专利权和商标权在内的一种无形的文化资产。博物馆的 IP 就是指博物馆拥有的知识产权，比如博物馆对文物藏品的研究成果，数字信息资源，博物馆注册的商标，博物馆的名称，相关的标记、符号或者图案等，都是博物馆的 IP。

博物馆首先要通过法律手段，明晰和确立自己的文物研究成果、再创作作品著作权、注册商标权、创新创造发明的专利权等，这叫作"确权"。

只有先"确权"，才可以"授权"。

博物馆可以将获取的著作权、商标权、专利权等知识产权形成自身的知识产权库，然后根据工作的需要，对外开始"授权"。

具体来说，就是博物馆将自己的藏品图像、建筑形象及注册商标等以合同的形式授权给被授权方使用，作为设计元素，设计文物仿制品或艺术衍生品，在博物馆监督指导下生产完成，并且由被授权厂商进行销售，博物馆从中获得权利金。

这种行为就叫作"博物馆文创授权"，属于艺术授权的范畴。

这些"授"的"权"其实是可以细分成很多种的。

首先，艺术授权的内容可以包括图像授权、品牌授权和出版授权三种。

图像授权就是把博物馆馆藏文物的数字图像授权，允许被授权人使用。品牌授权也就是品牌许可，就是把博物馆的商标、品牌以及馆藏文物等形象元素让被授权者使用，进行文创开发。出版授权就是一些古籍善本的复制、书籍、刊物及多媒体出版等，可以让被授权者出版。

其次，如果按照授权标的的类型划分的话，可以分成"原初IP授权"与"再创作IP授权"。

原初IP授权就是博物馆藏品的一手资料，没有任何改动和装饰的，直接用藏品照片做成文创产品的。这是目前国内博物馆授权的常见形式。再创作IP授权就是在博物馆文物的基础上又设计了一下，跟原状不一样了，比如陕历博的"唐妞"，就是根据馆藏仕女俑的再创作。

再次，如果按照授权的权限范围可以分为"普通授权"和"排他授权"。

普通授权就是一个IP可以授权好几家。这对博物馆当然是有好处的，所以目前国内的博物馆大都采取这种方式。但也会打架，比如大家都知道的故宫口红事件，就是被授权方太多了导致的。排他授权其实相当于独家代理，能够规避行业竞争，但是如果甲乙双方沟通不好也很危险。其实还有一种叫作"独占许可"，就是授权一家乙方单位，而一旦授权，连甲方博物馆都不能享有授权内容了。

第四，按照授权的执行方式，可以分为"委托授权"和"直接授权"。

"委托授权"就是博物馆委托给一个第三方公司，让他们去签授权。比如大英博物馆就是委托了上海的一家公司，在中国的授权都是由这家公司来操持。但是这种委托授权毕竟没有博物馆把关，容易出事，所以目前国内博物馆还是喜欢使用"直接授权"，就是博物馆自己亲自去和企业谈授权，这就有许多事要操心了。

最后，按照授权期限的长短划分，也可以分为短期授权和长期授权。短期一般三至六个月，长期一般一至三年。当然根据市场的需求，也可以延长授权期限。

关于授权的费用问题，每个博物馆情况也不一样。可以一次性直接收取使用费，也可以按照销售额或者净利润进行比例分成，还可以将一部分文创产品作为授权费用，按照生产数量的一定比例返给博物馆。而产权的归属问题也是博物馆作为授权方需要重视的问题。设计公司在授权后，设计出来的文创产品，产权一般也是双方共同拥有的。

所以，博物馆在进行授权行为时，一定要做好准备工作，最好有专门的团队来专项管理，选择合适的合作厂商，制定清晰的合同，并且建立有效的监督流程。

4. 博物馆文创产品有哪些经营思路?

博物馆文创产品很丰富，几乎囊括了我们日常生活中的一切品类。但是毕竟很多产品不是必需品，博物馆想要有更大的社会价值和经济价值，需要有一套经营思路。我总结了当下博物馆文创工作的具体经营情况，大致可以总结出如下特色。

（1）打造 IP

博物馆文创产品设计的第一个关键点，就是要找到 IP，并且要紧紧抓住这个 IP。

一般博物馆文创产品设计都会围绕特色馆藏、建筑、地域文化或传统手工艺几个角度来寻找 IP。这其中出镜率最高的就是博物馆的重点文物，也就是我们常说的"镇馆之宝"。

其实每个馆都有自己的"镇馆之宝"，博物馆要想尽一切办法突出它们"老大"的地位。即使是"贴图"，也要贴它们的图。

我们有时候不知道这个博物馆的重点文物是什么，就先去文创商店转一圈。博物馆肯定会把这些"大 IP"的图形印在各种可能印到的产品上，尤其是冰箱贴、手机壳、书签、明信片等大众货上。文创产品基本都是根据这些"大 IP"来做文章。

比如河北省博的镇馆之宝之一是长信宫灯，所以河北省博就围绕长信宫灯做了很多功课，一系列小宫灯的形象都出来了。还有黑龙江省博物馆，虽然它在省级博物馆中有点"小透明"，但是它会抓住重点，展厅里反复强调自己的镇馆之宝——金代铜座龙。然后根据铜座龙开发了一系列的产品，不同材质，不同功能，将它的"剩余"价值发挥到极致。

当然，一个博物馆的 IP 也不见得只是文物类的镇馆之宝，有很多博物馆自身的建筑就是 IP，甚至很多馆方 LOGO 就是博物馆的建筑，比如国博，各种文创也都是根据建筑来设计。

^　陕西历史博物馆"唐妞"IP文创产品

除了馆藏文物和建筑 IP 之外，很多地方博物馆还会把当地的文化和非遗手工艺品设计成文创产品。比如苏州博物馆的"宋锦"系列，就是把苏州地区的传统丝织工艺设计为各种的文创产品。

（2）虚拟偶像

现在的孩子们都非常喜欢二次元，虚拟偶像可能是将来吸引他们来博物馆的一个点。

虚拟偶像其实说白了就是卡通人物，博物馆可以设计出一个卡通形象作为代言人。

很多博物馆都有了自己的"代言人"。这里最典型的案例就是陕西历史博物馆的"唐妞"，就是依照唐代仕女俑设计出来的卡通版形象。唐妞其实就是一个"大胖妞"，但是形象圆润，接地气，观众非常喜欢。

根据这个唐妞，陕历博不仅做了公仔、抱枕、冰箱贴、胶带、帆布包、笔记本、行李牌等三十多款有形的文创展品，还开发了表情包、公众号、抖音、原创动漫、商业定制、展演、授课教学等无形的文创产品。"唐妞"还衍生出了品牌代言、品牌联合、商场美陈、城市美陈、主题体验店、快闪店、主题酒店、主题公园、特色小镇等项目。可见，打造一个"超级 IP"是多么重要。

此外，宁夏博物馆的"妙娃"、泸州博物馆的"小麒麟"都是根据馆藏文物设计出来的虚拟偶像，这种设计一下子把高冷的文物变得可爱了，很适合年轻人的口味。

（3）品牌建设

一个博物馆的品牌就是其自身的整体形象、美誉度、运营理念、业务规划、行业优势等，是具有高辨识度的文化名片。

博物馆的文创产品也是品牌，是基于博物馆自身特色、馆藏资源等，以具体的产品为核心，为实现销售而设立的一种有别于同业、同类产品的显著标志。所以博物馆品牌下要衍生出不同的博物馆文创产品品牌，只有组成这样的"母子关系"，将来才有可能"母凭子贵"。

国内很多文创做的不错的博物馆都开始有了"品牌思维"，个人觉得这其中最为典型的还是湖南博物院的"马王堆养生"品牌。

我们知道，湖南博物院的重要看点就是马王堆，马王堆出土了很多有关养生的帛书，像《养生方》《杂疗方》《五十二病方》等。而且马王堆出土的"辛追夫人"就是很注意保养的，几千年了，出土时皮肤竟然还有弹性，真是"驻颜有术"。于是湖南博物院联合湖南中医药大学组成研发团队，研发了一系列养生产品，像马王堆养生枕、养生皂、养生茶等。

此外，苏州博物馆的"梅花喜神谱"系列、"明四家"系列、"过云楼"系列等，都是成功的文创系列品牌。

（4）产品矩阵

一个博物馆文创产品的品牌不能只有一种单一的产品，而是要满足观众多方面多层次的需求。所以我们进到博物馆文创商店，会看到不同品类的文创，你不买这个，也会买那个，多种产品任君选择，总有一款适合您，这就叫作"产品矩阵"。

博物馆的文创商店就喜欢做这种产品矩阵，尤其是在一个文创品牌之中，就有很多不同类别、材质、用途的产品。

比如陕西历史博物馆的"花舞大唐"文创品牌，它的产品就包括文具、用品、首饰、服饰四大板块，每一个板块都起了一个特别好听的名字。

安徽博物院"潘玉良"系列的文创产品矩阵做得也很全。

潘玉良是近代著名的留法女画家，从一个青楼女子变为了一个国际著名的艺术家，是一位非常传奇的女性。由于潘玉良的丈夫潘赞化是安徽人，所以她晚年将自己的作品都从法国运回国内，后来被安徽省博收藏。所以在国内要想看潘玉良的画，只能到安徽去。

安徽省博就把她的画印在各种产品上，形成了一套潘玉良系列文创产品。虽然有些产品并不是很好看，但它具有独一无二的特色。

∧　上海博物馆与迪士尼联名文创产品

（5）跨界合作

博物馆的 IP 和文创产品不能只是单打独斗，还得学会强强联合。

比如上海博物馆这种走在时尚最前沿的博物馆，它会和迪士尼合作。把米奇的形象与上博的镇馆之宝"大克鼎"的纹饰融合一体，设计出服装、背包、玩偶、滑板鞋等，非常时尚。

上博 + 迪士尼，就是强强联合。

陕历博在品牌联合这方面做的也很不错，它让它的唐妞和奈雪组团出道。不仅有联名的茶饮、杯套、纸、马克杯、帆布包等文创产品，还跨界做了媒体发布会。

唐妞代表了盛唐时期整个社会的潮流风向标，奈雪代表了当下年轻人对时尚生活方式的追求。唐妞和奈雪的合作，就是搭载了国潮风，让年轻人爱上中国茶，爱上唐文化。

唐妞除了与产品合作，还跨界陕西日报，做了抗疫的主题宣传海报，成为了抗疫宣传大使。

陕历博的跨界合作不仅如此，它们还有一个文创品牌叫作"花舞大唐"，直接联合必胜客跨界打造了一个主题餐厅。餐厅里面都是何家村窖藏的金银器纹样，就连楼梯都是盛唐风的。

这个主题餐厅是全国第一家能获得博物馆体验的文化主题餐厅，真正把艺术生活化、生活艺术化了。

此外，国博也与肯德基合作，在很多城市都开设了主题餐厅。比如北京肯德基前门店为"孝端皇后九龙九凤冠"的主题餐厅，用橱窗图案、壁面造型的形式将这件国宝展现给消费者，并对制作凤冠采用的各种传统工艺进行了细致介绍。无锡主题店以清代名画《芙蓉双鹭图》为基础，打造了一个美轮美奂的场景，满屋精致的清朝饰物，让你一秒钟穿越。苏州店和上海店是同一个国宝主题，也有会动的行乐图，但风格不同，还玩起了新春行乐集市。

国博与肯德基合作，故宫就与麦当劳合作。麦当劳推出了经典的"故宫桶"，其实装的东西还是原来全家桶的食物，但是在设计上使用了故宫的元素。采用经典的红黄配色，以故宫城墙的经典红色作为基调，再搭配上金黄琉璃瓦片，原汁原味的宫廷风，尊贵气质一览无余。更巧妙的是，故宫还将皇帝、格格、阿哥等人物创作成动画人物，从金黄旗帜后面探出头来，仿佛在说："我看着你在吃哦。"

国博找了肯德基，故宫找了麦当劳，于是颐和园就找了德克士。德克士推出了一款弘扬国"脆"的炸鸡，将脆皮炸鸡与中国传统文化巧妙结合，同时还推出一系列线上线下活动，顺应"国潮"趋势。

这些都是品牌联合与跨界合作的新尝试。

（6）特展定制

博物馆每年都会原创或者引进大量的临时特展，这些临展往往都会成为观众关注的热点。博物馆文创蹭一下临展的热度，绝对是最聪明的做法。

当然，临展展出的展品也都是馆藏文物，所以即使临展过后，这些文创也不会浪费，反而还有可能成为"限量版"。

根据临展设计的文创产品最成功的案例就是苏州博物馆的"衡山杯"。这个设计当时确实是根据"文徵明大展"定制设计的。但是文徵明就是苏州籍的著名画家，这个杯子可以永远代表文徵明的特色，所以永远不会过时。

苏州博物馆在做"过云楼"特展的时候还设计过"烟云过眼"系列产品。"过云楼"展是以苏州顾氏的收藏为核心，作为收藏，真伪的鉴定最为重要。收藏家看过了真真假假太多的文物，"烟云过眼"四个字就是他亲自所写。于是这个展览的文创设计了一个"眼罩"，把"烟云过眼"四个字写在上面，越想越觉得贴切。

上海博物馆2019年举办的"董其昌大展"，也开发了一系列的文创产品，分为4大系列，共160种文创产品，吃穿用样样都有，琳琅满目，销售火爆。

∧ 广东省博物馆机场体验馆

（7）销售网络

很多博物馆的文创店都将自己定位为"博物馆最后一个展厅"。也确实是这样，每次逛完博物馆的展厅，都会去逛文创店，即使不买也会去看看。

所以目前我国大部分的博物馆都会在馆内开设文创店，有的还不止一家。比如在故宫博物院内，就有很多家文创店。

除了馆内的文创店之外，有一些博物馆还在馆外开了店，比如广东省博物馆，想打造为"无边界博物馆"，将博物馆开到商店里、地铁里、机场里。广东省博物馆在广州白云国际机场二号楼就开设了博物馆体验馆，向南来北往的旅客展示岭南文化，为广东省博带来了品牌效应与经济效益。

当然，要构建销售网络肯定不能只开设线下实体店，线上营销非常重要。

比如陕历博，就有文创店的官网、微博、公众号，还有京东店、天猫店、淘宝店等。苏州博物馆更是自己建构了电商平台，有自己的客服和销售团队。

这种"馆内＋馆外""线上＋线下"的销售网络，才能真正把文创产品品牌打出去。

（8）产业联盟

我们发现，上面我举的这些博物馆的文创例子都是大馆，像故宫、陕历博、苏博等。于是很多人都会问，那些中小博物馆该怎么做文创？他们文创的出路在哪里？

这个问题有很多回答，有人认为当地领导的重视程度很重要，有人认为小馆就根本没必要做文创，但也有专家会认为最好的方式是要"报团取暖"，形成产业联盟。

比如广东省就在 2017 年成立了"广东文创联盟"，一共有 80 多个成员单位。与其他省区的博物馆文创联盟不同，"广东文创联盟"不设门槛，而是整合了文化创意产业上下游的各种资源。第一批 80 多家会员单位，就包括美术馆、图书馆、文化馆、非遗中心等机构，也有企业等社会力量加盟，业务涵盖设计、制造、金融、销售等方方面面。

还有一个案例是南京市博物总馆。

南京市博物总馆由一群"孤立无援"的南京市内的小博物馆组成，在南京市博物馆的带领下成立。他们联盟旗下的每个小馆设计自己的文创产品，每个馆有一套独立的系列，然后总体形成一个品牌，叫作"大观园"。既符合金陵这个城市的特色，又表达出了百花齐放的感觉。

南京市博物馆总馆是一个城市的小馆来"横向抱团"，还有一种可能性就是不同城市但是同一主题的博物馆"纵向抱团"，比如鲁迅博物馆。

鲁迅博物馆在国内不只 1 家，而是 6 家，分布在北京、上海、广州、绍兴、南京、厦门。每家鲁迅馆都是自己单独做文创，最后也整合成鲁迅先生的文创大品牌。

如何看懂一座博物馆?

第八章

博物馆元宇宙

博物馆的数字技术

CHAPTER

Museum
Digital
Technology

8

1. 什么是数字化博物馆?

数字化博物馆，听上去是一个比较高大上的名字，但其实就是把博物馆里面的文物藏品、展览，还有一些相关的知识成果等，用计算机记录下来，然后用数字化的技术呈现，建立成多媒体信息资料数据库。并且在互联网上进行传播，不受任何时间、空间的限制，可以自由地使用数据库中的各种资料信息。

1990 年的时候，美国国会图书馆就启动了"美国记忆"计划，将馆里的文献、手稿、照片、录音、影片等藏品进行数字化。1992 年，联合国教科文组织又启动了"世界记忆"计划，在不同的国家和地区将全世界所有有形的和无形的人类文化遗产进行永久性的数字化存储和记忆，然后通过互联网实现资源共享。

我国的数字化博物馆也是在 20 世纪 90 年代开始起步的，主要着眼于博物馆藏品信息的数字化，利用计算机和通信技术来进行管理和服务，我们称之为"博物馆信息化"。

后来到了 21 世纪，发展成为了"博物馆数字化"。就是把博物馆里的文物藏品、展览还有相关知识等资源用计算机技术拍摄、扫描下来，变成电子数据资料，然后通过互联网进行管理和服务。

这种博物馆数字化的建设结果可以叫作数字化博物馆，像是实体博物馆在云上形成的一个数字镜像，与我们常说的"数字博物馆"还是有区别的。

数字化博物馆是根据实体博物馆建立的，而数字博物馆则是一个虚拟博物馆。它应该有属于自己的数字藏品、存储空间、策展工具和展示平台，它是完全以数字形态存在的，建立在数字空间之上。

大家可以想象，想看到博物馆的文物是多么复杂，保管部要层层把关。但是如果把文物变成数字资料，提取会更加便捷，观众甚至不用到博物馆

就能看文物。所以很多地方开始尝试建立专门的"数字博物馆",区别于实体博物馆。

但是请注意,数字博物馆只是实体博物馆的补充资料,在不方便到现场的时候或者观看文物不方便的时候才会用到,并不能完全取代实体博物馆,毕竟亲眼见到文物的震撼感是数字展品给予不了的。

在博物馆的数字化发展到了一定阶段之后,博物馆想更上一个台阶,于是又提出了"智慧博物馆"的概念。但是其实到现在学术界都没有一个统一的定义,我们可以简单的将其理解为现代家庭里面的"智能家居",凡事追求高效便捷,一切都要尽可能地展示出当代的科技性,让博物馆看起来不像是博物馆,而是像一个"人",还得是有"智慧"的人。

博物馆最开始的形态都是传统的实体博物馆,就是把文物做成展览展示给观众。后来进化成了数字博物馆,就将藏品文物转化为"数字",通过网络进行传播。而智慧博物馆似乎比它做得更全,可以理解为是数字化博物馆的升级版,在原有数字化的基础上,再加上物联网、云计算、大数据、人工智能、数字孪生等新技术。这样一来,它的"数字"不只是静态的了,而是一种动态的,可以实时获取观众、管理者、藏品、展厅、库房等多种要素及其之间的关系,形成了"物、人、数据"之间的多元协同关系,搭建起一个智能生态系统。

这个智能生态系统从不同的角度可以分为不同的层次,主要包括用户层、展现层、业务应用层、应用支撑层、数据资源层、基础设施层、传输

第八章 博物馆元宇宙

303

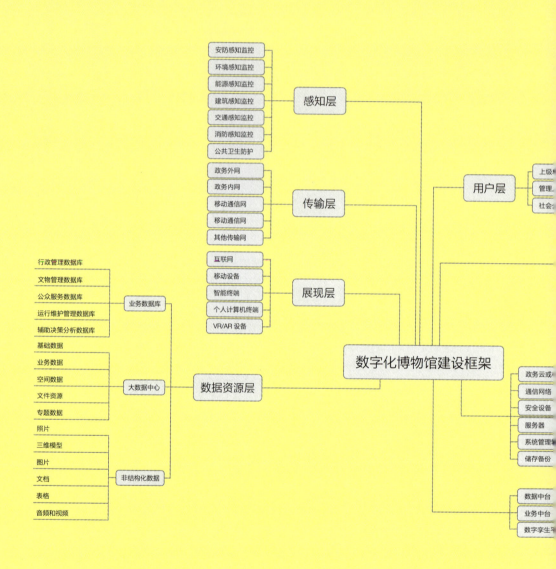

安防感知监控
环境感知监控
能源感知监控
建筑感知监控
交通感知监控
消防感知监控
公共卫生防护

感知层

政务外网
政务内网
移动通信网
移动通信网
其他传输网

传输层

互联网
移动设备
智能终端
个人计算机终端
VR/AR 设备

展现层

用户层

上级
管理
社会

行政管理数据库
文物管理数据库
公众服务数据库
运行维护管理数据库
辅助决策分析数据库

业务数据库

基础数据
业务数据
空间数据
文件资源
专题数据

大数据中心

数据资源层

数字化博物馆建设框架

政务云或
通信网络
安全设备
服务器
系统管理
储存备份

照片
三维模型
图片
文档
表格
音频和视频

非结构化数据

数据中台
业务中台
数字孪生

业务应用层

数字化保护场景
- 藏品管理系统
- 藏品保护修复管理
- 藏品展览利用管理
- 展览陈列管理
- 藏品拍摄利用管理
- 文物数字化资源系统
- 数字资源管理中心

数字化管理场景
- 智能建筑管理
  - 安防应急管理
  - 消防管理
  - 库房管理
  - 电梯管理
  - 网络机房管理
  - 其他设备设施管理
- 智能综合管理
  - 行政管理
  - 管理服务协同
  - 业务管理
  - 运行维护管理
  - 决策分析
  - 运营管理门户

数字化服务场景
- 网站及新媒体信息发布
- 数字化业务服务大厅
- 线上预约
- 参观导览
- 教育活动预约
- 文创平台
- 数字展厅
- 数字人

基础设施层

应用支撑层

层、感知层等，以满足数字化博物馆综合管理服务要求，实现业务应用逻辑统一和数据管理统一。

用户层就是从博物馆面对的人群角度来讲，既包括博物馆的服务对象，参观的观众，又包括博物馆的工作人员与上级管理部门。所以博物馆既要建设面向公众提供公共信息和服务的公众门户，又要建设面向本馆行政管理层和上级管理部门提供的运营管理门户。

展现层是利用互联网、移动终端、智能终端、个人计算机终端、VR/AR设备等来呈现数字化博物馆综合应用的实体介质。数字化博物馆为满足对外服务的覆盖面，应提供多语言服务，包括基础导览、语音导览及外文网站等内容。

业务应用层就是指数字化博物馆都会应用到哪些工作场景之中，主要包括数字化保护、数字化管理、数字化服务三个场景。

数字化保护是一种"预防性保护"的理念，也就是在文物还没有被损坏的时候先保护起来，预防损坏。所以要对文物藏品所在的环境指标进行实时检测，而且还要对文物修复的全流程进行信息化管理。它的建设内容应包含藏品管理系统、藏品保护修复管理、藏品展览利用管理、展览陈列管理、藏品拍摄利用管理、文物数字化资源系统、数字资源管理中心等。

数字化管理是为博物馆的工作人员设置的，可以优化传统博物馆的管理模式和工作体制。它可以被应用到日常业务办公管理、文物藏品的管理、展览陈列的管理、安防监控的管理、数字化资源的管理，还有观众的管理等，使得博物馆内外管理都更加高效科学。它的建设内容应包含智能建筑管理和智能综合管理两大部分。智能建筑管理应包含安防应急管理、消防管理、库房管理、电梯管理、网络机房管理以及其他设备设施管理等功能。智能综合管理应包括行政管理、管理服务协同、业务管理、运行维护管理、决策分析、运营管理门户等系统。

数字化服务就是针对观众而言，从网站、小程序预约门票，到场内位置定位，再到智能讲解，都是对观众的智慧服务部分，拉近观众与博物馆之间的距离。它的建设应该包含数字化业务服务大厅、线上预约、参观导览、教育活动预约、文创平台、网站及新媒体信息发布、数字展厅等。

应用支撑层由数据中台、业务中台、数字孪生平台组成。数据中台就是全面汇聚业务数据库、大数据中心和非结构化数据中的所有数据，让博物馆的数据能够统一采集、存储、处理，达到数据资源共享。业务中台就

∧ 博物馆数字化展示

是要满足数字化博物馆业务需求快速多变，博物馆运营相对稳健的需要，包括支持系统运行的基础组件、基础服务、应用服务集成、统一服务接口。数字孪生平台能够对博物馆及周边环境进行超精细三维数字复原，实现博物馆大楼内外的 1：1 三维数字孪生，支持应用场景接入感知数据、业务数据、环境实时动态数据后，可以推动博物馆更有效率地高速运转。

数据资源层包含业务数据库、大数据中心和非结构化数据等。业务数据库包括行政管理数据库、文物管理数据库、公众服务数据库、运行维护管理数据库、辅助决策分析数据库等。大数据中心包括基础数据、业务数据、空间数据、文件资源、专题数据等。非结构化数据包括照片、三维模型、图片、文档、表格、音频和视频等。

基础设施层包括政务云或机房、通信网络、网络安全设备、服务器、系统管理软件以及存储备份等。

传输层负责数字化博物馆数据传输和交换，支撑博物馆数字化应用系统和各种智能感知系统的信息传输网络，包括政务外网、政务内网、互联网、移动通信网、无线局域网、其他传输网等。

感知层建设包括安防感知监控、环境感知监控、能源感知监控、建筑感知监控、交通感知监控、消防感知监控，公共卫生防护以及其他智能感知。

从传统博物馆到数字化博物馆，再到智慧博物馆，我们不仅看到了科技的发展，还看到了博物馆服务大众的诚意。

2. 博物馆的数字化都应用在哪些方面?

我们知道博物馆中除了"物",就是"人"。"物"就是馆藏的"文物",而"人"就是观众和博物馆的工作人员。所以博物馆的数字化建设肯定是围绕着文物藏品、观众和工作人员三个方面展开的,具体来说主要应用在数字化保护、数字化管理、数字化服务等场景。而在这些应用场景中,最为重要的是数字化建设,具体体现在藏品数字化管理、数字展览、博物馆网站和智能导览等方面。

（1）藏品数字化管理

我一直认为,博物馆藏品的数字化管理是最为实用的数字技术手段。

我们知道博物馆的基础就是文物藏品,关于这些藏品的基本信息只掌握在保管人员手中。随着藏品越来越多,传统的记账方式不能科学记录博物馆的藏品信息,而藏品数字化就是非常便捷有效的方式。

藏品数字化管理可以将藏品的基本信息、保存状况、展陈记录、修复记录、文字论文等研究记录、珍贵影像资料、修复纪实视频、考古资料信息登记、高分辨率的照片、3D 建模、三维全景等信息建立成为一个数字化档案,每个文物都可以有一个档案,这样大量的文物档案将组成一个庞大的藏品数据库。

通过这些专业的软件程序,可以方便随时查找或调取文物的信息,比传统的卡片索引要方便快捷。比如在藏品征集中,可以录入征集线索、藏品基本信息、藏品鉴定评估信息、鉴定信息审核等,在确认征集后藏品进入拨库环节,再进行藏品编目。

藏品编目的录入信息包括藏品总登记号、分类号、年代、材质、藏品位置、尺寸、重量的基础信息,还可以有鉴定信息、征集信息、拓展信息、图片、视频、3D 扫描建模等影像信息。这样在藏品编目后就能生成藏品的正式账,通过高级搜索,管理员可以快速找到想要的藏品,也可以进行藏

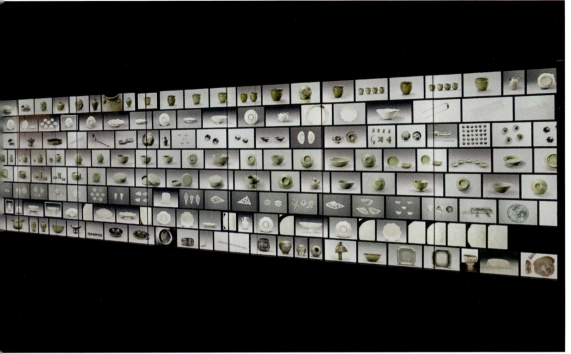

∧ 临安博物馆数字文物库

品再编目、藏品审核等。

在日常的藏品保管工作中，藏品提借的申请，藏品提借的审核和管理都可以一键导出，方便管理员随时查看藏品保管明细。

第八章　博物馆元宇宙

很多博物馆还将自己的馆藏文物数据库在网站上公开，比如故宫博物院的"数字文物库"，就把故宫的大部分馆藏目录信息和图片都放在网上，方便观众在任何时间、任何地点通过网络共享文物藏品资源。但是因为版权问题，故宫博物院网站的文物照片并不是高清，仅供欣赏，不能下载。

（2）数字展览

数字展览在近两年比较火，有人叫它"线上展览"，也有人叫它"云展览"。

我们知道，线下的实体展览都是以空间环境为主的，而线上的"云展览"应该是以文化内容为主的。目前我国博物馆的"云展览"大致可以分为图文展览、实景三维展、三维虚拟展和专题展4种展示形态。

图文展览就是直接用文字和图片展示，完全是平面的，没有任何动态的画面，像是网页上的介绍。这种图文展览方便直接，让人一目了然，制作成本也比较低。

实景三维展就相对有意思得多，虽然也是在网站上观看，但是它是三维立体的，而且是用实景拍摄的。做的比较好的实景三维展需要全景图片、

309

空间三维和展览信息三个元素，当然也有比较简单的，只是全景图片就可以了。

实景三维展的主页一般分为内容主线层、场景信息层、交互热点层、基础功能层和空间数据层五部分。内容主线层就是欢迎页和结构框架，场景信息层就是文字信息和语音讲解，交互热点层是场景跳转和内容热点，基础功能层则有点赞、分享、全屏、热度、音乐、信息、地图等，而空间数据层就是空间实体三维。

实景三维展的特点是它本来就是一个真的展览，只是拍摄了一些全景图片或视频，再将它们做成可以永久保存的线上展览。还有一种数字展览则完全是虚构的，我们叫它三维虚拟展。这种三维虚拟展需要用到空间建模和场景重现，一般都是一些不复存在的空间，比如古建筑，或者一些观众进不去的地方，比如考古陵墓等。

专题展也是一种虚拟展，但就不见得是三维的了。有很多博物馆将现有的数字文物数据按照专题进行策展，再用线上图文的形式表现出来。甚至有一些博物馆让观众参与其中，人人都是策展人，自己排列组合数字文物，形成专题展。所以由此可见，博物馆展览数字化的基础还是要先将文物藏品进行数字化。

而文物藏品的数字化在展览里也是有体现的，可以将文物藏品的文字介绍、高清图片、音频视频、三维模型等，组织成文物数据信息库，然后用知识图谱的方式展示出来。

（3）博物馆网站

博物馆网站其实是最直观的博物馆数字化体现，网站可以起到传播交流、服务引导、体验互动、资源聚合、功能汇聚的作用。

博物馆网站一般都会有几个固定的栏目，第一个就是博物馆概况，包括博物馆简介、发展沿革、组织架构、联系方式等，观众可以从中了解博物馆的基本信息。

然后是展览介绍，包括基本陈列和临时展览。这是博物馆的核心，很多观众上网站就是为了看看最新的展览信息。而当这些展览展出过后，最好也不要把它们删除，能有一个"展览回顾"是最好的，这样可以查询曾经举办过的展览信息，中国国家博物馆、首都博物馆等都有设置展览回顾。

博物馆网站上还有一个重要的信息就是藏品介绍。上文说过，对于博物馆藏品要进行数字化建设，很多博物馆也把数据库放在网站让观众查询。

但是观众不是专业人员，如果把所有信息全部放上，不太能辨别出哪些文物是重点藏品。所以一些博物馆将文物藏品进行了梳理，一般是按照文物的类别，比如书画、陶瓷、玉器、青铜等。为了让观众能够更加一目了然，在藏品介绍中还应突出"镇馆之宝"的地位，比如河南博物院的"九大镇馆之宝"就特别明显，让观众记忆深刻。

博物馆内部还有很多新闻消息，所以在网站上一般都会有"动态信息"板块，报道博物馆的重要活动，让观众随时关注，证明博物馆一直有"声音"。

为了彰显博物馆的研究实力，有的博物馆还会在网站上开设"学术研究"专栏，将博物馆工作人员撰写的学术论文和出版的著作放上面。

此外，教育和文创板块也是博物馆网站里经常出现的，但前提是该博物馆在这方面确实已经做出一些成绩。比如河南博物院的教育确实成了一个品牌，还有苏州博物馆的文创，也有自己的特色，所以就要大力把自己的长处展示出来。

最后，就是观众服务，比如将博物馆的开放时间、交通线路、服务设施、咨询电话等基本信息放在网站上面，真正做到"以人为本"。

当然，目前参观博物馆最为重要的就是门票预约，或者活动预约。这些功能大部分都会在公众号或小程序上完成。所以博物馆的门户运营系统，除了博物馆官方网站之外，还有官方的公众号、微博、博物馆小程序、专属 APP 等，这些程序使我们参观博物馆更加便捷。

（4）智慧导览

很多观众参观博物馆，尤其是那种面积很大、藏品很多的博物馆，总希望有个人能给讲解一下。但是有的时候馆方的讲解员不够用，志愿者也不是随时都在，所以针对这个痛点，在博物馆的数字化建设中，出现了为观众服务的智慧导览。

其实早在几年前，智慧导览机就在很多国家的博物馆及旅游景点盛行了。近几年，我国的景区及文博展览开始普及，自助游客增多了，所以很多博物馆也开始设置了自助智慧导览机，成为观众服务的一个亮点。

相比于人工讲解，智慧导览堪称一个尽心尽力的优秀讲解员，它的解说字正腔圆，语音优美，最重要的是可以反复听，还可以设置多种语言，满足不同观众的需求。尤其是一些不用操作的智慧导览机，到了固定的文物展柜面前，会自动感应，播放语音讲解。

当然，这些智慧导览和人工讲解一样，都不是免费的，博物馆会采取向游客租用的模式。一般通行的博物馆定为押金 100 元，租金 20—50 元不等，这也是博物馆的一笔收入。

对于一些大型的博物馆，尤其是遗址类、景区类博物馆，很多智慧导览还要配有地图和定位。因为很多景区类的博物馆都比较大，进去没有地图的话会迷路。所以智慧导览要配置一个景区地图，最好还是个性化的手绘地图。如果地图比较高清，系统还应该可以自由缩放，让地图更加有层次感。

但是光有地图还不行，因为有的观众真的是路痴，即使有地图也看不懂，所以还需要有实时定位。这就是电子地图的最大好处，让观众随时都能知道自己在哪里。

很多博物馆开发微信智慧导览，基于微信公众号、小程序等开放的导览系统，结合蓝牙硬件设备，集成信息发布、定位导航、智慧导览、内容展示、内容管理、数据统计分析等多项功能。以全面新颖的图文、音视频等多媒体展示方式对博物馆内容进行呈现。

还有一些博物馆干脆开发了讲解机器人，它可以按照展馆预设线路轨迹进行指定线路的导游讲解，游客只需要扫一下机器人，就可以预约选定路线。智慧讲解机器人将会带领游客按指定游览路线进行参观，并每到一个展点前自动讲解，还可以与观众进行问答互动。

3. 博物馆常见的数字化技术主要有哪些？

"沉浸式体验"是当下博物馆行业中非常流行的一个词，强调的是一种感觉，就是观众不受外界影响，全身心地投入、完成某一个目标的过程。在这个过程中，人们的感知会变得模糊，会觉得时间过得很快，身心都能得到一种愉悦感和满足感。

很多博物馆开始使用各种数字技术来为观众营造沉浸式的观展体验，满足观众的多样化需求。比如大部分的历史类博物馆，都会将展览叙事的主题与空间展示融为一体，通过历史场景还原和故事演绎进行展示。

这种沉浸式的数字技术有很多种，比如 VR、AR 等各种"R"、异形屏幕、全息技术、体感互动等。

（1）AR、VR、MR、XR

我们首先说这几个"R"，VR、AR、MR、XR 有什么区别？

"R"是"Reality"的简称，就是"现实"的意思。

"VR"是"Virtual Reality"，虚拟现实，也称为计算机模拟现实。我们经常会看到有人戴着个大眼镜，陶醉在自己的世界中，这就是 VR。因为他看到的是一个完全虚拟的世界，都是人工制作出来的，所以要通过带有传感器的电子设备、护目镜或手套在 3D 人工环境中进行交互，从而获得真正的沉浸感体验。

在 VR 的场景中，物体都是立体三维的，做得好的 VR 体验还会调动我们所有的感官，比如味觉、听觉、视觉、嗅觉和触觉，让我们感到更加真实。

"AR"是"Augmented Reality"，增强现实，它的沉浸式体验感不如VR。VR 都是假的，但是 AR 则是一半真一半假，用专业的话说，AR 是将数字信息叠加在我们的现实世界之上。比如我们经常会用手机扫一个东西，它就会在手机上出现立体的形状。这就是把现实的物体增强了，但是它只

313

∧ 中国动漫博物馆 VR 体验室

可以投射信息,不能与之交互。

"MR"是"Mixed Reality",混合现实,是现实世界与虚拟世界的融合,真的和假的是共存的,还可以实时交互。这个技术在很多科技片中可以看到,今天已经成为现实了。它不会让我们进入到一个完全虚拟的世界,而是把数字世界带进我们真实的世界之中。所以 MR 的沉浸感比 AR 强,但是还是不如 VR 更沉浸。

目前还有一个最新技术 XR,就是"Extended Reality",扩展现实。XR 是一种总称,包括任何可以帮助我们融合物理世界和数字世界的技术,简单说就是 VR、AR、MR 的技术总和。

总结来说,VR(虚拟现实)的东西都是假的,让我们沉浸在一个完全虚拟的环境中;AR(增强现实)的东西有真有假,为我们创建了虚拟内容的覆盖层,但是它无法与实际环境交互;MR(混合现实)真假难辨,是物理世界与虚拟世界的混合,它创建的虚拟对象可以与实际环境产生交互;而 XR(扩展现实)则是上面三种技术的总称。

(2)异形屏幕

在博物馆展览中,沉浸式视听感受经常会用到异形屏幕。所谓的异形屏幕,主要就是球幕、弧幕和折幕(折叠屏)。

在视听感受方面,恐怕没有什么比球幕更精彩的了。球幕的沉浸式体验让人大呼过瘾,甚至可以实现声音区域定位。球幕投影是由一台或者多台投影机,在球形屏幕上进行完整的投影展示技术,其有新颖的表现形式、高分辨率、大视角的展示效果。

弧幕投影系统又称"环幕",半径通常有 100—360 弧度不等,由于其屏幕半径宽大,观众的视觉完全被包围,再配合环绕立体声系统,使参与者充分体验一种身临其境的三维立体视听感受,获得一个具有高度沉浸

314

感的虚拟仿真可视环境，是传统平幕显示设备不能比拟的。

　　大屏幕、沉浸式场景是球幕和环幕的核心特征，能为飞越型、穿越型、沉浸式大场景提供最佳的展示方式，是众多科技馆、博物馆、主题乐园和艺术、影院等地方的必配项目。

　　除了球幕和环幕之外，还有折幕，也就是我们常说的"折叠屏"。折叠屏可以根据折叠面的多少分为 L 形折幕、三折幕、四折幕、五折幕等。

　　L 形折幕投影也就是两折幕，采用"地幕＋直幕"联动方式展示，延伸视觉空间，增强临场感。由于 L 幕投影采用裸眼 3D 式的观影体验效果，结合出奇制胜的视频创意思路，可产生意想不到的趣味性效果。

　　三折幕投影系统是采用三块幕布和三组投影系统组合而成的三通道显示系统，使观众在高质量的声画环境包围之中，产生身临其境的现场感。

　　四折幕投影系统是按照盒子结构采用四块幕布和四组投影系统组合而成的四通道显示系统，与三折幕系统相比，多了一块地面幕布和一组相应的投影系统，观众不仅可以看到更多的画面内容，还能结合独特的创意对地面幕布对应的画面内容进行单独设计，配合三折幕产生更富有趣味性的展示效果和强烈的现场沉浸感。

　　五折幕投影系统是按照盒子结构采用五块幕布和五组投影系统组合而成的五通道显示系统，与四折幕系统相比，在顶部又增加了一块幕布。比普通的标准投影系统具备更大的显示尺寸、更宽的视野、更多的显示内容、更高的显示分辨率，并且更具冲击力和沉浸感的视觉效果。

　　（3）全息技术

　　全息技术是利用光波的干涉现象来记录影像和重现影像，主要分为全息投影和 360 度幻影成像。

　　全息投影其实就是一种投影方式，但是要使用特殊的屏幕。屏幕几乎

315

是透明的，却可以相当清晰地表现出投影内容。只要光源和图形控制得当，在一定的角度观看，可以有乱真的立体效果。虽然它的名字叫"全息"，但实际上是 2D 影像，因此这种投影方式也可以称之为 2.5D。

360 度幻影成像是一种将三维画面悬浮在实景的半空中成像，形成空中幻象，中间可结合实物，也可配加触摸屏与观众互动，营造了亦幻亦真的氛围，效果奇特，具有强烈的纵深感，真假难辨。

这种显示方式需要使用金字塔形的投射玻璃，在金字塔塔尖处放置屏幕，通过金字塔的四个平面反射出来，就让人产生了投影物悬浮在金字塔中空部分的幻象。因为四个平面分别投射了物体的四个角度的图像，同时让物体保持旋转，所以虽然这种显示方式为 2D，但真实感甚至比真 3D 还强。

360 度幻影成像可做成全息幻影舞台，将文物进行 360 度立体的演示，也可以让真人和虚拟人同台表演。

（4）体感互动

在博物馆的展厅中经常可以看到一些体感互动的游戏项目，让观众感觉非常有意思，参与度也很高。

体感互动实际是集动作识别设备、体感互动软件以及三维数字内容为一体的控制平台，采用了国际领先的算法，能精准、灵敏、稳定地实现所设定、所匹配的任何姿势。观众可以用肢体姿势、手势控制的方式，操作视频、图片、游戏等内容。

比如互动地面投影、虚拟翻书、墙面多点触控互动、桌面互动投影等。

互动地面投影就是说观众可以通过自身的形体动作感应设备同时参与和控制地面投影。观众站在投影区，根据提示做出动作，如伸手、抬腿等，屏幕上就会出现相应的显示。其实它所用的是一项 3D 体感摄影机，比普通的摄像头更加智能，是可以很直接选择肢体动作，与相关的装置或者环境互动问答，不需要选择任何复杂的控制设备，就能让大家身临其境。

　　虚拟翻书是多媒体互动中制作比较精致的类别，它是用投影机投射出来的书的形象，从而展示图片、视频、声音等，以此来迎合观者们的阅读习惯。

　　墙面多点触控互动与桌面互动投影是一个道理，主要是通过墙面和桌面感应系统来展示项目信息，有很好的互动效果。

　　（5）多点触控

　　多点触控是在同一显示界面上的多点或多用户的交互操作模式，这种技术让我们告别了鼠标时代，实现更自然的屏幕点击和操控方式。

　　多点触控能让用户通过双手进行单点触摸，也可以以单击、双击、平移、按压、滚动和旋转等不同手势触摸屏幕，随心所欲地操控。

　　博物馆数字化中的多点触控技术主要有互动信息检索系统、数据可视化、实时三维交互、近场感应、双屏联动等技术。

　　互动信息检索系统是最为常见的多点触控技术，除了博物馆，我们在生活中很多场所都能看到，比如商场、银行等。用户可以方便快捷地了解和查询信息，不需要专业的计算机知识。

　　这两年博物馆中比较流行的"魔墙"实际上就是互动信息检索系统的一种应用。

　　所谓的"魔墙"，应该叫作"数字文物展示墙"，就是将馆藏的文物用数字的形式在一块大屏上展现出来，可以同时展示成百上千件文物。

　　需要注意的是，魔墙展示的文物不仅是二维数据照片，还可以是 3D 模型、高清视频、360 度全景图等。有的魔墙不仅能为观众提供展览信息，还能给予反馈，通过一些点赞、留言、签到、游戏等互动功能，让观众更深入地与博物馆及展品进行互动。

　　其实信息检索系统主要运用的就是大数据，于是我们可以根据大数据再继续做文章，从而衍生出了数据可视化。

　　数据可视化很好理解，就是将枯燥的数据转换成能让人一眼看懂的图表，更为直观有效地表达出来。"知识图谱"应该算是数字可视化的具体

∧　山东博物馆数字文物展示墙

应用了。

　　知识图谱是 Google 在 2012 年正式提出的概念，之后学术界就开始普遍使用了。它其实就是一种网状的知识库，可以来描述现实世界中的各种实体和关系。

　　比如说我要查一个人，与他相联系的所有事物都可以查到，他的家人、朋友等一切社会关系，还有生平经历、成就贡献等，都可以通过数据可视化的方式展现在你面前，非常清晰。

　　在博物馆领域中，也开始尝试利用知识图谱的方式来构建各类文物主题库。比如上海博物馆于 2018 年举办的董其昌书画艺术大展，就专门开发了"董其昌数字人文"专题书画知识图谱。针对董其昌书画作品及对其书画生涯产生重要影响的鉴藏、交游、教育、传承等人文脉络，用数据可视化的方式绘制了董其昌的大事作品年表、作品可视化、书画船栏目、社会网络关系图等，并预留了与中国历史人物传记资料库、中国历史地图集等数据库的接口，为进一步研究打下了基础。

　　同为多点触控技术的应用还有双屏联动、多屏联动、实时三维交互等。

　　双屏联动和多屏联动就是使用两台或两台以上的高清触摸显示系统，选择其中一台为主控制屏，通过触控主屏幕联动控制其他屏幕。这种多屏联动比单屏有更多、更大的展示面积，展示的内容也更加丰富。

　　三维交互就是在计算机中创建三维模型，然后通过交互设计软件设定交互程序。比如观众可以通过查询计算机中的汽车模型，触碰、点击汽车的把手开车门，这样的过程就是三维交互。

（6）透明显示

　　博物馆展览中经常会用到透明显示技术，它可以显示画面后方的背景，让虚拟显示与真实环境之间进行交互，非常酷炫，充满科技感。

如何看懂一座博物馆？

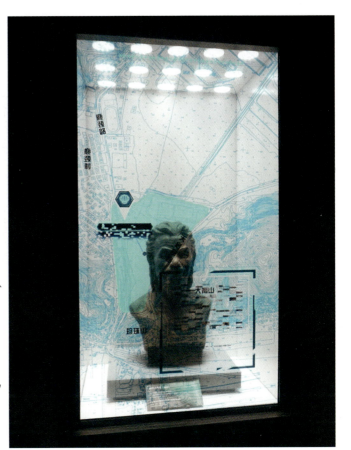

∧ 南汉二陵博物馆透明显示技术

第八章 博物馆元宇宙

目前各类透明显示产品被广泛应用于应用领域，遍布商业空间、舞台舞美、建筑幕墙、展览会、展览馆等。可以分为被动补光屏、自发光 OLED 屏、通电玻璃。

被动补光屏就是沿用传统的液晶屏幕，将彩色滤光片的像素分离，尽量提高无彩部分的透明度。透明液晶屏中的液晶体并不发光，而是控制外部光的通过量，当外部光线通过液晶分子时，液晶分子的排列扭曲状态不同，使光线通过的多少就不同，实现了亮暗变化，可重现图像。

透明 OLED 显示屏，也就是自发光透明的有机 OLED 屏幕。材质为 OLED，但是采用透明工艺，就像电影里面的科幻透明屏幕。它可以看到正反两个方向的显示内容，具有 OLED 固有特点，高对比度，色域广。没有发光的时候就是一个高透明的玻璃，可实现虚拟现实叠加显示。

通电玻璃是一款将液晶膜复合进两层玻璃中间，经高温高压胶合后一体成型的夹层结构的新型特种光电玻璃产品。使用者通过控制电流的通断控制玻璃的透明与不透明状态。玻璃本身不仅具有一切安全玻璃的特性，同时又具备控制玻璃透明与否的隐私保护功能，由于液晶膜夹层的特性，调光玻璃还可以作为投影屏幕使用，替代普通幕布，在玻璃上呈现高清画面图像。

（7）数字沙盘

沙盘我们都知道，从古代就有使用，像建筑沙盘、城池沙盘、作战沙盘等。数字沙盘就是在实物沙盘的基础上，结合了声光电系统、多媒体系统、电脑智能触摸控制系统、多媒体演示软件、大屏幕投影演示等立体化

319

∧ 郑州商都遗址博物院展览数字沙盘

动态的高科技。

　　数字沙盘是有灵魂的，能用声音、光、动画等组成不同的景象，向观众展示项目的发展历程和成果、规划思路，展示城市或企业的历史变迁，展示自然环境变化、四季变化等。这种动态的视觉效果让人有强烈的沉浸感。

　　数字沙盘和传统的物理沙盘无缝融合，结合三维动画、红外触控、舞台灯光、3D 技术、弧幕系统、声光电系统等多媒体技术，再用计算机技术生成逼真的三维图像模型，借助投影显示设备或其他显示设备，把这些三维图形精确投影到物理沙盘的对应位置上，赋予沙盘更多的视觉表现力，灵动的光影变化无穷，结合立体环绕式音响设备，可以为参观者呈现一场震撼的视听盛宴。

　　数字沙盘的出现是对传统实体模型沙盘的补充，将更丰富细致的大数据信息以高科技现代化的艺术形态向参观者展现。让参观者可以于同一时间完全沉浸在一个被三维立体投影画面包围的高级虚拟仿真环境中，对参观者来说是一种全新的体验，并能产生强烈共鸣。

（8）3D Mapping

　　3D Mapping 简单来说就是 3D 投影技术，又称 Facade Mapping、三维楼体投影、三维楼体艺术、三维声乐影像投影等。它主要是运用计算机图形学中的平行投影和透视投影的方法，在二维平面上显示三维物体。

　　首先要对被投影物体进行取景和观察，来建立相应的三维模型。然后将投影机投射的位置、方向和角度等因素建立坐标，最后则是经过投影变换来实现投影效果。

　　3D Mapping 可以让任何物体的表面都转变成动画，根据投影面积的

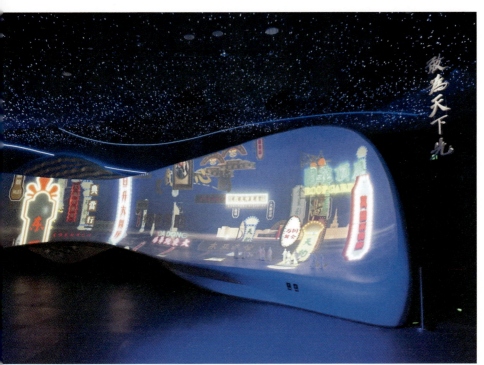

大小配置多台投影机，将投影技术与特效幻影相结合，产生具有高度真实感和立体感的三维场景，再配上音乐与声音特效，达到更直观的震撼效果。

根据应用场景和投影载体的不同，3D Mapping 主要可以分为建筑投影、地面投影、水幕投影、人体投影、汽车投影、球幕投影、互动投影等。

建筑投影就是利用建筑本身的建筑结构及特点，将光影与建筑、色彩与线条巧妙结合，通过影像叠加在建筑物表面呈现千变万化的视觉效果。它可以刷新空间的概念，在墙体表面实现空间增强现实，颠覆人们固有的空间概念。在不停的画面转换中，观众视觉错换，就如同穿越般，身临其境，亦真亦幻。

地面投影就是以各种平面为投影面的一种投影应用方式，地面、墙壁、天花板等都可以成为投影的画板。其中也包括将投影投映到舞台，让其化作一巨幅多媒体光影互动表演平台，以投影影像作为媒介，将原本平面的舞台用三维艺术呈现出来，展现出新颖独特的全景化演出，为观众带来强烈的视觉冲击和置身其中的奇幻感觉。

水幕投影是以水幕或水帘为载体投射影像，可完全透过水幕看到后面的景象，它可以无限拉高，在光亮强的环境下也完全可以放映。水幕投影场面宏大，动态的画面跃然于水帘之上，具有穿透性，使画面有立体的效果，几十米甚至上百米的水幕都可演绎。

3D Mapping 也可与人体结合，成为人体投影。借助实时追踪，在赋予投影动态真实感外，增加光影的灵动感。通过 3D 动画技术生成面部艺术效果，重新投射到人的脸上，形成与人脸完全贴合的"影像面具"。

球幕投影又称圆穹投影。它打破了以往投影图像只能是平面规则图形的局限，通过几台，甚至几十台投影机从多个方向对球幕进行投影，通过边缘融合技术呈现出球形画面，并保证画面不变形，形成有纵深感的舞美空间，让视觉更有空间感，呈现出极其逼真的立体效果。

汽车投影是以车身为投影载体，结合天马行空的艺术创意，加上 3D 立面投影技术，直观展现了汽车动感流畅的造型设计，提升汽车品牌的时尚品位。一般运用在汽车展览或新车发布会上。

互动投影是通过捕捉设备对目标影像进行捕捉拍摄，然后由影像分析系统分析，从而产生被捕捉物体的动作。该动作数据结合实时影像互动系统，使参与者与光影之间产生紧密结合的互动效果。

利用 3D Mapping 技术打造动态炫酷的光影，结合静态的场景，使得一成不变的事物更具多样化、拟人化，甚至能赋予其故事和含义。极佳的沉浸式体验，独特的视觉享受，不同行业领域的内容融合，创新的手法激发出无限的可能。

后记

2008 年的夏天，我在南开大学读研一。

忽然有天，我在报纸上看到一条天津博物馆招募"敦煌展"志愿者讲解员的启事。我大学的专业是中国画，大二的时候跟我们班同学去过敦煌做专业考察，后来读研的时候，又跟我导师去了一次。

正是因为这两次去敦煌考察的经历，让我对这个展览产生了莫名的亲切感，看到招募启事就迫不及待地跑到天津博物馆报名了。

2008 年的夏天，当人们都在关注奥运会的时候，我第一次走进了天津博物馆，成为了一名志愿者讲解员，每天在馆里为一批又一批的观众讲解敦煌艺术。

那个夏天是我最开心的日子，不仅学到了很多知识，还交到了很多朋友。

慢慢的，我跟馆里的工作人员都熟了，开始了解博物馆里的具体工作。我发现这种工作状态让我感觉特别舒服，不知道到底是喜欢博物馆里的文物，还是喜欢在博物馆里遇到的那些人。

人有的时候就是这样，无心做一件事的时候，反而能得到意想不到的收获。

就是因为这次的志愿者经历，不仅让我深深地爱上了博物馆，也让我从此与博物馆结下了不解之缘。毕业之后，我毅然决然地放弃了北京的 offer，在 2009 年的 5 月 18 日国际博物馆日，我正式签约天津博物馆，成为了一个真正的"文博人"。

有人说，一个学生走向社会的第一份工作就像初恋，永远刻骨铭心。我的这段"初恋"整整谈了八年，早已成为生命中不可抹去的烙印。

在天博工作的八年里，我从前厅到库房，从观众到文物，所有的工作都接触过。

每当我一个人走在展厅或者在文物库房的时候，总会有一种莫名的穿越感。我总会觉得这些文物都有生命，无论是西周的太保鼎，还是乾隆皇帝的玉壶春瓶，它们都活了几百年甚至上千年，在展柜里微笑地看着来来往往的人们。

很多人都看不懂它们，不喜欢它们，甚至觉得它们是"假的"。而我能做的，就是一遍又一遍地在展厅里向观众去讲解它们的美。我想，这就是我们文博人的责任。

因为工作的原因，我去过国内外很多很多的博物馆。

这似乎已经成了我的一种生活方式：一个人，背着一个包，带着一个相机，在一座新的城市中，去寻找博物馆。无论是城市里著名的大馆，还是隐藏在城市边缘无人问津的小馆，我都乐此不疲。

有时候，为了去"探馆"，我会坐很长时间的城乡中巴，走很远的山路，可能会经过荒废的村庄，可能到达目的地后没有办法返程，甚至有的时候会为了节省中午的时间，只是带上几个面包，边走边吃。沿途中我会遇到很多路人，他们都不知道这座博物馆的存在，更加不理解为何有人专门为了它而跑这么远，这么辛苦。

我们行业里流传一句话："天下文博是一家"，无论旅途有多辛苦，只要一进到博物馆，我全身上下都会觉得非常舒服，充满了能量，这就是我的主场。

我曾在故宫的武英殿看过冬天的第一场雪，正巧耳机里放着那首《雪落下的声音》；我曾在敦煌莫高窟看墙壁上的胡旋舞，念着余秋雨的那首《道士塔》；我曾为了去湖北省博看曾侯乙编钟，冒着大雨在武汉的街头走了一整天；我曾为了去陕西宝鸡看青铜器，在寒冷的车站睡了半宿……

我走过的这些博物馆，每一座都有一段难忘的故事，也会遇到一些难忘的人，这些都是我青春里最深刻的记忆。

我们总会认为，历史离我们很遥远。但是，当我们在博物馆里看到它们，才觉得，历史在和我们对话。其实历史真的离我们很近，就在指尖可以触碰到的距离。

不知道大家有没有想过，总会有一天，我们终将也成为历史，我们身边那些习以为常的一切，也会进入博物馆。那些我们用一生所创造出来的故事，只能靠不会说话的它们来讲述给后人听。

我不知道是不是真的有时空穿越，如果有，我想回到过去，亲眼看看那些我早已烂熟于心的文物，看看那些历史和传说到底是不是真的；我也想去往未来，在未来的博物馆里，面对着展柜里那些最亲切的展品，给一千年之后的人们讲述属于我们的故事。

2016 年，因为工作的调动，我离开了天津博物馆，来到了天津师范大学历史文化学院文博系任教。从此，我不再守护祖国历史的文化瑰宝，开始守护祖国未来的人才栋梁。

　　人们都说，热爱可抵岁月漫长。不知不觉，我在文博行业已经工作了十几年。一个人最幸运的事就是自己所从事的工作是愿意为之奋斗一生的事业，我庆幸自己是这种人。

　　这些年，我教了很多的学生，也做了很多公益讲座，我想让更多的人都能感受博物馆的魅力，像我一样，真心热爱博物馆。

　　于是，我写了这本书。

　　这本书，总结了我从业十多年的博物馆工作经验和教学经验，梳理了博物馆学中的每个知识点，插入了我走遍全国各个博物馆亲自拍摄的照片，最重要的是，融入了我对博物馆全部的热爱。

　　无论你是博物馆爱好者，还是文博专业的学生，抑或是刚刚进入文博行业的新人，我真心地希望这本书可以为你开启博物馆的大门，带你们走进博物馆，看懂博物馆，爱上博物馆。

2023 年 3 月 11 日

图书在版编目（ＣＩＰ）数据

如何看懂一座博物馆？ / 陈晨著 . -- 北京 : 北京
燕山出版社 , 2023.5
ISBN 978-7-5402-6869-5

Ⅰ . ①如⋯ Ⅱ . ①陈⋯ Ⅲ . ①博物馆—介绍—中国
Ⅳ . ① G269.26

中国国家版本馆 CIP 数据核字 (2023) 第 050473 号

如何看懂一座博物馆？

著　　者　陈　晨
责任编辑　邓　京
策划编辑　郭　扬
书籍设计　XXL
　　　　　Studio

出版发行　北京燕山出版社有限公司
社　　址　北京市西城区椿树街道琉璃厂西街 20 号庆云堂
邮　　编　100052
电　　话　010-65240430（总编室）
印　　刷　北京富诚彩色印刷有限公司
开　　本　710mm × 1000mm　　　　1/16

字　　数　350 千字
印　　张　21
版　　次　2023 年 5 月第 1 版
印　　次　2023 年 5 月第 1 次印刷
书　　号　978-7-5402-6869-5
定　　价　128.00 元